認知治療的實務手冊

以處理憂鬱與焦慮爲例

Cognitive Therapy for Depression and Anxiety-A Practitioner's Guide

Ivy-Marie Blackburn & Kate M. Davidson ◎著

姜忠信・洪福建◎譯

推薦序

　　若遇到一位智識份子而問他：「您知道什麼是心理分析？」他大概會說，對它有一些模糊印象，好像看過這一類書籍或文章，也聽過一些人談論它的演講。如果您問到的剛好是一位對於人文科學特別有興趣的人，他可能很快地回答說：「當然知道了，那是佛洛伊德這位國際級心理學大師所創立的二十世紀著名心理學理論，它說明人類動機有當事人本身也不知的潛意識內容，其中主要包含性慾與死亡之本能。」如果您問到的人是學過普通心理學的人，他就會進一步說：「心理分析不但可以幫助我們了解自己、我們親朋，也可以幫助臨床心理學、精神醫學專業人員了解心理不適應者或精神病患的症狀，並且進一步幫助不適應者去改善心理症狀或性格；它是深入了解個人心理狀態的好工具，也是改善個人心態的最佳方法。」

　　心理分析學是活了一百年春秋的耆者；在他的眾多子孫中，有者固守這位耆者的原貌與作風；有者非常不滿意這位耆者老祖先所倡導的一切，所以樹立了反叛旗幟，走出了一條他們認為「全新、改頭換面的路線」；又有者則繼續執著於心理分析學的精髓根本原理，而先把它所點到但仍隱藏著的潛力釋放出來之後，再進一步建立了一套看似全新的理論。屬於這一類的理論為數不一而足。本書所介紹的就是近來專業領域內的人士相當熟悉的認知治療理論與其具體實施方法。

認知治療，在筆者的心目中，是把精神分析學「自我心理學」（ego psychology）部分的功能加以發揮光大的一支學問，它顧到了解、治療與改善病人症狀。精神分析學藉助於歇斯底里病人的症狀而打開了神秘潛意識世界，告訴世人自以為多高尚的人類其實是和一般低級動物一樣聽命於自己性慾的支配，而只要把性慾的滿足方式做了適當的調整，則那些被認為「不正常的心理症狀」可以改善過來。精神分析學在一般人士中所引發的這種幻想，深深地激發了無數正常群眾的好奇心與無數患者得救的希望。雖然激發的正常好奇心繼續在發燒，但病患的希望卻遇到了挫折。有一些病患接受了深度的精神分析，一個月又一個月，一年又一年地過去，但何時症狀才會好轉或痊癒的股憂卻依然不減。

　　本書所介紹的認知治療，藉助於觀察與治療憂鬱症病患的症狀而打開了情緒或感情世界，告訴世人感情世界的種種現象是與認識世界的內容與結構形成極其複雜的關係；有很多感情、情緒經驗都受制於認知的內容與結構。在認知與情緒的關係中，有些是單向的直接因果關係，有些則是看似理不清的複雜互為因果的關係；後來，認知治療者，其中著名的一位是Beck博士，再進一步認為，不但是憂鬱情緒，其他情緒也都與認知內容和結構有關。所以改善、治療情緒偏差或症狀應從改善病人的認知內容與結構著手，而不一定要去牽涉到潛意識裡性慾的問題；即使是情慾受挫的病者，其情緒症狀也直接與其認知內容與結構有關。

　　所以，認知治療理論使人類撿回了自尊，覺得自己的行為不是受制於低級的性慾，並覺得有能力改善自己的思考內容與方法使他們的思考合乎事實、理性與邏輯，並由此控制自己的情緒與行為，使它們不會狂飆與氾濫，而能在利己、利人、利社會與利於實際解決問題的範圍內運作。易言之，認知治療理論給人類帶來很多希望與承諾，不僅如此，它也帶來具體的實施方法，而且

事實上也呈現了相當亮麗的實證性治療效果成績單；曾經，它被稱為療效在某一方面凌駕藥物療效的好方法。

新理論與新希望往往是並駕齊驅的，但新希望的一場激情過後，隨著而來的是一些小失望與相當理性的反思或批評；例如，認知理論應該如何具體的加以實施才能充分地釋放出其療效呢？本書就是針對這問題提出具體回答的一本好書。

由本書目錄讀者可以一目了然地看出，本書的兩位作者，從廣而窄、由一般而特殊、由抽象而具體，依序說明認知治療的基本理論與應用方法，不但有它大略的梗概，也有它詳細的葉脈，更難能可貴的是它進一步附有一位以上或一種以上的病者案例介紹。

本書的翻譯工作由姜忠信與洪福建兩位先生共同執筆，對於他們翻譯這本書的動機與辛酸，本人在授與他們二位自我分析課程時了解甚悉。如由譯序中的說明可知，他們兩位在翻譯此書前則已常用認知治療技巧幫助有情緒困擾的個案。因此，翻譯此書，將其精華忠實地傳達在讀者眼前，對於他們來說是屬於駕輕就熟的工作。姜、洪兩位開始翻譯此書時皆為台大心理學研究所臨床心理學組博士班的學生。如今，姜忠信先生已經跨過博士學位道路上的重重關卡，順利取得學位，旋即南下嘉義至中正大學心理學系執教；洪福建先生尚在博士班課程上攻讀其學位，能取得學位也是不久以後的事。在校就讀中，同門師兄弟合力翻譯一本領域內的好書是很值得推薦的一件事；一來師兄弟可以藉機互相切磋，二來在很多方面可以收到利人利己的功效，三來可在助人專門知識的傳播上積得功德。

姜、洪兩位先生兩年多來的努力如今將開花結果了。其開的花會給有心吸收這方面知識者散播新知識的芬芳，其結的碩果則會為明日台灣臨床心理學添加寶貴的智識。身為台灣臨床心理學

界的一份子，我一方面感謝他們兩位的貢獻；另一方面也很欣賞
他們「兩、三年如一日」的辛勞與勤勉。

台大心理系教授

柯永河

謹識於台北市舟山路住所

原　序

　　一個世代以前，當代心理治療的派別中存在兩種截然不同的
思想及技術，一種是精神分析學派及其支派，廣泛的影響到藝術
及知識界中，並且延伸至大部分北美和許多歐洲的大學中；另一
種則是Skinner和Eysenck的行為治療學派，他們高舉著科學研究
的口號，責難精神分析學派的神祕面紗。但這兩種學派相互之間
未能彼此瞭解和尊重，兩方咸信其本身即能掌握人類動機的神祕
源泉。

　　二十五年後的今天，重新評斷精神分析和行為治療學派，前
者的宿命困境包括非科學化的態度、程序及其在治療上的無能
感；而後者主張「洗腦」的問題，和無法在病人與老鼠之間確認
情緒和智能上之差異，亦是其致命傷。Beck的認知治療，已經開
始發展並能恰當解釋許多的「為什麼」，不像精神分析，認知治
療的技術直接、簡明並且毫無神祕，更重要的，Beck及其同事已
經從隨機的臨床試驗中測得其治療技術的效能，並也檢證其每一
項的治療假設。同時，不像行為主義者，認知治療是以人當做研
究與治療的對象，它關注的是人的思想而非行為，它的理念是基
於理性的辯思和其具說服力的證據。我們可以這麼說，這是關於
人的思想的心理治療。

　　由Blackburn教授和Davidson博士所撰寫的這本書，陳述認知
治療的背景及其發展，它最初應用於憂鬱症患者，近來用於焦慮

狀態和恐慌症患者。自從A. T. Beck在一九六○年代於美國費城首先實施這種新方法治療憂鬱症患者以來，每一個有關認知治療技術的重要研究及其臨床嘗試，都會在本書中加以討論。有關的概念、名詞界定及認知治療的方法等，都會以豐富的範例加以說明，如同本書的書名所言，是實務工作者的指南。當然，閱讀一本書，並不足以成為一位心理治療師，如同滑雪或駕馭一匹馬，也並非那麼容易！但我要感謝Blackburn教授和Davidson博士深入的臨床經驗及寫作能力，他們成功的以具說服性，且活生生的文字，來談論認知治療的實際情形。本書的第二部分，包括完整的個案史，並提供了治療架構、歷程，及其偶發的變化，可讀性相當高。或許作者是太武斷的區分憂鬱症和焦慮症的差別，其實大部分的病人都同時存在兩類疾病的症狀。儘管如此，保持這種區分仍是有意義的。

　　認知治療仍在其發展的階段中，在一本書中要涵括許多可能須交待之處仍有其必要。兩位作者在這一部分也成功的做到了！我相信這本書，將會對任何一位對認知治療有興趣和已有某些「談話治療」的經驗者，如精神科醫師、臨床心理師、護理師，或一般實務工作者都有相當大的價值。幾乎可以確定的是，因為認知治療的潛力極大，許多人都有興趣學習。證據顯示，對非精神病的單極性憂鬱症患者，認知治療的效果和服用三環類的抗憂鬱劑有相同的療效，若能證明它亦能降低復發率的話，那麼其價值將會彌補其高的代價（cost）。除了對憂鬱症和焦慮症的治療外，認知治療的應用尚有許多未探索之處。儘管如此，我們已可預見它的重要性與令人振奮的未來發展。

R. E. Kendell

愛丁堡，1989

譯　序

　　心理治療是以心理學的方法嘗試對人類行為、情感及認知功能進行瞭解，並加以改變的過程。Corsini（1995）提到目前至少有超過四百種以上的心理治療方法，不過從心理治療歷史的發展來看，一九五〇年代以前是以精神分析學派為主流，一九五〇至一九七〇年代是以行為學派為主流，一九七〇至一九九〇年代則以認知行為學派為主流，本書《認知治療的實務手冊》正是九〇年代的產物。

　　認知治療的概念與技術，在歷史的發展中，主要起源於Aaron Beck在一九六〇年代對憂鬱症患者的研究與臨床經驗，出身於精神分析訓練的他，發現憂鬱症患者並未出現所謂「憤怒對自我的攻擊」，反而出現許多不易揮去的負向想法。Beck陸續推出為人熟知的認知三元論、基模及認知偏誤等，都試圖在建立一個完整的理論性架構，來解釋認知治療的理論基礎。在Beck建立其認知治療的概念與技術的同時，另一重要的理情行為治療（rational emotive behavior therapy, REBT）大師——Albert Ellis也剛嶄露頭角，提出著名的非理性想法（irrational belief）觀點，來解釋人們適應不良的問題。一般來說，提到認知治療，這兩位大師級的觀點都會被論及，不過在後續的發展上，這兩人的觀點仍有一些出入。

　　他們雖同時肯定認知因素是構成患者心理失調的重要因素，

同時也在其治療方法中挪用許多行為治療的概念與技巧（如功能分析等），但兩者之間在理念上仍有所區分。Beck與Weishaar（1995）就認為，他們的認知治療是採取訊息處理模式，傾向以修正「認知轉換」為目標，並以處理偏差的訊息選擇和扭曲想法為手段。患者失衡的認知歷程來自一些功能失調（dysfunctional）的想法，而非理情行為治療學派所謂的非理性想法，而功能失調的想法產生「不正確的結論」常造成患者的不適應，因此，它不是非理性，更何況有些人有一些非理性的想法，但這些人未必不適應（Meichenbaum, 1977）。其次，Beck的認知治療認為每種精神疾病都有它獨特的認知內容，憂鬱症、焦慮症和恐慌症的認知側面圖就明顯不同，而理情行為治療學派則認為所有的心理病理都有一套類似的非理性想法。這樣的比較與說明倒並非要指出孰優孰劣，套句最近很流行的話「蘋果和橘子是不能比的」，你若能嫻熟於這兩者之一，那你的功力定是相當了得。我們要指出的是，本書作者對認知治療的觀點是明顯傾向Beck的認知治療模式。

已經是三、四年前的事了，那時在一門由柯永河老師所開授「認知治療專題討論」的課中，接觸了這本書。在我們讀博士班前，對認知治療已不陌生，平時在自身的接案工作中，也常把這套治療方法當作主流，因此可以說相當熟習。但眾多介紹認知治療的書中，卻極少見到以完整接案對話錄的形式來貫穿其概念，使得我們對這本書感到興味盎然，且收穫匪淺。想到漫長的博士生涯中，書是讀了一堆，但總覺得枯燥了些，因此兩人商議後決定一同進行翻譯，將本書加以出版，一方面希望擴增坊間陳列有關認知治療的書中，缺少完整案例介紹之不足，另一方面也希望為我們的博士生涯留下一些記憶。只是想不到，要翻譯一本書還真不是那麼容易，從下定決心到開始固定進行翻譯工作，卻都發

現難以持久，主要原因除了從不知翻譯是件挺無聊的事以外，也發現到要翻好文意也挺不容易的，因此我們都拖延下來了。「光陰似箭，日月如梭」，兩年多下來，我們其中一個人畢業了，另一個人正努力畢業中，盼望隨著這本書的出版，能嘉惠臨床上辛苦工作的許多夥伴，當然也敬祈圈內的許多「長輩」能給我們關愛，不吝賜教指正。最後，我們謝謝揚智出版公司的許多位工作人員，長期耐心的等候我們，現在，讓我們來祝您們生意興隆了！

姜忠信、洪福建

於台大心理系南館一隅，2000年仲夏

主要參考文獻：Corsini, R. J., & Wedding, D,(1995), *Current Psychotherapies*.(5th Ed.). Illinois: F. E. Peacock Publishers, Inc.

導　言

　　據估計，廣義的心理治療學派，在過去三十年中，已經超過了二百五十種以上，這些學派皆標榜以所謂「談話治療」的方式對情感疾病加以治療。然而，面對這麼廣泛的選擇性，不但使得想成為心理治療師者裹足不前，也使得人們誤以為，只要是心理治療，不管是什麼學派，都是一樣的或同等有效。目前縱然相關研究，嘗試界定有關不同心理治療學派的共通性，並也試著發現導致有效情緒和行為改變的重要機制，但至今所知仍有限。對臨床工作者，他（註）最迫切關心的是有效能的系統化治療取向，其次，繁忙的工作中，更重視「我要如何應用這套治療系統的技巧？」第三，「誰又適合採取這種治療取向？」

　　本書的主要目的，是提供從事心理衛生工作的實務專業者，應用認知心理治療的實用指南。我們選擇兩類的心理疾病，憂鬱症與焦慮症，其原因除了這是出現在社區和臨床上最常見的心理疾病，更重要的是，認知治療已經被認為在治療這類疾病上有卓越的成效。認知治療雖非特定用在某一心理疾病，用在不同疾病的技巧卻頗為一致。但對不同疾病的特定治療策略，是對該疾病的認知模式（cognitive model）所發展出來的。因此，對認知治療取向的瞭解，以及對不同情感性疾病（非憂鬱症與焦慮症）的臨床經驗，讀者當能類化出對不同類型心理疾病的認知治療的方法。

本書分成兩個部分，第一部分包括四章，主要介紹認知治療的一般背景，第二部分亦有四章，將以個案呈現的方式，應用第一部分所介紹過的治療方法。第一章首先定義憂鬱症與焦慮症的臨床症候群，第二章介紹這兩類心理疾病的認知模式，我們雖討論有關憂鬱症與焦慮症在認知治療中的理論基礎，但並未評論過去二十五年來有關認知治療的研究成果，有興趣的讀者可以翻閱本書的參考文獻。而另一方面，我們也提供一些有實驗控制的認知治療研究成果，治療師能從中判斷是否認知治療能提供多一些的訊息。第一部分的最後兩章則以舉例的方式，敘述認知治療在處理憂鬱症與焦慮症患者的技巧。

本書的第二部分是相當實用的個案研究，使得讀者能看到認知治療是如何應用，從第一次的會談起，如何發展這種取向的治療？最後一章，我們將討論在治療過程中會出現的一般性問題。

這本書是寫給精神科醫師、臨床心理師、護理師和一般實務工作者看的。然而，我們也認為任何從事心理衛生工作的專業人員皆可從認知治療的一般性技巧中受益，這將使得他們可以在與病人會談時，談得更豐富也更有效率。

註：為簡便起見，以下性別的代名詞皆以男性的「他」來代稱。

目　錄

第一部分
對憂鬱症與焦慮症的認知
模式及其應用

第一章
憂鬱症與焦慮症的
症候群

....

本章的目的是在陳述目前有關憂鬱症與焦慮症的分類系統，以便於本書後續的討論。

問題的嚴重程度

焦慮與憂鬱的問題，在一般人和臨床病患當中都相當常見。歐洲和美國的資料顯示，約有9％～26％的女性和5％～12％的男性中，在其一生中曾出現憂鬱症；從任何一時期來看，約有4.5％～9.3％的女性和2.3％～3.2％的男性患有此病。因此，就任何一個時間點來看，女性患憂鬱症的比率約高於男性兩倍，這種比率也反應在臨床的病人上。這種在盛行率（prevalence）上男女不一致的現象在較年輕的族群尤其明顯。年輕患者在患有憂鬱症後的康復比率比年長者高，他們的復發率相對也比較低些（Robins et al., 1984; Blacker & Clare, 1987）。一些針對一般就診病人的族群中所進行的調查也發現，患有重鬱症的盛行率達5％（Hoeper et al., 1979; Blacker & Clare, 1987），這使得憂鬱症被視為在一般門診中常見的臨床問題之一。不過據估計，這當中約只有10％左右的病人會被轉介到精神醫療部門，接受後續的治療。

關於焦慮症，Marks與Lader（1973）曾回顧了二十二篇有關的文獻，估計在一般的人口中約有3％處於焦慮狀態。而在初級的保健機構（primary care setting），也就是在一般的就診人口中，焦慮狀態的盛行率比憂鬱症還要高。Kedward與Cooper（1969）就提到有27％的病人在他們的家庭醫師（general practitioners，簡稱GPs）面前，呈現焦慮狀態的精神症狀。然而，在精神科的病人中，焦慮症的比率都是低的，主要的理由是一般家庭醫師會使用苯二酚（benzodiazepines）來治療焦慮症患

者。焦慮症病患被轉介到精神科就診，其病症往往更爲嚴重，然而，轉介到精神科的焦慮症患者所接受的治療方式也正在改變，如心理治療，現被認爲是比藥物治療更好的方法，治療中讓病人服用苯二酚漸被認可需加以避免。

Weissman與Myers（1978）報告有超過80％的廣泛焦慮症（generalized anxiety disorder）患者在其一生中的某些時刻伴有恐慌症（panic disorder）或畏懼症（phobia），39％畏懼症患者中亦伴有恐慌症。因此，像是憂鬱症、焦慮症，伴隨或未伴隨恐慌發作（panic attack），是最常見的心理疾病之一。

診　斷

一、憂鬱症

憂鬱症的分類，長期以來一直有一些爭論，主要的焦點在於是否不同病症的表現方式，只是指「量」上的嚴重程度，抑或表示著「質」上的不同？早期的爭論是以病人呈現出來的病情現象描述，晚近的討論，在電腦的輔助下，則朝分析一群病人症狀的多元變項分析。不同的論點，可見圖1.1的表示。

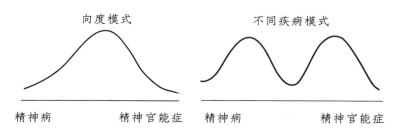

圖1.1　憂鬱症的分類

由圖1.1可知，兩種探討憂鬱症的模式並非反對有典型的精神病（psychotic group）與精神官能症（neurotic group），向度模式（dimensional model）的主張是認為大部分的病人是落在精神病—精神官能症這個向度上的中間地帶，而不同疾病模式（discrete illnesses model）則主張有雙峯分配（bimodal distribution），只有少部分病人是落在灰色地帶，不過在此，我們倒不適合繼續討論這些爭論（見Kendall, 1976），我們將從臨床和研究之經驗中，去定義主要的診斷標準，這會使我們把適合認知治療的族群界定出來。

　　表1.1指出憂鬱症會帶來許多功能上不同程度的影響。所有的憂鬱症病人都會出現症候群中的某些病症，但嚴重程度不一。某些憂鬱症病人也會呈現明顯的妄想和幻覺的精神症狀，有時我們把他們的幻想稱做是「統整的妄想」（integrated delusion），以別於精神分裂症患者的非統整的妄想，主要的原因是憂鬱症病人的妄想可以從其心情的脈絡中理解，妄想的主題多半為懊悔式的

表1.1　憂鬱症的功能分析

心理症狀	
心情	悲傷、焦慮、易怒
想法	無法集中注意力、思考緩慢與混亂、悲觀、自責、不易做決定、低自尊
動機	對工作及嗜好皆缺乏興趣、避免社交或工作逃避、提高依賴程度
行為	不活動、緩慢踱步、哭泣、抱怨
生理症狀	缺少／提高胃口
	缺少能量
	睡眠混亂
	遲滯／激動

妄想，與罪惡、疾病、貧窮和死亡有關。出現幻覺的情形則較少，其主題則與控訴、自我求恕有關。

　　臨床上，不同的診斷系統有其不同價值及其不同的治療方向。表1.2、表1.3、表1.4分別敘述《疾病、傷害和死亡原因的國際統計分類手冊》（*The Manual of the International Statistical Classification of Diseases, Injuries and Causes of Deatl*，簡稱 ICD-10，世界衛生組織，1993），和《精神疾病的診斷和統計手冊》（*Diagnostic and Statistical Manual of Mental Disorders*，簡稱

表1.2　ICD-10憂鬱發作的診斷

A.1.憂鬱發作至少持續二週

　2.在個體生活中，並未出現符合輕躁或躁症發作的診斷

　3.此發作並非藥物使用或其他生理疾病所引發

B.1.憂鬱情緒的程度已導致個人生活的失常，出現在大半天甚至全天，且極易受環境影響，並持續至少二週

　2.失去對正常活動的興趣與快樂

　3.精力降低或疲倦感增高

C.1.失去信心或自尊

　2.無緣由的自責感或過多不當的罪惡感

　3.死亡、自殺，或任何自殺行為的重複念頭

　4.抱怨或發現思考或專注能力的降低，如無法決定或猶豫不決

　5.精神動作的改變，伴隨興奮或遲鈍（主觀或客觀）

　6.任何形式的睡眠障礙

　7.胃口改變（降低或增加），伴隨體重而變化

次分類：身體症候群；輕度鬱症發作；中度鬱症發作；伴有或未伴有精神病症的重度鬱症發作

表1.3 DSM- Ⅳ 重鬱發作的診斷標準

A.至少在兩週內，同時出現以下五項（或以上）症狀，且呈現出原先功能的改變；至少出現以下一種症狀：(1)憂鬱心情或(2)喪失興趣或快樂。注意：若症狀明確是因為一般醫學狀況，或與心情不一致的妄想或幻覺有關，則不列入此病症中

1. 憂鬱心情占據大半天，幾乎每天皆有，可由主觀報告（如感覺憂傷或空洞），或他人觀察（如容易掉淚）得知。注意：對兒童及青少年，為易怒的心情

2. 在所有或幾乎所有的活動，興趣或快樂都跟著減少，幾乎整天都會，幾乎每日皆有（可由主觀報告或他人觀察得知）

3. 並非節食而有明顯體重下降，或體重增加（如一個月內體重變化超過5％），或幾乎每天都食欲減少或增加。注意：對兒童，無法預期並增加之體重

4. 幾乎每天失眠或嗜睡

5. 幾乎每天有精神運動性激動或遲滯（可由他人觀察，非僅是主觀感受靜不下來或遲滯感）

6. 幾乎每天感到疲倦或失去活力

7. 幾乎每天都感到無價值感，過多或不合宜的罪惡感（可以是妄想狀態，並非僅因生病的自責或罪惡感）

8. 幾乎每天都感到思考、專注或判斷能力的降低（由主觀陳述或他人的觀察而顯示）

9. 反覆想到死亡（不只是害怕自己即將死亡），重複出現無特別計畫的自殺意圖，或有自殺嘗試，或有自殺的特別計畫

B.此症狀不符合混合發作的準則

C.此症狀造成臨床上重大痛苦，或損害其社會、職業，或其他重要領域之功能

（續）表1.3　DSM-Ⅳ重鬱發作的診斷標準

D. 此障礙並非由某種藥物使用（如藥物濫用、臨床用藥），或一種一般性醫學狀況（如甲狀腺功能低下症）的直接生理效應所造成

E. 此症狀無法以傷慟反應（bereavement）作更好解釋，意即當所受的人逝去之後，症狀持續超過三個月以上，或症狀特徵為：顯著的功能損害、病態地專注於無價值感、自殺意圖、精神病症狀，或精神運動性遲滯

次分類：嚴重程度／精神病的／緩解；慢性的；有僵直特徵；有憂鬱的特徵；伴有產後開始

表1.4　DSM-Ⅳ憂鬱的特徵的診斷標準

特定於：

伴有憂鬱病特徵（可使用於目前或最近在重鬱症中的重鬱症發作，與在第一型或第二型雙極障礙症的重鬱症發作）

A. 以下任一症狀，在目前最嚴重的一段期間會出現：
   1. 對所有活動或幾乎所有活動失去快樂
   2. 對一般快樂的刺激缺少反應（有些好事發生，即使暫時性的，也未感覺較好）

B. 三項（或以上）的以下症狀：
   1. 明顯顯現憂鬱心情（此憂鬱心情的經驗不同於愛人死亡的感受）
   2. 早晨，憂鬱症感變得更糟
   3. 易早醒（比一般醒來時間提早兩小時）
   4. 明顯有精神性運動遲滯或激動
   5. 明顯呈現心因性厭食症或體重喪失
   6. 過多或不合宜的罪惡感

DSM-IV，美國精神醫學會，1994）等兩類診斷系統。

ICD-10與DSM-IV的定義日前已趨近一致，避免使用ICD-9（世界衛生組織，1977）所使用的「躁－鬱」一詞，並區分精神病的與非精神病的鬱症發作，ICD-10中也不用「神經質的」、「身體症候群」，這與DSM-IV中用「憂鬱的特徵」（melancholic features）極為接近。

但這樣的分類定義若以研究的標準來看，顯然是過於鬆散，要進行療效研究時，其定義必須是相當精確的。較好的選擇是使用DSM-IV，或由一些 DSM-III的學者為研究目的所發展出來的研究用診斷標準（research diagnostic criteria，簡稱RDC）（Spitzer et al., 1978）。近來的DSM-IV認為有兩類型的憂鬱症：重鬱症（major depression）指的是有一種或多種的重鬱發作（depressive episodes）；輕鬱症（dysthymia）則是指其憂鬱情緒（depressive mood）至少維持二年，而在最初的二年中未出現重鬱症，不過其憂鬱情緒至少伴有二種憂鬱的症狀。此外，重鬱症可包含有精神病症狀，但未必一定包括有憂鬱（melancholic）的類型，使用憂鬱（melancholia）的字眼來取代早期版本中的內因性的次分類，可能是為了避免「內因性」（endogenous）這個字眼的因果推論。表1.3和表1.4列出了有關重鬱發作及憂鬱症次分類的診斷標準。

大部分有關於認知治療的研究，不論是從治療成效或測量認知障礙的角度，其研究的對象是門診的重鬱症患者，未出現精神性病症，但伴隨或未伴隨有憂鬱症狀。

二、焦慮症

生活中面對問題所產生某種程度的焦慮，被認為是正常因應反應的一部分。然而，當這種反應過量或不適當時，則被視為是

一種障礙和臨床問題。焦慮症要如何定義？臨床上的現象相當多樣，某些定義是強調生理症狀，某些則重視心理症狀。整體而言，要診斷焦慮症，是否要兩類症狀同時呈現，或其症狀呈現的程度要為何，尚未有一致的看法。**表1.5**說明焦慮症會引發各種身心功能的反應。

　　焦慮症和憂鬱症症候群的界線通常有些模糊，某些研究者認為憂鬱症源於長期的焦慮症（Wolpe, 1971），焦慮症被視為憂鬱症的一般性特徵，而患有焦慮症的病人也會經驗到憂鬱症狀，因此，認識這些特徵並建立何者為主要及次要診斷，或是否這兩種症候群在某些程度上會同時呈現，皆十分重要。一般而言，區分主要及次要診斷是依據病症出現的先後而定，任何病症，只要出現的時間在後，即使它對生命的威脅性很大，仍被視為次要診斷，如次要診斷重鬱症，其自殺的跡象明顯。對憂鬱症，其主要的分類系統為ICD-10、DSM-IV、RDC等。**表1.6**為ICD-10對焦慮症的診斷標準。

　　恐懼狀態被視為另一種神經質狀態，它是對某些物品或特定情境感到過度害怕，並認為有不尋常的結果。若焦慮狀態從對一

表1.5　焦慮症的功能分析

心理症狀	
心情	不安、易怒、感覺被綁住
想法	擔心、難以集中、腦中一片空白、對恐懼的過度解釋、脆弱的自我觀點、低的自我效能
動機	避免接近情境、依賴感增加、希望逃避
行為	急躁、驚嚇、過度敏感
生理症狀	自主神經系統的激發：如發汗、寒顫、暈眩、心悸、反胃、口乾

表1.6　ICD-10焦慮症與恐慌症的定義

焦慮症

A.至少有六個月的時間，對每天的事件和問題，出現明顯的緊張、
不安及憂鬱

B.至少出現以下症狀中的四項，至少有一項出現在項目1～4：

自動化生理激發症狀

1.心悸或心怦怦跳，或心跳加快

2.出汗

3.顫慄或發抖

4.口乾（不因藥物或脫水造成）

胸與腹部症狀

5.呼吸困難

6.窒息感

7.胸痛或不適

8.噁心或腹痛（如胃部翻攪）

心理狀態的症狀

9.昏暈、心情不定、暈厥或頭昏沈

10.感覺物體不真實（失去真實感）、與自我疏離或自己不在現
場（失去自我感）

11.害怕失去控制、快發瘋，或失去意識

12.害怕死去

一般性症狀

13.臉潮紅或冷顫

14.麻木感或刺痛感

緊張症狀

15.肌肉緊張或疼痛

16.靜不下來與不易放鬆

17. 感覺浮躁、不耐，或心理緊張

18. 感覺喉中哽住，或吞嚥困難

其他非特定症狀

19. 對輕微驚動有誇大反應

20. 因不安或焦慮，專注困難，或腦中空白

21. 持續煩躁

22. 因不安而難以入睡

C. 此障礙症未符合恐慌症（F41.0）、畏懼性焦慮症（F40.-）、強迫症
（F42.-），或慮病症（F45.2）

D. 大部分用來排除的病症。焦慮症並非由於某種身體疾病所造成，
如甲狀腺機能亢進、器質性精神疾病，或精神作用物質引起的精
神疾病，如過量攝取類安非他命物質或苯二酚（benzodiazepines）

恐慌症（陣發性突發焦慮）

A. 個體經驗到重複的恐慌發作，此發作與特定情境、物品無直接關
連，通常發生頻繁（此發作常不可預測），恐慌發作與投入或處
身於危險或具威脅性的情境中無明顯關連

B. 以下為恐慌發作的特徵：

1. 某段時間出現強烈害怕或不適

2. 突然出現

3. 在幾分鐘內到達最強徵候，並持續至少數分鐘

4. 以下至少有四項症狀出現，其中一項出現在題目a到d之間：

自動化生理激發症狀

a. 心悸或心怦怦跳，或心跳加快

b. 出汗

c. 顫慄或發抖

d. 口乾（不因藥物或脫水造成）

胸與腹部症狀

　e.呼吸困難

　f.窒息感

　g.胸痛或不適

　h.噁心或腹痛（如胃部翻攪）

心理狀態的症狀

　i.昏暈、心情不定、暈厥或頭昏沈

　j.感覺物體不真實（失去真實感）、與自我疏離或自己不在現場
（失去自我感）

　k.害怕失去控制、快發瘋，或失去意識

　l.害怕死去

一般性症狀

　m.臉潮紅或冷顫

　n.麻木感或刺痛感

C.大部分用來排除的病症、恐慌發作並非由某種身體疾病、器質性
精神疾病，或其他精神病，如精神分裂症和相關障礙症、情感疾
病或擬身體障礙症所造成

個特定的情境或物品，延伸到更廣泛的環境等，則視為焦慮症。

　　如同憂鬱症的診斷一般，ICD-10與DSM-Ⅳ目前對焦慮症與
恐慌症的診斷比起先前ICD-9與DSM-Ⅲ-R（美國精神醫學會，
1987）的相似性更高，在ICD-9中並不特別區分恐慌症與廣泛焦
慮狀態。表1.7與表1.8列出DSM-Ⅳ中對廣泛焦慮症與恐慌症的
診斷標準。

　　恐慌症可伴隨／或未伴隨懼曠症，此病症是害怕處於某些地
點或情境，使免於有逃脫或求助的困難。在本書裏，我們將只討

表1.7 DSM-Ⅳ廣泛焦慮症的診斷標準

A. 對許多事件或活動（如工作或學業成就）有過度的焦慮或擔心（預期性的擔憂），至少六個月期間，擔心的時間長度比不擔心期為長

B. 此人發現自己難以控制此擔憂

C. 焦慮與擔憂會伴隨發生以下六項症狀中的三項（或三項以上）（在過去六個月期間，有些症狀的出現期比未出現期要長）。注意，兒童可以只有一項

　1. 靜不下來，或感覺浮躁或不耐

　2. 易疲累

　3. 不能專注或腦中一片空白

　4. 易怒

　5. 肌肉緊張

　6. 睡眠障礙（難以入睡或難保持睡眠，睡不安寧或對睡眠不滿）

D. 焦慮與擔憂的焦點並非局限於第一軸向疾患的特質，如焦慮或擔憂之焦點並非關於會有恐慌發作（如恐慌症）、公開受窘（如社交畏懼者）、被污染（如強迫症）、離家或離開親人（如分離焦慮症）、變胖（如心因性厭食症）、有許多身體抱怨（如身體化症），或正罹患重病（如慮病症），及此焦慮與擔憂亦非僅發生於創傷後壓力疾患之病程中

E. 此焦慮、擔憂或身體症狀會引發臨床上重大痛苦，或損害其社會、職業或其他重要領域之功能

F. 此障礙並非因某種藥物使用（如藥物濫用、臨床用藥）或一種一般性醫學狀況（如甲狀腺功能亢進症）的直接生理效應所造成，也並非僅發生於一種情感性障礙、精神病或廣泛性發展障礙之病程中

表1.8　DSM-Ⅳ恐慌症伴隨／未伴隨懼曠症

A.同時具備1與2

　1.一再發生未預期的恐慌發作

　2.至少有一次，在發作一個月後（或更久前），仍出現以下症狀中的一項（或以上）：

　　a.持續擔憂是否會有額外的發作

　　b.憂鬱發作當時的傷害及後遺症（如失去自我控制、會有心臟病發、「即將發狂」）

　　c.與發作相關的行為顯著改變

B.出現或未出現恐懼曠症

C.此恐慌發作非由某種藥物使用（如藥物濫用、臨床用藥），或一種一般性醫學狀況（如甲狀腺機能亢進症）的直接生理效應所造成

D.此恐慌發作不能以其他心理疾病作更好解釋，如社交畏懼症（如處於害怕的社交場合而發生）、特殊畏懼症（如處於一特定畏懼情境而發生）、強迫症（如有被污染強迫意念的個案處於污染中而發生）、創傷後壓力障礙症（如因接觸與重大壓力源相關的刺激而發生），或分離焦慮症（如因離開家或親密的親戚而發生）

論廣泛焦慮症和恐慌症，主要的原因是有關認知治療對畏懼症的療效目前仍不清楚。

成　效

　　雖然在焦慮及憂鬱症的追蹤研究皆有成果報告，但這些病症的長期追蹤研究卻十分困難，方法學上的問題是主要的原因。有

些研究只追蹤住院病人，有些研究只追蹤出院病人，這使得資料的結果難以類化。此外，所有的追蹤研究中，在集取病人病症的狀態及症狀的持續時間等訊息，都有不同的缺失，使得資料本身有所偏誤，造成過多長期病患的報告。何況成效該如何定義，不同研究亦有不同標準，且大都又定義不清，這也使得對不同研究直接的比較有困難也不確實。而其他非疾病的因素，如未就業、經濟不景氣、住院政策因時因地的不同而有調整，皆影響了成效上的評估（Coryell & Winokur, 1982）。追蹤研究另一項困難是不同的治療方法，因為大部分研究所選擇的病人都曾在精神科就診，許多人即使在認知治療中得到療效，也明顯的因時因地而有不同，因此也影響了其可比較性。

一、憂鬱症

　　雖然目前有關治療憂鬱症的藥理學發展相當快速，但許多不同類型的情感性疾病的長期性及復發性問題，仍持續在許多研究報告中被提到。Keller等（1984）報告21％的重鬱症患者未曾出現長期輕型憂鬱的病史（即DSM-III-R中的輕鬱症的類別），在二年的追蹤研究中發現，他們仍罹患著重鬱症狀。Murphy（1983）發現，48％年老發病的憂鬱症患者，一年後的預後不佳，他們仍需接受治療或呈現出殘餘症狀。Murphy等（1986）也報告憂鬱症的預後並不樂觀，以後發的時距來看，可超過十七年。這其中最初被診斷為情感性疾病者，有56％的預後不佳，而那些呈現完整憂鬱症候群者，不論是否伴有焦慮症，有79.2％的預後更糟。Winokur與Morrison（1973）和Schwab等（1979）的研究也有類似的結果。

　　即使是那些從憂鬱發作中康復的病人，一般能持續三十週，不過卻也有36％在一年內會復發（Keller & Shapiro, 1981）。一些

持續接受治療的追蹤研究中（見第二章）也指出，縱使藥物治療會降低其復發率，但再次生病的比率仍高得難以想像（Glen et al., 1984）。目前研究中也嘗試建立一些能預測復發和長期患病的因素。研究上認為相當一致的一項心理社會因素是神經質性格（Kerr et al., 1972; Hirschfield et al., 1986），不過能預測康復及復發的因素是有所不同，Keller與Shapiro（1981）發現長時期的患病是對治療反應的負向指標，先前病症發作的數量更會預測復發率。

其他能預測成效的因素包括負向生活事件（Brown & Harris, 1978）、缺乏適當治療、長期的生理疾病、住院狀態、正向的家庭史、因其他病症（如酗酒）造成的憂鬱症以及非內因性症狀型態的出現等。

因此，心理社會因素、疾病特性，和治療品質都已被認為是導致憂鬱症的長期不良成效的可能指標。然而，在臨床上少能對心理社會因素或疾病因素加以控制，而一般相信從治療的形式及品質加以著手，將能降低憂鬱症所產生的罹病程度。

二、焦慮症

目前有關探討焦慮症的長期追蹤研究，比起憂鬱症要來得少很多，Greer（1969）在一篇回顧性的文章中指出，焦慮症的預後，約有41%～58%的病人，在一年的追蹤結果中，有進展到康復或明顯改善的情形。不過，Murphy等（1986）在十七年的追蹤研究中，則發現到38.5%的焦慮症患者預後不佳，他們呈現出長期患病或一再復發的狀態。

焦慮狀態的病程也被發現伴有次發性的憂鬱症，Clancy等（1978）就提到，約有44%的焦慮症患者，在四至九年的追蹤期間，會發展出次發性的憂鬱症。

誰適合做認知治療？認知治療實施的指標與非指標因素

近來，發展短期認知治療的適合度量表已經建立（Segal &
Safran, 1990）。它是一份六點量表，有十個題項評量：自動化想
法的易受性（accessibility）；對情緒的覺察與分化；個人對改變
的接受度；對認知理念的契合性（compatibility）；治療關係建
立的可能性（會談內／外的證據）；問題的長期性；安全性；集
中性（focality）；以及病人對治療的樂觀／悲觀態度。

這些指標主要來自臨床經驗，不過也必須檢測其預測效度。

一、憂鬱症

雖然學術報告已支持使用認知治療能有效處理憂鬱症，但目
前的研究卻較少敘述哪種病人最能從認知治療中獲益，或最能從
抗憂鬱劑獲益？**表1.9**摘述有關應用認知治療在學術和臨床上的
發現。

表1.9　對憂鬱症患者進行認知治療的適用範圍

適合對象	不適合對象
單極症	精神病症（妄想與幻覺）
門診病人／一般性的症狀	雙極症
有／無內因性症狀	過度呆滯或茫然
有／無藥物治療	同時接受電痙攣治療
高的「學習能力」*；與教育程度無關	低的「學習能力」

＊此預測變項由Simons和其同事（1985）在迴歸分析中得到，測量
　方式是由自我控制程序的相對分數來計算（Rosenbaum , 1980）。

除了表1.9所羅列的發現外，長期處於憂鬱症，或慢性疾病，預後相當不好（Fennel & Teasdale, 1982; Blackburn, 1984）。當然，這種問題在所有不同類型的治療方式中，皆屬負向的預測指標。我們的臨床經驗是讓此類患者同時接受認知治療與藥物治療，這會產生較佳的預後。極可能是因慢性病會引發所謂「在憂鬱中的憂鬱狀態」的次級歷程，能在認知治療的方式中加以處理。此外，「習得的資源感」（learned resourcefulness）這種心理特質，亦是值得注意的一項指標，它指出病人在進行治療時，選擇治療方法的重要個人特質。

二、廣泛焦慮症與恐慌症

目前尚無任何有關的報告，明確指出廣泛焦慮症與恐慌症的病人能因認知治療受益。不過，文獻上的整理倒也提供了一些一般性的方向，列在表1.10。

相較於憂鬱症的病人，慢性病化的現象並非是使用認知治療於焦慮症病人的一項負向因素（Salkovskis et al., 1986; Durham & Turvey, 1987）。

已有證據指出同時採用藥物治療（使用某些三環劑和單胺氧化酶抑制劑）和心理治療，包括漸進式暴露法（graded exposure），對恐慌症患者具有療效（Telch, 1988）。面對廣泛焦慮症患者，長期使用苯二酚目前還有爭論（見一般醫學上的回顧性文章），不過，使用認知治療，倒是一項可取的選擇。

表1.10 對焦慮症患者進行認知治療的適用範圍

廣泛焦慮症（伴有或未伴有恐慌發作）

恐慌症（症狀來自於肺部的換氣過度）

伴有憂鬱症狀的焦慮症

有／無藥物治療

References

American Psychiatric Association (1987). *Diagnostic and Statistical Manual of Mental Disorders*, 3rd revised edn. American Psychiatric Association, Washington DC.

American Psychiatric Association (1994). *Diagnostic and Statistical Manual of Mental Disorders*, 4th edn. American Psychiatric Association, Washington DC.

Blackburn, I. M. (1984). Setting relevant patient differences: a problem in phase IV research. *Pharmacopsychiatry*, **17**, 143–7.

Blacker, C. V. R. & Clare, A. W. (1987). Depressive disorder in primary care. *British Journal of Psychiatry*, **150**, 737–51.

Brown, G. W. & Harris, T. O. (1978). *Social Origins of Depression. A Study of Psychiatric Disorder in Women*. Tavistock, London.

Clancy, J., Noyes, R., Hoenk, P. R. & Slymen, D. J. (1978). Secondary depression in anxiety neurosis. *Journal of Nervous and Mental Disease*, **166**, 846–50.

Committee on the Review of Medicines (1980). Systematic review of the benzodiazepines. *British Medical Journal*, **280**, 910–12.

Coryell, W. & Winokur, G. (1982). Course and outcome. In Paykel, E. S. (ed) *Handbook of Affective Disorders*, pp. 93–106. Churchill Livingstone, Edinburgh.

Durham, R. C. & Turvey, A. A. (1987). Cognitive therapy vs behaviour therapy in the treatment of chronic general anxiety. *Behaviour Research and Therapy*, **25**, 229–34.

Fennel, M. J. V. & Teasdale, J. D. (1982). Cognitive therapy with chronic, drug-refractory depressed out-patients: a note of caution. *Cognitive Therapy and Research*, **6**, 455–9.

Glen, A., Johnson, A. & Shepherd, M. (1984). Continuation therapy with lithium and amitriptyline in unipolar illness: a randomised double-blind controlled trial. *Psychological Medicine*, **14**, 37–50.

Greer, S. (1969). The prognosis of anxiety states. In Lader, M. H. (ed) *Studies of Anxiety*, pp. 151–7. Royal Medico-Psychological Association, London.

Hirschfield, R. M., Klerman, G. L., Andreasen, N. C., Clayton, P. J. & Keller, M. B. (1986). Psychosocial predictors of chronicity in depressed patients. *British Journal of Psychiatry*, **148**, 648–54.

Hoeper, E. W., Nycz, G. R., Cleary, P. D., Regier, D. A. & Goldberg, I. D. (1979). Estimated prevalence of RDC mental disorder in primary medical care. *International Journal of Mental Health*, **8**, 6–15.

ICD-10 (1993) The ICD-10 Classification of Mental and Behavioural Disorders. World Health Organisation, Geneva.

Kedward, H. B. & Cooper, B. (1969). Neurotic disorders in urban practice: a three year follow-up. *Journal of the College of General Practitioners*, **12**, 148–63.

Keller, M. B., Klerman, G. L., Lavori, P. W., Coryell, W., Endicott, J. & Taylor, J. (1984). Long term outcome of episodes of major depression. *Journal of the American Medical Association*, **252**, 788–92.

Keller, M. B. & Shapiro, R. W. (1981). Major depressive disorder. Initial results from a one-year prospective naturalistic follow-up study. *Journal of Nervous and Mental Disorders*, **169**, 761–8.

Kendell, R. E. (1976). The classification of depression. A review of contemporary confusion. *British Journal of Psychiatry*, **129**, 15–28.

Kerr, T. A., Roth, M., Schapira, K. & Gurney, C. (1972). The assessment of prediction of outcome in affective disorders. *British Journal of Psychiatry*, **121**, 167–74.

Marks, I. & Lader, M. (1973). Anxiety states (anxiety neurosis): a review. *Journal of Nervous and Mental Disease*, **156**, 3–18.

Murphy, E. (1983). The prognosis of depression in old age. *British Journal of Pyschiatry*, **142**, 111–19.

Murphy, J. M., Olivier, D. C., Sobol, A. M., Monson, R. R. & Leighton, A. H. (1986). Diagnosis and outcome: depression and anxiety in a general population. *Psychological Medicine*, **16**, 117–26.

Robins, L. N., Helzer, J. E., Weissman, M. N., Orvaschel, H., Gruenberg, E., Burke, J. D. & Regier, D. A. (1984). Lifetime prevalence of specific psychiatric disorders in three sites. *Archives of General Pyschiatry*, **41**, 949–58.

Rosenbaum, M. (1980). A schedule for assessing self-control behaviors: preliminary findings. *Behavioural Therapy*, **11**, 109–21.

Safran, J. D. & Segal, Z. V. (1990). *Suitability for Full-term Cognitive Therapy Rating Scales (Appendix II) in Interpersonal Process in Cognitive Therapy*. Basic Books, New York.

Salkovskis, P. M., Jones, D. R. O. & Clark, D. M. (1986). Respiratory control in the treatment of panic attacks: replication and extension with concurrent measurement of behaviour and Pco_2. *British Journal of Psychiatry*, **148**, 526–32.

Schwab, J. J., Bell, R. A., Warheit, G. J. & Schwab, R. B. (1979). *Social Order and Mental Health: The Florida Health Study*. Brunner/Mazel, New York.

Simons, A. D., Lustman, P. J., Wetzel, R. D. & Murphy, G. E. (1985), Predicting response to cognitive therapy of depression: the role of learned resourcefulness. *Cognitive Therapy and Research*, **9**, 79–89.

Spitzer, R. L., Endicott, J. & Robins, E. (1978). *Research Diagnositic Criteria (RDC) for a Selected Group of Functional Disorders*, 3rd edn. Psychiatric Institute, Biometrics Research, New York State.

Telch, M. J. (1988). Combined pharmacological and psychological treatments for panic sufferers. In Rachman, S. & Maser, J. D. (eds) *Panic: Psychological Perspectives*, pp. 167–87. Lawrence Erlbaum Associates, Hillsdale, New Jersey

Weissman, M. M. & Myers, J. K. (1978). Affective disorders in a US urban community: the use of research diagnostic criteria in an epidemiological survey. *Archives of General Psychiatry,* **35,** 1304–11.

Winokur, G. & Morrison, J. (1973). The Iowa 500. Follow-up of 225 depressives. *British Journal of Psychiatry,* **123,** 543–8.

Wolpe, J. (1971). Neurotic depression: experimental analog, clinical syndromes and treatment. *American Journal of Psychotherapy,* **25,** 362–8.

World Health Organisation (1977). *Manual of the International Statistical Classification of Diseases, Injuries and Causes of Death,* 9th revised edn. World Health Organisation, Geneva.

World Health Organisation (1993). *Manual of the International Statistical Classification of Diseases, Injuries and Causes of Death,* 10th revised edn. World Health Organisation, Geneva.

第二章
認知治療：模式與效能

....

❖定　義

❖歷史沿革

❖認知事件、歷程和基模在憂鬱與焦慮中的

角色

❖認知治療效能的研究證據

❖總　結

定　義

　　認知治療是（cognitive therapy，簡稱CT）一種有系統的心理治療方式，它的基礎是情緒障礙理論（Beck, 1967）、心理學的實驗與臨床的研究（Kovacs & Beck, 1978; Blackburn, 1988a），以及界定清楚的治療技術（Beck et al., 1979）。認知治療也是一種結構式的心理治療，可用來幫助病人減緩症狀並且學習有效的方式，來處理病人所遭遇的困難。治療的方向是問題取向（problem-orientated），在於矯正會影響病人痛楚的心理與情境問題。而關於「認知治療」的名稱，則是因為治療技術均針對病人的認知錯誤或偏差來加以改變。這些包括情境與壓力的評估，對自我、世界與未來的基本假設，以及會增加情緒障礙發生的信念與態度。誠如上述，此種治療取向有其歷史、理論及實驗的基礎。

歷史沿革

一、認知治療的哲學基礎

　　認知治療理論學者通常追溯他們的哲學基礎至第一、二世紀的斯多亞學派（stoic），尤其是伊比鳩魯（Epictetus）與馬卡斯·奧里流斯（Marcus Aurelius）。伊比鳩魯曾指出：「人們並非被外界的事件所困擾，而是他們對事件所採取的觀點困擾著他們。」馬卡斯·奧里流斯亦曾寫下：「如果一些外在事物困擾著

你，事實上並非是事物本身，而是你對它的判斷所引起的痛苦。如果真是你的行為困擾著你，那誰又能阻止你去改變它呢？改變你自己的判斷就看你自己了。」所以伊比鳩魯與馬卡斯‧奧里流斯兩人均強調對事件的解釋與自己去改變它的重要性。

後來的學者，如十八世紀的哲學家康德（Kant）所採取的知識論觀點，即與現今的認知理論學者相類似，他區分不可知的物自身（noumena）與受先前知識結構影響的主體現象經驗（phenomena）。簡單來說，我們無法認識事物的本質，我們知道的只是我們對事件和自己的解釋。而這些解釋深受我們過去的經驗、基因的組成、社會文化背景以及當下情緒狀態的影響。

二、認知治療的心理學與精神醫學基礎

二十世紀的前半部，由於古典心理分析的強勢地位，強調身體需求與本能行為，造成精神醫學對認知因素的完全忽略。Arieti（1985）就曾寫下：「佛洛依德強調我們如何去壓抑和潛抑會引發焦慮的意念，但是精神科醫師和心理分析師們已經壓抑或潛抑整個領域的意念，也就是認知，因為它會引起我們的焦慮。」新佛洛依德學派的Alfred Adler可視為現代認知理論和治療的先驅。他認為動機不足以說明人類行為。根據Adler（1919）的觀點，行為的決定在於賦予事件的意義，因此Adler治療學派經由對病患的再教育，改變其態度、目標、價值以及行為，達到更滿意的生活型態。Murray與Jacobson（1978）就曾很公正的說明Adler是很多現代認知治療學者的先驅，包括Albert Ellis、Julian Rotter、George Kelly、Eric Berne及Aaron Beck等人。

行為主義的運動從Watson（1913）和Skinner（1945）開始，主要是對唯心取向的心理分析學派直接的反動。早期的行為治療學者企圖將學習理論和動物實驗室制約學者的研究結果運用

到臨床領域，認為只有可觀察的現象（刺激和反應）可以用來瞭解行為，任何經過推論的現象（例如思考和情緒）均被視為不必要、鬆散的、非科學的或不經濟的。行為取向的心理治療創造了有利的生機而且首先提出充分的治療證據。Eysenck（1960）提供有力的證據證明行為矯正對精神官能症的治療效果，並反擊傳統心理動力治療的療效。

這種早期的改革態度稱為「形上的行為論」（metaphysical behaviourism），因忽略一些重要的臨床成分（例如認知和社會變項）而遭受批評。Eysenck（1960）的分析即被Bergin（1971）嚴厲的挑戰，行為治療的理論基礎正公正地被談論（參見Mahoney等人一九七四年對此些爭論的回顧）。

在行為取向的改革之後，一九六〇年代已被稱為認知改革的年代。然而Blackburn（1986）認為並沒有所謂的改革，而是觀念與技巧上漸進的演變，導致認知或認知行為治療的崛起。完成這樣的演進受到多方面的影響。

1. 學院的認知心理學家，例如Miller、Gallanter和Pribram（1960）在其影響深遠的巨著（*Plans and the Structure of Behavior*）中，開始運用科學方法來研究心智現象。

2. 發展心理學家，特別是皮亞傑（Piaget）（Flavell, 1963）對兒童智能、社會和道德發展的研究，認為人類有機體的發展是主動尋求訊息，而非環境刺激的被動接收者，皮亞傑建議將心智結構或基模視為組織訊息和控制行為的方式。基模的概念在這一章將再詳述。

3. 社會學習論者，例如Miller與Dollard（1941）、Rotter（1954）及Kelly（1955），開始討論一些認知概念，包括注意力、刺激和反應間的認知因素、期望、計畫、再分類

以及個人建構等等。

4. 行為治療學者修正他們的模式，納入認知的因素。Homme
（1965）描述思考為內隱反應（coverants）或內隱的心智
運作，它是反應鏈變為外顯行為之前，早期的重要成分。
這些內隱反應亦可使用行為改變的原則，加以分析和矯
正。Bandura（1969）在其巨著 *Principles of Behavior*
Modification，亦無法接受古典行為模式的觀點，認為行
為是被動的受到環境因素的塑造。對他而言，行為是受到
思考歷程、先前經驗所獲得的訊息以及自我控制歷程的影
響，替代學習和模仿就是最佳例證，例如經由觀看他人玩
弄蛇，就可以獲得新的學習——平安無事的玩弄蛇。

三、憂鬱

　　認知行為治療的孕育，是經由不同的管道形成，其中兩位臨
床工作者致力於憂鬱的認知治療。Ellis（1962）發展的理性情緒
治療（rational emotive therapy，簡稱RET），治療師經由與病患
的溝通，推斷出病患對世界和自我的基本原則與假設，並且以挑
戰它為主要的治療技巧，來達成減低痛苦與提升因應行為的目
標。Beck（1963）原先是一位心理分析師，他從治療憂鬱病患的
臨床經驗，發現與心理分析理論不同的觀點。針對憂鬱和非憂鬱
病患的夢（Beck & Ward, 1961），以及五十位憂鬱病患心理治療
晤談的資料（Beck, 1963）做內容分析，Beck發現憂鬱的核心—
—是憂鬱思考內容與形式的特殊錯誤，均具有負向的認知偏誤
（negative cognitive bias）。對於憂鬱病患，心理分析理論預測他
們在夢中與自由聯想時會出現大量虐待與受虐的主題（sado-
masochistic themes）。然而Beck卻發現憂鬱病患有強烈的負向自
我概念、悲觀的前景以及視生活情境為一種挫折和得不到酬賞的

覺知。

Beck的憂鬱模式：憂鬱病患在訊息處理歷程的功能障礙，導致憂鬱情緒與行為的形成和持續。臨床上雖然依據情緒的變化將憂鬱分類為情感障礙（affective disorder），但似乎不及認知扭曲來得引人注目。利用訊息處理歷程的分析，在刺激（事件）與反應（情緒和行為）之間會介入三類認知變項，包括基模（schema）、認知歷程（cognitive processes）和思考內容（content of thoughts），憂鬱病患在這三方面均呈現負向的偏誤。

Beck的憂鬱認知模式是一個層次上的解釋，它並沒有違反生物取向對於憂鬱的瞭解。生物性以及認知性的功能障礙是一體的兩面；亦即，憂鬱思考必定會伴隨著大腦中樞神經傳導物質（neurotransmitters）與下視丘—腦下腺（hypothalamic–pituitary）的神經內分泌系統的功能異常，反之亦然。

此種認知學習模式不同於傳統行為治療單純的S–R（刺激—反應）模式，但亦受一些早期學者理論的影響（例如Tolman，1932）。憂鬱的行為模式和認知模式之間的差別，可由**表2-1**瞭解。

憂鬱的行為模式（參見Blackburn，1985），依循著早期Skinner（1953）對憂鬱的界定，認為憂鬱是一種學習的消除（extinction）現象，是因為行為結果缺少正向的強化，使得主動行為的發生率大幅降低。Lewinsohn（1974）擴充這樣的模式，認為有三大類的因素會影響行為結果是否得到正向的增強，包括每個人可能的強化物（會有質與量的差異）、強化物的可使用性（availability）以及得到強化物所需的工具性技巧和社交技巧。

四、焦慮

在過去二十多年來，認知行為取向對焦慮的瞭解，已逐漸的

表2.1　憂鬱的行為模式與認知模式

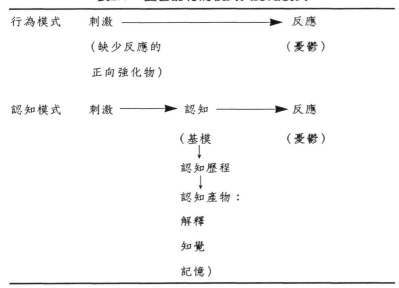

被注意和重視，因此對行為治療和藥物治療的不滿意也增加。

　　Bandura（1977）描述參與式模仿如何有效的降低恐懼，並因而發展出焦慮的社會學習理論（social learning theory）。他強調認知因素對焦慮形成的影響，包括自我效能（self-efficacy）和結果預期（outcome expectancy），前者指的是個人估量自己因應情境的能力，後者則是個人在估量特定結果發生的可能性。Bandura認為這些因素完全是個人意識上所做的評估，焦慮則被視為此種運作下的結果。

　　Lazarus（1966）的焦慮認知模式，嘗試區別兩種認知歷程，稱為初級和次級評估（primary and secondary appraisal）。初級評估是關於個體如何將情境評估為具威脅性，而次級評估則是個體評估自己是否有足夠的內外在資源來因應它。結合對潛在威脅和因應資源的評估，將有助於個體在某一情境下焦慮的程度。

　　Beck的焦慮模式：對於焦慮症，Beck的模式清楚地說明情

緒與思考間的關係（Beck, 1976; Beck & Emery, 1985），他認為焦慮症在概念上應視為一種思考障礙。Beck等（1974a）設計兩個研究，嘗試去找出與焦慮相關的認知和視覺意象，結果發現焦慮病患均會經驗到具威脅形式的思考或意象，而且通常發生在焦慮侵擊之前，內容上則是一種預期或當下的危險狀況。

　　焦慮症可視為個體面對客觀威脅和危險時，自然情境選擇出來的生存機制，所產生的反應，亦即焦慮經驗是個體為逃避或減低傷害所採取的防衛行動。所以面對危險情境時，自主神經興奮、行為的抑制以及選擇性的注意環境均是自然選擇的結果，它具有增加個體存活機會的功能。然而焦慮症患者的自主神經興奮以及行為、認知歷程，並不會與情境威脅程度的客觀評估相符合。通常焦慮病患會高估危險事件發生的可能性和嚴重度，而且會低估自己的因應能力與其他有利的因素。

　　表2.2可用來說明此種焦慮的認知模式，誠如憂鬱的認知模式，不同層次的訊息處理偏誤均會影響個體的反應。

　　恐慌症的認知模式（Clark, 1986; Beck, 1988）認為恐慌發作是因為個體對特定的身體感覺做災難性錯誤解釋的結果。Beck確信在恐慌發作當時，個體用來減輕或停止恐慌的訊息處理能力已經失去。由於過度注意身體感覺，個體將它解釋為災難的可能性

表2.2　焦慮的認知模式

刺激 ⟶	認知 ⟶	反應
（引發焦慮的情境）	（基模 ↓ 認知歷程 ↓ 認知產物： 初級評估與 次級評估）	（焦慮的主觀經驗 自主神經興奮 行為的抑制）

增加，緊接著又導致更高的生理激起，惡性循環因而產生。Beck
認為這種「自動反射性的訊息處理」（automatic reflexive
processing）會干擾直接思考和客觀評估身體感覺的能力。

　　雖然現今逐漸重視焦慮的認知因素，但值得期待的是結合生
理、認知及行為成分的整合模式（Mathews, 1985）。生物模式的
研究目標在尋找焦慮症特殊的生物性病理基礎，異常的焦慮被視
為是生物性功能障礙的結果而非心理因素。焦慮的行為模式，是
以學習理論為基礎，已經可以解釋恐懼症的形成。古典制約理論
認為任何刺激，不論是複雜或簡單，只要與會引發害怕反應的情
境相連結或配對，之後將可獨自引發害怕反應（**表2.3**）。這些害
怕反應包括外顯的反應（逃跑、戰鬥、逃避、口語表達）和內隱
的反應（思考、意象、生理激起）。因此，根據古典制約理論，
任何中性刺激只要與威脅性的刺激配對學習後，均可引發害怕反
應。

　　Skinner（1974）說明害怕反應的操作性制約學習，他認為

表2.3　害怕反應的古典制約學習

A.制約學習前

　制約刺激（老鼠）─────────▶ 沒有反應

　非制約刺激（噪音）────────▶ 非制約反應（害怕）

B.制約學習時

　制約刺激（老鼠）

　　＋

　非制約刺激（噪音）────────▶ 非制約反應（害怕）

C.制約學習後

　制約刺激（老鼠）─────────▶ 制約反應（害怕）

所有行為最重要的獨變項是反應和它的效果。依此模式，當逃避
行為可降低焦慮時，它將得到強化，且不斷地使用逃避行為後，
那逃避行為將長久的存在。

認知事件、歷程和基模在憂鬱與焦慮中的角色

一、認知事件（cognitive events）

與憂鬱病患的會談，我們立即會發現他思考中充滿強勢支配
的負向內容。

1. 他使用大量自我貶抑的詞句來形容自己。包括懶散的、懦
   弱的、沒有價值、不誠實的、愚笨的等等。最重要的是他
   認為自己缺乏渴望的特性以及想要達到的珍愛目標。所以
   他具有一種對自我的負向觀點（negative view of self）。
2. 他認為他的生活情境或世界是不滿意的、充滿挫折的，以
   及沒有報酬的。而他的問題是不能克服的而且無法逃避。
   不僅他的生活情境如此，其餘的世界亦是充滿痛苦和不快
   樂。換句話說，他具有一種對世界的負向觀點（negative
   view of the world）。
3. 再者，當他往前看看未來時，他認為現在的困難將會永遠
   持續甚至更糟，他缺少能力去做些必要的改變，因此感到
   無助與無望。所以他具有一種對未來的負向觀點
   （negative view of the future）。

Beck（1976）將此三個成分稱為負向的認知三角（negative

cognitive triad），經由它們其他憂鬱的症狀將可在認知層次上被
瞭解。表2.4呈現的是憂鬱的認知模式。必須強調的是這個模式
僅在一個層次上瞭解憂鬱，它並不否定其他層次的解釋，例如生
物性或社會性的瞭解。在我們的觀點，思考是大腦中生物化學與
生理作用下的產物。而人們生活在世界上，也會受他所處的環境
和社會因素影響。

　　Beck（1967）也許過度誇大他的理論觀點，因而導致負向認
知三角引起憂鬱症候群的推論。新近Beck（1984）採取更普遍與
合理的論點來澄清他的觀點，認知扭曲只是憂鬱症候群的一部分
──亦即它只是症狀，不能被概念化成引起憂鬱的原因。然而對
憂鬱的治療介入，它是非常重要的切入點。若考慮憂鬱症狀有階
層特性，認知因素被視為最高層次的症狀，雖然以現階段的知
識，這樣的觀點可能只是一種假設論述而非事實。

　　有很豐富的實證研究（參見Blackburn，1988b）證實負向認
知三角的存在：

表2.4　憂鬱思考內容與憂鬱症狀

對自我的負向觀點	悲傷、焦慮、易怒
	缺乏自信
	猶豫不決
	缺乏動機與活動力
	失去興趣
對世界的負向觀點	逃避的意圖
	自殺意圖與行動
	失去食欲
	失去精力
對未來的負向觀點	睡眠困擾

1. 可區分憂鬱病患和其他精神病患的群體，亦即它是憂鬱症特有的。
2. 可區分憂鬱病患和正常人，亦即它對憂鬱症具敏感度。
3. 可區分憂鬱病患和已恢復的憂鬱病患，亦即它反應的是一種憂鬱狀態而非穩定特質。
4. 無法區分憂鬱病患的次群體，亦即它對診斷的亞型不敏感。

　　焦慮病患報告出的思考和意象均是關於個人危險的主題（themes of personal danger），他們視環境為危險或具威脅的，但事實上可能很小甚至沒有危險性，關於這個主題，Beck等（1974a）與Hibbert（1984）均有詳細的描述，內容包含脆弱的、不適當的、缺少自我控制、社會拒絕和失敗、疾病，以及心理傷害或死亡等的思考和意象。而恐慌症病患，當他經驗到高度焦慮時，則通常會出現與身體傷害有關的思考內容。

　　焦慮病患通常較非焦慮的正常受試者，更容易將模糊情境解釋成對自己具威脅性的特性（Butler & Mathews, 1983），亦即他們具有脆弱的自我觀點，主觀上，也傾向於高估情境對他們的危險程度。他們具有威脅性的世界觀點，但並非整個世界均是具威脅和不愉快，而是特別關注他們的世界才是如此。他們也視未來為不可預測、不可依靠以及充滿危險（表2.5）。

二、認知歷程

　　認知歷程（cognitive processes）指的是訊息處理歷程中刺激的運作規則，而知覺、思考、心理意象以及相關的記憶則是刺激經由認知歷程的轉換，所產生的認知產物。Hollon與Kriss（1984）就曾將認知歷程類比為電腦軟體。就是此種認知歷程的扭曲或謬

表2.5 焦慮思考內容與焦慮症狀

脆弱的自我觀點		焦慮、憂鬱
		缺乏自信
		逃避
		增強依賴性
威脅性的世界觀點	>	自主神經的症狀
		睡眠困擾
		缺少自發性
		注意集中力差
不可預測的未來觀點		過度警覺

誤，維繫著思考內容上負向或焦慮的偏差。這些認知的扭曲是一種系統性的邏輯謬誤，在憂鬱和焦慮病患的思考上很容易發現。表2.6呈現五種形式的謬誤（附例子），它是焦慮與憂鬱病患訊息處理歷程的基本特性。

Blackbrun與Eunson（1988）從五十位接受治療的憂鬱病患收集了二百個思考內容，分析後發現表2.6所列舉的謬誤已足以去描述病患的認知歷程。一項思考內容通常包含不只一種謬誤，每位病患也會有自己典型的謬誤，傾向於在不同情境中一再的發生。他們也發現「以偏概全」最常與憂鬱情緒共同出現，「妄下結論」則較常與焦慮情緒共同出現。從自動化思考（automatic thoughts）或自我對話（self-talk）亦可發現此些系統性謬誤，自動化思考是反射的動作，而且是我們對情境一種立即的評斷。它也許不是心智反應的最前部，但它通常伴隨著一些意識的心智活動。表2.6的例子，那位祕書也許會將它記錄下來，或跟她的上司說明，但在她的心裏已做了一個典型的評斷，那將會引起或持續她的不愉快情緒。

表2.6　憂鬱與焦慮訊息處理歷程的謬誤

情境：我的上司嘲笑我的打字稿中有兩個錯誤

1. 以偏概全（selective abstraction）：病患選擇情境的某一個層面，並且用它來解釋整個情況

    解說：他不考慮我辛苦打字了二個小時，反而嘲笑我（憂鬱）

    　　　我將會繼續出錯（焦慮）

2. 妄下結論（arbitrary inference）：在沒有充足的證據支持下，病人便任意下結論，甚至有反證出現時亦堅持此結論

    解說：他認為我是個差勁的打字員（憂鬱）

    　　　我一定是真的很笨拙（焦慮）

3. 過度類化（overgeneralization）：病患從整體情境中，專斷地選擇其中某一個層面為基礎，而做了一般性的結論

    解說：沒有人欣賞我（憂鬱）

    　　　我從未真正地成為一位祕書（焦慮）

4. 擴大與縮小（magnification and minimization）：病患誇張情境的負向層面，並且看輕正向層面

    解說：我到底怎麼回事？事情做不成只會出錯（憂鬱）

    　　　他生氣什麼？我實在無法應付這樣的情況（焦慮）

5. 個人化（personalization）：病患在沒有任何理由下，傾向於將外在事件與自己發生關連

    解說：這也難怪，他任何時候看起來都這麼疲憊，但他不能如此依賴我的打字，才能讓他的工作順利（憂鬱）

    　　　我被嘲笑了（焦慮）

值得注意的是，所有訊息處理歷程的謬誤，並不是只有憂鬱和焦慮病患或其他的心理疾病群體才會如此。正常與病態的訊息處理歷程之間的差異是在於謬誤的程度、頻率和偏差型態。基礎的認知與社會認知學者（Kahneman et al., 1982; Nisbett & Ross, 1980）均強調正常的訊息處理歷程亦存在一些謬誤，特別是在不確定的情境下又必須做判斷的時候，在正常的情況下，當人們無法從事精緻且費時的訊息處理時，個體會採取捷徑或啟發式（heuristics）的訊息處理，雖然此種方式可能導致正確的推論，但更可能的是導致不正確的認知產物，因為許多層面的訊息被忽略了。一般而言，啟發式的訊息處理會受個人的情感狀態、過去的學習經驗、信念以及態度的影響，它會影響對特定事件的發生率、事件類型的分類以及事件評估的判斷。皮亞傑（Piaget, 1952）提出兩種非常重要的普遍性認知歷程：同化（assimilation）和調適（accommodation）。當面對新的訊息時，同化指的是個體改變或融合刺激來符合先前已存在的基模（參見下一節），調適則是調整自己的基模來符合新的訊息。大部分的文獻認為同化比調適更常發生，這大概是因為啟發式的訊息處理對刺激的選擇與轉換，類似表2.6所敘述的方法。

三、認知結構或基模

　　認知結構或基模（cognitive structures or schemata）指的是穩定的知識結構，其表徵的是個人對自己與他所處世界的所有知識內容。一般而言，它是由有關他人、自己和世界的信念所組成，因此它將會影響我們對情境的注意方向、記憶以及解釋。它也將決定訊息處理的捷徑、思考的謬誤以及最終的認知產物。想要瞭解憂鬱與焦慮的病患對自己、世界與未來的信念是如何推論出來，必須考慮這些思考的面向，因為經由基模的訊息處理歷程之

後，它已經遠超出訊息所能提供。表2.7和表2.8說明基模在憂鬱與焦慮思考的角色。

表2.7　基模、訊息處理歷程、思考內容與憂鬱

刺激	他們不跟我說話
↓	
基模	如果人們忽略你，它意味著他們不喜歡你，如果人們不喜歡我，那我就是沒有價值的人
↓	
訊息處理	他們是有意忽略我的
↓	
推論	他們不喜歡我
↓	
情緒	悲傷

表2.8　基模、訊息處理歷程、思考內容與焦慮

刺激	參加宴會
↓	
設定模態	宴會上是困難重重的
↓	人們聚集在一起是很具威脅的
基模	如果我做得不好，我將無法融入，人們也會認為我很奇怪
↓	
訊息處理	沒有人過來與我說話
↓	
推論	他們視我為陌生人
↓	
情緒	焦慮

經由憂鬱病患的治療病程或問卷資料（the Dysfunctional Attitude Scale, Weissman & Beck, 1978，參見附錄1），已經找出一些憂鬱的典型基模列舉於**表2.9**。

Beck（1967, 1976）已經提出憂鬱病患具有負向的基模，而焦慮病患具有視世界為具威脅性的基模，與視自己缺少自我效能去處理這些威脅的基模。從焦慮病患找出的典型基模列舉於**表2.10**。

表2.9　憂鬱病患的典型基模

1. 我必須讓每個人都愛我
2. 我不是百分之百成功就是完全的失敗
3. 我做人的價值必須依賴別人怎麼看我
4. 我應該一直當個老好人
5. 如果人們不贊成我的意見，就意味著我是不好的人
6. 我應該儘可能的表現得最好
7. 靠我自己應該可以做任何事，尋求幫忙就是顯示自己的脆弱

表2.10　焦慮病患的典型基模

1. 如果我要避免一些恐怖的事情發生，我應該保持警覺
2. 如果我做得不正確，我將會被嘲笑，而且我的地位也會深受威脅
3. 如果我不表現出我的能力，人們將視我為笨蛋
4. 如果我感到焦慮，這表示我無法掌控我自己
5. 如果我持續焦慮，那我將會死去
6. 如果人們注視著我，表示他們將會批評我
7. 世界充滿著危險和威脅，我實在無法應對

Beck與Emery（1985）將與特殊情境關連的基模稱為認知心向（cognitive sets），而較全面或一般性的基模則稱為模態（modes）。焦慮症的病患，害怕或危險的模態會過度作用，而且當危險不再存在時依然會持續在作用，這種現象會導致自主神經系統的過度活動，並且易將環境解釋成有危險性的。他們認為危險模態的持續，某種程度上與神經化學的不平衡或疲勞有關連。

憂鬱或焦慮因子的基模（表2.9與表2.10）通常是自我參照且有特定形式的特徵，例如僵化與難以區辨。它們是一些像小孩一般過度嚴厲的規則，也許與孩童早期的學習有關，但是卻沒有經過調適歷程的修正。它們受個人社會文化背景的影響，而在憂鬱或焦慮期間變為強勢的主宰。

依據研究發現，根本的基模在緩和期會變為潛藏的不現，但會被某些特定的事件所激發。一旦被激發後它們會一再被運用在各種情況，逐漸變成扭曲的思考。使用越頻繁的基模，將越難以轉換。認知治療花費大量的心力找出相反的訊息，來消弱這些信念或增加信念系統的彈性。在我們的觀念裏，這些關於自我的理論通常是受限於文化因素，因此完全改變它們是不可能的。治療努力的目標僅在於消弱這些信念的強度，以及選擇較可使用的信念系統。

一些研究已經發現（參見Blackburn，1988b的回顧）利用有效度的量表，例如不良功能態度量表（Dysfunctional Attitude Scale，簡稱DAS, Weissman & Beck, 1978；見附錄1），從憂鬱病患找到的基模，可區分憂鬱病患與正常控制組和其他精神疾病的病患。但也有一些研究顯示它無法區分已恢復的憂鬱病患與正常控制組，不管他是經過藥物治療或認知治療。因此，得到的結論應該是憂鬱因子的基模反映的是一種狀態而不是穩定的人格特質。亦即如Beck（Kovacs & Beck, 1978）的觀點，在恢復期這些

基模變成不活動，但對某些人或在特定的威脅情境下將會再度被激發。

Mathews與MacLeod（1985）利用修訂後的Stroop叫色實驗（Stroop color naming test）發現焦慮的個體在叫色測試上，對危險相關字明顯的較中性或正向字的表現差，他們認為可能是焦慮病患分派額外的處理資源到威脅性的刺激上，或相關字的知覺所引發的情緒激起，間接干擾叫色的測試。在這個實驗與其他實驗（參見Brewin 1988的回顧）的結果，發現焦慮病患特別會注意威脅性的刺激，但非焦慮病患的控制組則不會如此。假定個體在記憶中具有「危險」的基模，它可能是天生具有或從經驗中學來。焦慮病患由於這些基模的運作，會產生下意識登錄威脅性刺激的偏誤，造成特定的刺激或事件吸引住個體的注意力，然後這些刺激將優先地記錄在記憶的基模中，之後個體在面對模糊情境時（一種潛在威脅或危險），就很容易從記憶中將它們提取出來。

新近的研究（Beck et al., 1983）指出存在比基模更穩定的高層次結構，這些性格類型被稱為自主型（autonomy）與社會依賴型（sociotropy）。自主型的個體從獨立、自由及個人成就得到滿足，而社會依賴型的個體則是依賴社會性的滿足，包括情愛、交際及贊同。所以自主型個體的基模是關於獨處、獨立、成就以及權利的需求，而社會依賴型個體的基模則是關於情愛的需求、無法忍受孤獨以及社會贊同的需求。瞭解這兩種相對的性格類型，將有助於我們瞭解病患、陳述個案以及決定治療策略。這些性格類型也有助於我們預測在什麼情境下會引發何種基模，如此便可以瞭解病人脆弱性的所在。然而這些主題至今僅有臨床上的證據，尚未經過研究的檢證。

認知治療效能的研究證據

　　到目前為止，已有許多關於憂鬱症認知治療的研究，包括長期和短期治療效果的研究，但是關於焦慮症認知治療的效能，僅有少數的研究結果發表。在這一節我們將對這些研究做簡潔的回顧，包括Beck等（1979）對憂鬱以及Beck與Emery（1985）對焦慮的認知治療方式所從事的研究。而僅利用部分認知治療技巧的研究將不納入，因為它無法提供證據來支持本書所說明的治療方式。早期心理治療研究的缺點，就是因為治療方式缺少清楚的界定，造成研究結果不具意義。關於不同形式的心理治療研究，可參考Blackburn（1988c）所做更詳細的回顧。

一、憂鬱的認知治療與藥物治療

　　憂鬱症治療結果的研究，針對新治療方式的評估，三環抗憂鬱劑（tricyclic antidepressants，簡稱TCA）通常被視為比較的黃金標準。Rush等人（1977）的研究比較認知治療與抗憂鬱劑（imipramine）的療效，是第一個證明心理治療與三環抗憂鬱劑一樣有效的研究。自此之後，有一些比較認知治療和藥物治療的研究發表，表2.11是這些研究的整理。

　　除了使用相同形式的認知治療之外，這些研究處置的均是相同類別的憂鬱病患，主要是符合沒有精神症狀的憂鬱症診斷標準（Spitzer et al., 1978或 Feighner et al., 1972）的門診病患，但他可能是內因型或非內因型的憂鬱症（參見第一章的診斷標準）。一般而言，這些研究的方法論還算適當，包括利用隨機分派，以及結果測量的標準化工具，但並未對評量者隱瞞實驗操作，而且也

表2.11　認知治療與藥物治療：治療憂鬱症的相對效能

研究	結果
Rush 等人（1977）（人數＝41）	CT＞imipramine
Beck 等人（1979）（人數＝26）	CT＝CT＋amitriptyline
Dunn （1979）（人數＝20）	CT＋imipramine＞支持性治療與 imipramine
McLean & Hakstian （1979）（人數＝154）	CT＞amitriptyline＝放鬆練習＞頓悟治療
Blackburn 等人（1981）（人數＝64）	門診病患：Com＞CT＝抗憂鬱劑 家庭醫學病患：CT＝Com＞抗憂鬱劑
Rush & Watkins （1981）（人數＝38）	個別CT＝個別CT＋抗憂鬱劑＞團體CT
Murphy 等人（1984）（人數＝70）	CT＝nortriptyline＝CT＋nortriptyline＝CT＋安慰劑
Teasdale 等人（1984）（人數＝34）GP	CT＋一般性藥物治療＞一般性藥物治療
Beck 等人（1985）（人數＝33）	CT＝CT＋amitriptyline
Ross 和 Scot （1985）（人數＝51）GP	CT（個別）＝CT（團體）＞一般性藥物治療
Beutler 等人（1987）（人數＝56）（老年人）	團體CT＝CT＋alprazolam＝團體CT＋安慰劑＝安慰劑
Covi 和 Lipman （1987）	團體CT＝團體CT＋imipramine＞心理動力取向治療
Elkin 等人（1989）（人數＝239）	imipramine＋臨床處置＝CT＝IPT imipramine＋臨床處置＞安慰劑＋臨床處置

（續）表2.11　認知治療與藥物治療：治療憂鬱症的相對效能

研究	結果
	若HRSD＞20，GAS＜50 imipramine＋臨床處置＞IPT＞CT＞安慰劑＋臨床處置
Scott 和 Freeman （1992） （人數＝121）GP	CT＝心理諮商＝amitriptyline＝一般性藥物治療
Hollon等人（1992） （人數＝154）	CT＝imipramine＝CT＋imipramine

Com＝結合抗憂鬱劑與認知治療（CT）

沒有安慰劑（placebo）的控制組（除非將放鬆練習與頓悟治療視爲安慰劑治療）。除了一九八九年美國國家健康心理學會（National Institute of Mental Health，簡稱NIMH）對嚴重憂鬱症的研究，所得到的結論認爲認知治療並不比藥物治療的效果來得差。Dobson利用後設分析法（meta-analysis）分析八個研究的結果，得到的結論是接受認知治療病患的治療效果較70％接受藥物治療的病患來得好。

　　Rush等（1977）的第一個比較性研究，在方法學有幾個問題。首先是研究者在結束治療時會逐漸減少藥物的劑量，因此在十二星期後的結果評估，相對於臨床病患，這些病患已完全沒有使用藥物，在這一點上，對認知治療較有利。另一方面，研究事先排除對三環抗憂鬱劑沒有反應的病患，這就對藥物治療較有利。其他的批評還包括未對臨床評量的評估者隱瞞治療方式、病患均是中等社經地位，以及研究者即是認知治療的創始者（費城的認知治療中心），就可能存在某些偏差。

　　之後的研究已經回應了這些批評，所有病患在結果評量時依

然接受藥物治療，也不會依據對藥物的反應來選擇病患。Blackburn等（1981）、Rush與Watkins（1981）與Teasdale等（1984）等三個研究嘗試解決這些問題，允許開藥醫生考慮過去病史與呈現的症狀，選擇最適合病患的藥物與使用的劑量。不同社經地位的病患均納入研究，且教育程度也被證實對治療結果沒有顯著影響。雙盲研究法（double-blind）運用在心理治療組明顯的不可能，爲儘量減少這些偏差，評估者就不直接涉入治療，雖然他可能因爲藥物的負作用而所有察覺。事實上，其他研究團體已得到可與Rush等人（1977）研究相比較的結果，指出經由適當的訓練與督導，任何臨床工作人員均能掌握認知治療，且對不同群的病患達到有效的治療結果。

從這些治療嘗試的研究，得到的結論是治療無精神症狀的重鬱症病患，認知治療至少與抗憂鬱劑的藥物治療一樣有效。而結合認知治療與藥物治療則優於單獨使用認知治療或藥物治療（Blackburn et al., 1981）。尤其是精神科門診病患，相較於家庭醫學病患，他的病程較長，所受的痛苦較深，症狀也較多。對家庭醫學的病患，除了Teasdale等（1984）的研究之外，結合兩種治療方式並沒有明顯的優於個別使用任何一種治療方式。

二、認知治療與其他心理治療方式的比較

比較認知治療與其他心理治療方式的治療結果，讓我們可以瞭解在與藥物治療比較的研究中無法處理的因素，包括注意的安慰劑效果（attention placebo effect）與認知治療的特別效果。注意的安慰劑效果認爲，相較於藥物治療，認知治療之所以有效，是因爲認知治療者花費較多的時間與病患在一起。非特殊性效果（non-specificity effect）則認爲認知治療的效果，並不是因爲理論自身或特殊的治療方法，而是一些非特殊性的因素，包括結構因

素、治療者的品質、理念的可信度以及家庭作業等。**表2.12**是至今認知治療與行為治療、非指導性的支持治療之比較研究。

這幾個研究並不像前一節所描述的研究，具有相同的方法論標準，因為受試者不是臨床病患，而是自願的學生或媒體招募的憂鬱病患；依變項的測量並不一致；人數太少以及認知治療的形式不夠系統，雖然是源於Beck等（1979）的模式。結果指出認知治療優於非指導性的支持治療和等待名單的控制組，與行為治療則具相等的效能，甚至更優於它。

表2.11中呈現，美國國家心理健康學會完成的一項大型研究（Elkin et al., 1989），它比較認知治療、人際心理治療（interpersonal psychotherapy，簡稱IPT，Klerman & Weissman, 1986）、抗憂鬱劑（imipramine）以及安慰劑在二百三十九位重鬱症病患的治療效果。初步的結果指出三種主動治療方式均較安

表2.12　認知治療與其他心理治療方式的比較研究

研究	結果
Shaw（1977） （人數：32位自願的學生）	CT＞BT＝非指導性治療＞等待名單
Taylor & Marshall（1977） （人數：28位招募的憂鬱病患）	CT＋BT＞CT＝BT＞等待名單
Zeiss 等人（1979） （人數：44位媒體招募的憂鬱病患）	CT＝社交技巧訓練＝增加愉快的活動＞等待名單
Wilson 等人（1983） （人數：25位媒體招募的憂鬱病患）	CT＝BT＞等待名單

BT：行為治療；CT：認知治療

慰劑來得有效,即使病患在治療前憂鬱情緒就比較嚴重。而且安慰劑的治療組亦有較多病患半途退出。抗憂鬱劑的效果較快顯現,人際心理治療則對嚴重的憂鬱症最有效。

關於老年人認知治療效能的兩項研究,Gallagher與Thompson(1982)比較認知治療、行為治療以及心理動力治療對老年憂鬱病患的療效,在治療結束之後十二週評估HRSD(Hamilton Rating Scale for Depression),發現三種治療方式的效果相同。然而,治療一年後的評估,發現認知治療與行為治療優於心理動力治療,亦即治療效果維持得較好。Steuer等(1984)比較認知取向的團體心理治療與心理動力取向的團體心理治療在四組老年人病患團體的療效,在九個月的治療後,利用觀察者評量表並未發現組間具顯著差異,但在自陳式量表(BDI),認知治療組明顯的得分較低。

因此注意的安慰劑效果已被否認,但非特殊性效果的爭辯則尚未得到確切的回答,雖然先前的研究利用非指導性或心理動力取向來治療憂鬱均沒有效果(Whitehead, 1979)。因此需要設計更適切方法的研究。Zeiss等(1979)的結論依然有個假設需要驗證,亦即成功的心理治療一般需要三項重要的非特殊因素,包括:(1)提供治療師與病患一個清楚的治療理念,以及界定問題和改變歷程的描述;(2)高度的結構化,所以治療的進展是一種有計畫的改變;(3)提出回饋與支持,因此進步可被實際的監控且變成一種強化。

三、認知治療對憂鬱症再發的預防

憂鬱症復發的問題與長期的發病率,在新近的研究中越來越受重視(Editorial, The Lancet 1986; Keller et al., 1984)。在主動治療後,追蹤期間使用安慰劑的研究,發現復發率隨時間成線性迴

歸的增長,從六個月59%(Mindham et al., 1973)到三年89%(Glen et al., 1984)的復發率。藥物治療的確對預防維護有所助益,但復發率依然是令人沮喪的高。Glen等(1984)發現利用鋰鹽(lithium)或amitriptyline控制,病患一年、二年和三年的復發率分別是45%、59%和70%。

如果認知治療對復發率真的有影響,那它將是我們極重要的資源,不僅是理論與臨床上的興趣,經濟效益更是如此。至今,已有四項復發率的研究,結果也一致地顯現前景是一片光明。表2.13是這些研究的整理。

比較一年或二年期限的復發率,六個研究均發現單獨使用認知治療或結合認知治療與抗憂鬱劑的藥物治療,均較單獨使用抗憂鬱劑的藥物治療來得有進展。Blackburn等(1986)的研究中,在超過二年的追蹤後,單獨使用認知治療的復發率是23%,結合兩種治療方式的復發率是21%,而單獨使用抗憂鬱劑的藥物治療則是78%。與Glen等(1984)的安慰劑維繫研究比較,單獨使用藥物治療的復發率與之相似,但兩組有使用認知治療的病患在二年的復發率明顯的較低(59%)。

這些看來有希望的結果,僅能被視為暫時性的證據。依此觀點,認知治療提供長期的保護可免於憂鬱症的再發,但這些研究是在自然情境下發生而非實驗控制,況且每一個研究的人數也太少。認知治療的目標在於教導因應技巧,特別是著重於態度和思考型態,因為它被認為是造成憂鬱持續的因素,可能是病患將這些學習運用在憂鬱復發的初期,因此可預防整個憂鬱期的再發。另外一個可能的原因是在治療當中,病患的認知型態已形成長久的轉變,所以相較於第一次發病,治療後的病患對於憂鬱症已具有較強的免疫力。研究可知藥物治療和認知治療均會改變思考(Simons et al., 1984; Blackburn & Bishop, 1983),兩種治療方式在

表2.13　憂鬱症認知治療的追蹤研究：再發病的百分比

認知治療（CT）	12個月	18個月	24個月
Kovacs等人（1981）			
（人數＝35）CT	33	—	—
TCA	59	—	—
Beck等人（1985）			
（人數＝33）CT	42	—	—
CT＋TCA	9	—	—
Simons等人（1986）			
（人數＝70）CT	20	—	—
TCA	66	—	—
CT＋TCA	43	—	—
CT＋P	18	—	—
Blackburn等人（1986）			
（人數＝36）CT			23
TCA			78
CT＋TCA			21
Shea等人（1992）			
（人數＝61）CT	—	41	—
TCA＋CM	—	61	—
IPT	—	57	—
Erans等人（1992）			
（人數＝44）TCA	—	—	50
（未持續使用）			
TCA（持續使用）	—	—	32
CT	—	—	21
CT＋TCA	—	—	15

TCA：三環抗憂鬱劑；P：安慰劑；CM：臨床處置；IPT：人際心
理治療

治療後對負向思考的測量並沒有顯著不同。因此，將復發率的差異歸因於藥物治療後病患殘餘的負向思考，似乎是行不通的。所以需要更多的實徵研究來確定認知治療減低憂鬱症復發的程度，以及什麼樣的改變歷程可預測更好的結果。

四、廣泛性焦慮的認知治療研究

利用Beck模式治療的個案研究，已有些發表出來（Hollon, 1982; Last et al., 1983; Waddell et al., 1984），指出針對廣泛性焦慮的病患，若修正其認知成分將可達到治療效果。亦有其他研究利用各種認知重建的方法來處理廣泛性焦慮。Woodward與Jones（1980）比較認知重建（利用理情治療，Ellis & Grieger, 1977）、敏感遞減法、結合以上兩種治療，以及未處置的控制組之間治療的效果，一共二十二位病患隨機分派至四組。結果發現在降低廣泛性焦慮方面，結合治療法較任何一種治療方式更爲有效（利用Fear Survey Shedule測量，Wolpe & Lang, 1964）。而在降低日常生活焦慮方面，敏感遞減法與結合治療法均較認知重建來得有效。Barlow等（1984）隨機分派十一位廣泛性焦慮病患與九位恐慌症病患至兩種情況，第一種情況是結合生理回饋、放鬆練習以及認知重建（壓力免疫，Meichenbaum & Turk, 1973）的治療情境，另一種情況則是等候名單的控制情境。主動的結合治療在一些指標變項明顯的優於控制情境，而且效果持續到三個月後。

表2.14呈現一些最佳的控制研究，由於不同的研究並不是使用整套相同的治療方式，但他們均結合認知與行爲技巧，所以表中使用認知行爲治療（cognitive behavioral therapy，簡稱CBT）的名稱。更詳細的回顧整理，讀者可以參考Durham與Allan（1993）及Chambless與Gillis（1993）的論文。一般而言，對於廣泛性焦慮的治療，CBT比其他主動治療方式更爲有效，但它的

表2.14　廣泛性焦慮的認知治療研究

研　究	結　果
Durham & Turvey（1987）（人數＝41）	CBT＝BT
Lindsay 等人（1987）（人數＝40）	CBT＝焦慮管理訓練 ＝苯二酚＞等候名單
Butler等人（1987）（人數＝45）	CBT＞等候名單
Butler等人（1991）（人數＝38）	CBT＞行為治療＞等候名單
Power 等人（1989）（人數＝31）	CBT＞安慰劑 CBT＝diazepam
Power 等人（1990）（人數＝101）	CBT＝CBT＋diazepam CBT＋安慰劑＞diazepam＝ 安慰劑
Blowers 等人（1987）（人數＝66）	CBT＝非指導性治療＞等候 名單
Borkovec等人（1987）（人數＝30位 大專生）	CBT＋放鬆練習＞非指導性 治療與放鬆練習
Borkovec & Mattews（1988） （人數＝30位社區樣本）	CBT＋放鬆練習＝非指導性 治療與放鬆練習
Borkovec & Costello（1993） （人數＝55）	CBT＝非指導性 治療與放鬆練習
Durham（1994）（人數＝80）	CBT＞分析式心理治療

特性何在？就比較模糊不清，因此之後的研究，使用標準化的認知治療技巧是必要的。研究也關心認知治療的長期效果，結果指出在六至十二個月的追蹤期，治療效果可以維持甚至有所進展。（Blowers et al., 1987; Butler et al., 1987; Butler et al., 1991）

五、恐慌發作的認知治療研究

　　從一九八〇年代中期開始，針對恐慌症病患進行認知治療後的療效評估，已逐漸的累積一些未做嚴謹控制的研究，指出認知行為治療有其效果（Barlow et al., 1984; Clark et al., 1985; Salkovskis et al., 1986; Shear et al., 1991; Welkowitz et al., 1991）。Clark等（1985）及Sokol等（1989）的研究也指出治療後一至二年的追蹤，治療的改善依然維持。

　　五個實驗控制的研究已發表，**表2.15**是其整理。

　　Shear等（1994）也指出在六個月的追蹤，接受CBT的受試群體持續有進步，然而接受非例行性治療的受試群體則顯現輕微的衰退。Clark等人（1994）報告六個月與十五個月的追蹤，在六個月的追蹤CT與imipramine並無不同，但兩種治療方式均優於放鬆練習。然而，在十五個月時，CT則優於imipramine與放鬆

表2.15　恐慌發作的認知治療效能

研究	結果
Beck等人（1992）（人數＝33）	CT＞支持性治療
Barlow等人（1989）（人數＝46）	恐慌控制（CT）＝認知重建＋暴露法＞放鬆練習＞等候名單
Klosko等人（1990）（人數＝57）	恐慌控制（CT）＞安慰劑，等候名單
	Alprazolam＝CT＝等候名單
Shear等人（1994）（人數＝65）	CBT＝非例行性治療
Clark等人（1994）（人數＝64）	CT＞放鬆練習，imipramine＞等候名單

CBT＝認知行為治療

練習。

　　從這些研究可以得到的結論是認知治療是一種有效的治療方式，恐慌症患者與快速換氣相關的身體敏感性，透過認知治療的再解釋與去災難化思考，可有效的減輕此症狀，而且效果在追蹤期依然持續存在。

總　結

　　憂鬱與焦慮的認知模式描述三種層次的訊息處理偏誤——包括思考內容、刺激處理歷程以及基本的認知結構。

　　認知治療的發展即是用來矯正這些偏誤，而且在憂鬱和焦慮的治療上顯現其功效。但相較於焦慮和恐慌症，在沒有精神症狀的憂鬱症患者得到的研究證據較多，這是由於歷史發展的因素，因為認知治療首先運用在憂鬱症的治療上，所以擁有較多嚴謹的研究證實它的效用。焦慮與恐慌症的實驗控制研究正逐漸增多，未來需要更多大樣本的治療研究來證明。認知治療對憂鬱症的治療效果與降低疾病的復發率，已有清楚的證據，這樣的結果讓我們期待且相信，對焦慮和恐慌症應該也會有相同的結果。

References

Adler, A. (1919). *Problems of Neurosis*. Kegan Paul, London.

Arieti, S. (1985). Cognition in psychoanalysis. In Mahoney, M. J. & Freeman, A. (eds) *Cognition and Psychotherapy*, pp. 223–41. Plenum Press, New York.

Bandura, A. (1969). *Principles of Behaviour Modification*. Holt, Rhinehart & Wilson, New York.

Bandura, A. (1977). Self efficacy: toward a unifying theory of behavioural change. *Psychological Review*, **84**, 191–215.

Barlow, D. H., Cohen, A. S., Waddell, M. T., Vermilyea, B. B., Klosko, J. S., Blanchard, E. B. & DiNardo, P. A. (1984). Panic and generalized anxiety disorders: nature and treatment. *Behaviour Therapy*, **15**, 431–49.

Barlow, D. H., Craske, M. G., Cerny, J. A. & Klosko, J. S. (1989). Behavioural treatment for panic disorder. *Behaviour Therapy*, **20**, 261-82.

Beck, A. T. (1963). Thinking and depression. I. Idiosyncratic content and cognitive distortions. *Archives of General Psychiatry*, **9**, 324-33.

Beck, A. T. (1967). *Depression: Clinical, Experimental, and Theoretical Aspects*. Hoeber, New York.

Beck, A. T. (1976). *Cognitive Therapy and the Emotional Disorders*. International Universities Press, New York.

Beck, A. T. (1984). Cognition and therapy. *Archives of General Psychiatry*, **41**, 1112-14.

Beck, A. T. (1988). Cognitive approaches to panic disorder: theory and therapy. In Rachman, S. & Maser, D. (eds) *Panic: Psychological Perspectives*. pp. 91-109. Lawrence Erlbaum, Hillsdale, New Jersey.

Beck, A. T. & Emery, G. (1979). *Cognitive Therapy of Anxiety and Phobic Disorders*. Unpublished treatment manual of the Center for Cognitive Therapy, 133 South 36th Street, Philadelphia 19104.

Beck, A. T. & Emery, G. (1985). *Anxiety Disorder and Phobias: a Cognitive Perspective*. Basic Books, New York.

Beck, A. T., Epstein, N. & Harrison, R. (1983). Cognitions, attitudes and personality dimensions in depression. *British Journal of Cognitive Psychotherapy*, **1**, 1-11.

Beck, A. T., Hollon, S. D., Young, J. E., Bedrosian, R. C. & Budenz, D. (1985). Treatment of depression with cognitive therapy and amitriptyline. *Archives of General Psychiatry*, **42**, 142-8.

Beck, A. T., Laude, R. & Bohnert, M. (1974a). Ideational components of anxiety neurosis. *Archives of General Psychiatry*, **31**, 319-26.

Beck, A. T., Rush, A. J., Shaw, B. F. & Emery, G. (1979) *Cognitive Therapy of Depression: a Treatment Manual*. Guilford Press, New York.

Beck, A. T. & Ward, C. H. (1961). Dreams of depressed patients: characteristic themes in manifest content. *Archives of General Psychiatry*, **5**, 462-7.

Beck, A. T., Weissman, A. N., Lester, D. & Trexler, L. (1974b). The measurement of pessimism. The hopelessness scale. *Journal of Consulting and Clinical Psychology*, **42**, 861-5.

Bergin, A. E. (1971). The evaluation of therapeutic outcomes. In Bergin, A. E. & Garfield, S. L. (eds) *Handbook of Psychotherapy and Behaviour Change*, pp. 217-70. John Wiley & Sons, New York.

Beutler, L. E., Scogin, F., Kirkish, P. et al. (1987). The efficacy of cognitive therapy in depression: a treatment of depression in older adults. *Journal of Consulting and Clinical Psychology*, **55**, 550-56.

Blackburn, I. M. (1985). Depressions. In Bradley, B. P. & Thompson, C. (eds) *Psychological Applications in Psychiatry*, pp. 61-93. John Wiley & Sons, Chichester.

Blackburn, I. M. (1986). The cognitive revolution: an ongoing evolution. *Behavioural Psychotherapy*, **14**, 274-7.

Blackburn, I. M. (1988a). Psychological processes in depression. In Miller, E. & Cooper, P. J. (eds) *Adult Abnormal Psychology*, pp. 128-68. Churchill Livingstone, Edinburgh.

Blackburn, I. M. (1988b). Cognitive measures of depression. In Perris, C. Blackburn, I. M. & Perris, H. (eds) *Cognitive Psychotherapy: Theory and Practice*, pp. 98-119. Springer-Verlag, Heidelberg.

Blackburn, I. M. (1988c). An appraisal of comparative trials of cognitive therapy. In Perris, C. Blackburn, I. M. & Perris, H. (eds) *Cognitive Psychotherapy: Theory and Practice*, pp. 160-78. Springer-Verlag, Heidelberg.

Blackburn, I. M. & Bishop, S. (1983). Changes in cognition with pharmacotherapy and cognitive therapy. *British Journal of Psychiatry*, **143**, 609-17.

Blackburn, I. M., Bishop, S., Glen, A. I. M., Whalley, L. J. & Christie, J. E. (1981). The efficacy of cognitive therapy in depression: a treatment trial using cognitive therapy and pharmacotherapy, each alone and in combination. *British Journal of Psychiatry*, **139**, 181-9.

Blackburn, I. M. & Eunson, K. M. (1988). A content analysis of thoughts and emotions elicited from depressed patients during cognitive therapy. *British Journal of Medical Psychology*, **62**, 23-33.

Blackburn, I. M., Eunson, K. M. & Bishop, S. (1986). A two-year naturalistic follow-up of depressed patients treated with cognitive therapy, pharmaco-therapy and a combination of both. *Journal of Affective Disorders*, **10**, 67-75.

Blowers, C., Cobb, J. & Mathews, A. (1987). Generalized anxiety: a controlled treatment study. *Behaviour Research and Therapy*, **25**, 493-502.

Borkovec, T. D. & Costello, E. (1993). Efficacy of applied relaxation and cognitive-behavioral therapy in the treatment of generalized anxiety disorder. *Journal of Consulting and Clinical Psychology*, **61**, 611-19.

Borkovec, T. D. & Mathews, A. (1988). Treatment of nonphobic anxiety disorders: a comparison of nondirective, cognitive and coping desensitization therapy. *Journal of Consulting and Clinical Psychology*, **56**, 877-84.

Borkovec, T. D., Mathews, A., Chambers, A., Ebrahim, S., Lytles, R. & Nelson, R. (1987). The effects of relaxation training with cognitive therapy or nondirec-tive therapy and the role of relaxation-induced anxiety in the treatment of generalized anxiety. *Journal of Consulting and Clinical Psychology*, **55**, 883-8.

Brewin, C. R. (1988). *Cognitive Foundations of Clinical Psychology*. Lawrence Erlbaum Associates, London.

Butler, G., Cullington, A., Hibbert, G., Kumes, I. & Gelder, M. (1987). Anxiety management for persistent generalised anxiety. *British Journal of Psychiatry*, **151**, 535-42.

Butler, G. & Mathews, A. (1983). Cognitive processes in anxiety. *Advances in Behaviour Research and Therapy*, **5**, 51-62.

Butler, G., Fennell, M., Robson, P. & Gelder, M. (1991). Comparison of behaviour therapy and cognitive behaviour therapy in the treatment of generalized anxiety disorder. *Journal of Consulting and Clinical Psychology*, **59**, 167-75.

Chambless, D. L. & Gillis, M. M. (1993). Cognitive therapy of anxiety disorders. *Journal of Consulting and Clinical Psychology*, **61**, 248-60.

Clark, D. M. (1986). A cognitive approach to panic. *Behaviour Research and Therapy*, **24**, 461-70.

Clark, D. M., Salkovskis, P. & Chalkley, A. (1985). Respiratory control as a treatment for panic attacks. *Journal of Behaviour Therapy and Experimental Psychiatry*, **16**, 23-30.

Clark, D. M., Hackmann, A., Middleton, H., Anastasiades, P. & Gelder, M. (1994). A comparison of cognitive therapy, applied relaxation and imipramine in the treatment of panic disorder. *British Journal of Psychiatry*, **164**, 759-69.

Covi, L. & Lipman, R. S. (1987). Cognitive behavioural group psychotherapy combined with imipramine in major depression. *Psycopharmacol. Bull.* **23**, 173-6.

Dempsey, P. (1964). An undimensional depression scale for the MMPI. *Journal of Consulting and Clinical Psychology*, **28**, 364-70.

Dunn, R. J. (1979). Cognitive modification with depression-prone psychiatric patients. Cog. Ther. Res. **3**, 307-17.

Durham, R. C. & Allan, T. (1993). Psychological treatment of generalised anxiety disorder. A review of the clinical significance of results in outcome studies since 1980. *British Journal of Psychiatry*, **163**, 19-26.

Durham, R. C. & Turvey, A. A. (1987). Cognitive therapy vs behaviour therapy in the treatment of chronic general anxiety. *Behaviour Research Therapy*, **25**, 229-34.

Durham, R. C., Murphy, T. J. C., Allan, T., Richard, K., Treliving, L. R. & Fenton, G. W. (1994). A comparison of cognitive therapy, analytic psychotherapy and anxiety management training in the treatment of generalised anxiety disorder. *British Journal of Psychiatry*, **165**, 315-23.

Editorial, The Lancet (1986). Predicting chronicity in depression. *The Lancet*, **2**, 897-8.

Elkin, I., Shea, M. T., Watkins, J. T. et al. (1989). NIMH treatment of depression collaborative research program: general effectiveness of treatments. *Archives of General Psychiatry*, **46**, 971-82.

Elkin-Waskow, I. (1986). Two psychotherapies as effective as drugs. *Psychiatric News*, **21**, 1 and 24-25.

Ellis, A. (1962). *Reason and Emotion in Psychotherapy*. Lyle Stuart, New York.

Ellis, A. & Grieger, R. (1977). *Handbook of Rational Emotive Therapy*. Springer-Verlag, New York.

Evans, M. D., Hollon, S. D., DeRubeis, R. J. et al. (1992). Differential relapse following cognitive therapy and pharmacotherapy for depression. *Archives of General Psychiatry*, **49**, 802-808.

Eysenck, H. J. (1960). *Behavior Therapy and the Neuroses*. Pergamon, New York.

Feighner, J. P., Robins, E., Guze, S. B., Woodruff, R. W., Winokur, G. & Munoz, R. (1972). Diagnostic criteria for use in psychiatric research. *Archives of General Psychiatry*, **26**, 57-63.

Flavell, J. H. (1963). *The Developmental Psychology of Jean Piaget*. Van Nostrand, Princeton, New Jersey.

Gallagher, D. E. & Thompson, L. W. (1982). Treatment of major depressive affective disorder in older adult outpatients with brief psychotherapies.

Glen, A., Johnson, A. & Shepherd, M. (1984). Continuation therapy with lithium and amitriptyline in unipolar illness: a randomised double-blind controlled trial. *Psychological Medicine*, **14**, 37–50.

Hibbert, G. A. (1984). Ideational components of anxiety: their origin and content. *British Journal of Psychiatry*, **144**, 618–24.

Hollon, S. D. (1982). Cognitive-behavioural treatment of drug-induced pansitua-tional anxiety states. In Emery, G., Hollon, S. D. & Bedrosian, R. C. (eds) *New Directions in Cognitive Therapy: a Casebook*, pp. 120–38. Raven Press, New York.

Hollon, S. D. & Kriss, M. (1984). Cognitive factors in clinical research and practice. *Clinical Psychology Review*, **4**, 35–76.

Homme, L. E. (1965). Perspectives in psychology: XXIV control of coverants, the operants of the mind. *Psychological Record*, **15**, 501–11.

Kahneman, D., Slovic, P. & Tversky, A. (eds) (1982). *Judgement Under Uncer-tainty: Heuristics and Biases*. Cambridge University Press, Cambridge.

Keller, M. B., Klerman, G. L., Lavori, P. W., Coryell, W., Endicott, J. & Taylor, J. (1984). Long-term outcome of episodes of major depression. *Journal of the American Medical Association*, **252**, 788–92.

Kelly, G. A. (1955). *The Psychology of Personal Constructs*. Norton, New York.

Klerman, G. & Weissman, M. (1986). The interpersonal approach to understand-ing depression. In Millon, T. & Klerman, G. (eds) *Contemporary Directions in Psychopathology. Toward the DSM-IV*, pp. 429–56. Guilford, New York.

Klosko, J. S., Barlow, D. H., Tassinari, R. & Cerny, J. A. (1990). A comparison of alprazolam and behaviour therapy in the treatment of panic disorder. *Journal of Consulting and Clinical Psychology*, **58**, 77–84.

Kovacs, M. & Beck, A. T. (1978). Maladaptive cognitive structures in depression. *American Journal of Psychiatry*, **135**, 525–35.

Last, C., Barlow, D. & O'Brien, G. T. (1983). Comparison of two cognitive strategies in treatment of a patient with generalised anxiety disorder. *Psychological Reports*, 53, 19–26.

Lazarus, R. S. (1966). *Psychological Stress and the Coping Process*. McGraw Hill, New York.

Lewinsohn, P. (1974). Clinical and theoretical aspects of depression. In Calhoun, K., Adams, H. & Mitchell, K. (eds) *Innovative Treatment Methods in Psychopathology*, pp. 63–120. John Wiley & Sons, Chichester.

Lindsay, W. R., Gamsu, C. V., McLaughlin, E., Hood, E. M. & Espie, C. A. (1987). A controlled trial of treatments for generalized anxiety. *British Journal of Clinical Psychology*, **26**, 3–15.

Mahoney, M. J., Kazdin, A. E. & Lesswing, N. J. (1974). Behavior modification: delusion or deliverance? In Franks, C. M. & Wilson, G. T. (eds). *Annual*

Review of Behavior Therapy and Practice, Vol. 2, pp. 11–40. Brunner/Mazel, New York.

Mathews, A. (1985). Anxiety states: a cognitive-behavioural approach. In Bradley, B. P. & Thompson, C. (eds) Psychological Applications in Psychiatry, pp. 41–59. John Wiley & Sons, Chichester.

Mathews, A. M. & MacLeod, C. (1985). Selective processing of threat uses in anxiety states. Behaviour Research and Therapy, 23, 563–9.

Mathews, A. M. & MacLeod, C. (1988). Current perspectives of anxiety. In Miller, E. & Cooper, P. (eds) Adult Abnormal Psychology, pp. 169–93. Churchill Livingstone, Edinburgh.

McLean, P. D. & Hakstian, A. R. (1979). Clinical depression: comparative efficacy of out-patient treatments. Journal of Consulting and Clinical Psychology, 47, 818–36.

Meichenbaum, D. (1974). Therapists' manual for cognitive behaviour modification. Unpublished manuscript, University of Waterloo, Ontario N2L 3GI, Canada.

Meichenbaum, D. H. & Turk, D. (1973). Stress inoculation: a skills training approach to anxiety management. Unpublished manuscript, University of Waterloo, Ontario N2L 3GI, Canada.

Miller, G. A., Galanter, E. & Pribram, K. (1960). Plans and the Structure of Behavior. Holt, Rinehart & Winston, New York.

Miller, N. E. & Dollard, J. (1941). Social Learning and Imitation. Yale University Press, New Haven, Connecticut.

Mindham, R. H. S., Howland, C. & Shepherd, M. (1973). An evaluation of continuation therapy with tricyclic antidepressants in depressive illness. Psychological Medicine, 3, 5–17.

Murphy, G. E., Simons, A. D., Wetzel, R. D. & Lustman, P. J. (1984). Cognitive therapy and pharmacotherapy, singly and together in the treatment of depression. Archives of General Psychiatry, 41, 33–41.

Murray, E. J. & Jacobson, L. T. (1987). Cognition and learning in traditional and behavioural therapy. In Garfield, S. L. & Bergin, A. E. (eds) Handbook of Psychotherapy and Behavior Change, pp. 661–87. John Wiley & Sons, New York.

Nisbett, R. E. & Ross, L. (1980). Human Inference: Strategies and Shortcomings of Social Judgement. Prentice Hall, Englewood Cliffs, New Jersey.

Piaget, J. (1952). The Origins of Intelligence in Children. International Universities Press, New York.

Power, K. G., Jerrom, D. W. A., Simpson, R. J., Mitchell, M. J. & Swanson, V. (1989). A controlled comparison of cognitive-behaviour therapy, diazepam and placebo in the management of generalized anxiety. Behavioural Psychotherapy, 17, 1–14.

Power, K. G., Simpson, R. J., Swanson, V., Wallace, L. A., Feistner, A. T. C. & Sharp, D. (1990). A controlled comparison of cognitive-behaviour therapy, diazepam, and placebo, alone and in combination for the treatment of generalized anxiety disorder. *Journal of Anxiety Disorders*, **4**, 267–92.

Rotter, J. B. (1954). *Social Learning and Clinical Psychology*. Prentice Hall, Englewood Cliffs, New Jersey.

Rush, A. J., Beck, A. T., Kovacs, M. & Hollon, S. D. (1977). Comparative efficacy of cognitive therapy versus pharmacotherapy in out-patient depression. *Cognitive Therapy and Research*, **1**, 17–37.

Rush, A. J. & Watkins, J. T. (1981). Group versus individual cognitive therapy: a pilot study. *Cognitive Therapy Research*, **5**, 95–103.

Salkovskis, P. M., Jones, D. R. O. & Clark, D. M. (1986). Respiratory control in the treatment of panic attacks: replication and extension with concurrent measurement of behaviour and P_{CO_2} *British Journal of Psychiatry*, **148**, 526–32.

Scott, A. I. F. & Freeman, C. L. (1992). Edinburgh primary care depression study: treatment outcome, patient after 16 weeks. *British Medical Journal*, **304**, 883–7.

Shaw, B. F. (1977). Comparison of cognitive therapy and behaviour therapy in the treatment of depression. *Journal of Consulting and Clinical Psychology*, **45**, 543–51.

Shea, M. T., Elkin, I., Imber, S. D. et al. (1992). Course of depressive symptoms over follow-up. *Archives of General Psychiatry*, **49**, 782–7.

Shear, M. K., Pilkonis, P. A., Cloitre, M. & Leon, A. C. (1994). Cognitive behavioral treatment compared with nonprescriptive treatment of panic disorder. *Archives of General Psychiatry*, **51**, 395–401.

Shear, M. K., Ball, G., Fitzpatrick, M., Josephson, S., Klosko, J. & Frances, A. (1991). Cognitive-behavioural therapy for panic: an open study. *Journal of Nervous and Mental Disease*, **179**, 468–72.

Simons, A. D., Garfield, S. L. & Murphy, G. E. (1984). The process of change in cognitive therapy and pharmacotherapy for depression. Changes in mood and cognition. *Archives of General Psychiatry*, **41**, 45–51.

Skinner, B. F. (1945). The operational analysis of psychological terms. *Psychological Review*, **52**, 270–7.

Skinner, B. F. (1953). *Science and Human Behaviour*. Macmillan, New York.

Skinner, B. F. (1974). *About Behaviourism*. Jonathan Cape, London.

Sokol, L., Beck, A. T., Greenberg, A. L., Wright, F. D. & Berchick, R. J. (1989). Cognitive therapy of panic disorder: A nonpharmacological alternative. *Journal of Nervous and Mental Disease*, **177**, 711–16.

Spitzer, R. L., Endicott, J. & Robins, E. (1978). *Research Diagnostic Criteria (RDC) For a Selected Group of Functional Disorders*, 3rd edn. Psychiatric Institute, Biometrics Research, New York State.

Steuer, J. L., Mintz, J., Mammen, C. L., Hill, M. A., Jarvik, L. F., McCarley, T., Motoike, P. & Rosen, R. (1984). Cognitive-behavioural and psychodynamic group psychotherapy in treatment of geriatric depression. *Journal of Consulting and Clinical Psychology*, **52**, 180–9.

Suinn, R. M. & Richardson, F. (1971). Anxiety management training: a non-specific behaviour therapy programme for anxiety control. *Behaviour Therapy*, **2**, 498–511.

Taylor, F. G. & Marshall, W. L. (1977). Experimental analysis of cognitive-behavioural therapy for depression. *Cognitive Therapy and Research*, **1**, 59–72.

Teasdale, J. D., Fennell, M. J. V., Hibbert, G. A. & Amies, P. L. (1984). Cognitive therapy for major depressive disorder in primary care. *British Journal of Psychiatry*, **144**, 400–6.

Tolman, E. C. (1932). *Purposive Behavior in Animals and Men*. Appleton-Century-Crofts, New York.

Waddell, M. T., Barlow, D. H. & O'Brian, G. T. (1984). A preliminary investigation of cognitive and relaxation treatment of panic disorder: effects on intense anxiety vs 'background' anxiety. *Behaviour Research and Therapy*, **22**, 393–402.

Watson, J. B. (1913). Psychology as the behaviourist views it. *Psychological Review*, **20**, 158–77.

Weissman, A. N. & Beck, A. T. (1978). Development and validation of the dysfunctional attitude scale. *Paper presented at the Annual Meeting of the Association for Advancement of Behavior Therapy*, Chicago, Illinois.

Welkowitz, L. A., Papp, L. A., Cloitre, M., Liebowitz, M. R., Martin, L. & Gorman, J. M. (1991). Cognitive-behaviour therapy for panic disorder delivered by psychopharmacologically oriented clinicians. *Journal of Nervous and Mental Disease*, **179**, 473–7.

Whitehead, A. (1979). Psychological treatment of depression. *Behaviour Research and Therapy*, **17**, 495–509.

Wilson, P. H., Goldin, J. C. & Charbonneau-Powis, M. (1983). Comparative efficacy of behavioural and cognitive treatments of depression. *Cognitive Therapy and Research*, **7**, 111–24.

Wolpe, J. & Lang, P. J. (1964). A fear survey schedule for use in behaviour therapy. *Behaviour Research and Therapy*, **2**, 27–30.

Woodward, R. & Jones, R. B. (1980). Cognitive restructuring treatment: a controlled trial with anxiety patients. *Behaviour Research and Therapy*, **18**, 401–7.

Zeiss, A. M., Lewinsohn, P. M. & Munoz, R. F. (1979). Non-specific improvement effects in depression using interpersonal, cognitive and pleasant events focused treatments. *Journal of Consulting and Clinical Psychology*, **47**, 427–39.

第三章
認知治療所需的基本技巧

....

❖簡　介

❖認知治療的一般技巧

❖認知治療中所需的特殊治療技巧

❖訓　練

❖認知治療的一般特性

❖初次會談

❖對個案的概念架構

簡　介

　　本章和下一章，我們將介紹治療憂鬱症與焦慮症的技巧，在本書第二部分的章節中，則將介紹這些技巧的應用。不過，必須指出的是，認知治療並非是治療師使用一套自動化且單調的一組技巧，應用在每一位病人身上，認知治療是在當個案初次會談後的「概念化」（conceptualization）所引導，每一位個案皆需仔細地以認知治療的理論架構來加以思考，進一步選擇適當的治療策略和技巧來協助個案。除了嫻熟於認知治療的概念、策略和技巧之外，認知治療師也必須熟習於屬於認知治療的治療型態，和一些非特定屬於任一治療的技巧等。這些技巧都將在下面加以介紹。

　　認知治療的臨床應用始於在費城的A. T. Beck教授及其同僚，在過去二十五年來，Beck等（1979）曾以專書介紹對憂鬱症的治療，Beck與Emery（1985）亦以專書介紹焦慮症和恐懼症的治療，而三本治療憂鬱症的自助手冊也相繼出版，分別是Burns（1980）、Rush（1983）及Blackburn（1987）。

認知治療的一般技巧

一、臨床症候群的認識

　　有效實施認知治療於憂鬱症與焦慮症的患者，治療師必須對這兩種疾病的症狀有清楚的認識。這倒並非能對這些疾病下診

斷，而是必須能深入瞭解此類疾病的現象。這兩種疾病可能同時發生在同一人身上，治療師必須弄清楚診斷外，也必須知道疾病發生史，以決定哪一些症狀或問題有其治療的優先性。因此，治療師必須具備對精神疾病有一廣泛而正確的知識，藉由這些知識，才能在臨床上加以正確判斷，以進一步辨識疾病與疾病之間，以及判斷何時某些症狀並不適用於認知治療，例如一位最初診斷為社交恐懼症的患者，當出現妄想症狀時，就不適合採行認知治療。

除了診斷的知能外，臨床工作者亦必須具備判別症狀嚴重程度的精準能力，評估症狀嚴重程度的量表，如Hamilton憂鬱評量表（Hamilton, 1960），和Hamilton焦慮評量表（Hamilton, 1959），皆為有效且已量化的評量工具，有利於對疾病出現的形式和其嚴重度加以描述。

二、會談技巧

臨床上的會談技巧基本上有助於探索疾病的相關徵候和症狀，特別是對憂鬱症，治療師必須評估是否出現自殺的意念或嘗試，當個案是害羞或困擾於對症狀的覺察，或當個案感到無價值感，而不情願去討論相關訊息時，有必要直接且仔細地問。若治療師未以同理的態度對個案的自殺意念或行為加以探索，那麼他將錯失重要的訊息，而把焦點放在次要問題上。此外，治療師也必須有技巧地去確知個案的精神狀態，以確定其精神病的可能，此資料的取得雖有些困難，有時為治療師所忽略，正如第一章曾提到，精神病的問題，以現有的知識來看，採用認知治療並不恰當。

三、一般性治療技巧

對所有治療師而言，不論他們是採取哪一種治療學派，能具有某些合適的個人特質，採用後都能有不錯的成效（Truax & Carkuff, 1967）。研究也顯示，即使未受過訓練的心理學家，當能表現出同理、溫暖、眞誠和瞭解時，都能達到某種程度的療效。Rogers（1951）發展的案主中心治療（client-centred therapy），就視上述爲必要的條件。同理（empathy），是治療師能對病人的內心世界做精確和同理性的瞭解，也就是說，他能把對病人私我世界的經驗視如己出，但又不失去其客觀性，病人在其中能覺察出治療師的接納度和同理心；眞誠（genuineness），指的是治療師在其治療關係中，保持前後一致、統整不亂，也就是說，他能精準地反映出病人所經驗的世界。溫暖（warmth），表達的不僅只有同理，它同時還包括對病人經驗世界無條件的正向關懷與瞭解。

不過上述之觀點，對我們來說，依據過去三個在美國國家健康心理學會所支持的研究中發現（Covi et al., 1974; Klerman et al., 1974; Friedman, 1975）：這些方法用在憂鬱症與焦慮症的病患身上，效果有限。

認知治療中所需的特殊治療技巧

認知模式的知識

除了必須具備上述的特質外，要成爲認知治療師，必須具備如同第二章所提到對認知心理病理模式的精確認識與瞭解，對此

領域有關文獻的熟悉度，會相當有幫助的。我們在治療中的經驗發現，當對病人的陳述解釋其成因，或以某些已成定論的學術研究加以佐證，是相當有用的。譬如，若病人處身於過往的回顧，總是憶起他失敗和失落的經歷，治療師會協助他認識到這種問題主要的原因可能是得了憂鬱症，而非他真實的生命史，主要的理由是在憂鬱症的記憶研究中發現，有關失落的記憶不僅多，而且特別容易記得（Clark & Teasdale, 1982）。這些資料的提供是協助病人對認知模式知識上的認識，也供給治療師適當的治療技巧，病人能從中確認，他的問題是病所導致，並非一個恆久的特質。

除了對認知模式和其技巧使用的熟悉，Beck等（1979, 1985）也提到，成為認知治療師也必須熟習於認知治療的治療型態（style of therapy），認知治療型態的主要特徵有：

㈠ **協同合作**（collaboration）

從治療一開始，治療師就與病人建立一協同合作的關係，這種關係藉由開放、坦誠的方式來形成，也藉由相互回饋和建立每次會談流程（agenda），而產生共識。治療師想建立的模式是如同兩位科學家，一同工作，定義問題，確定假設，並加以檢證其解決問題的方法。

㈡ **和善**（gentleness）

由於認知治療中的重要方式是不斷詢問（questioning），因此認知治療師必須顯得特別的和善、溫暖，並且在詢問中能適度的同理，以免讓病人感到遭到面質甚至迫害，因此，治療師應避免太具批判性，或如同律師一般。

㈢ **具備傾聽的能力**（ability to listen）

治療師必須能傾聽病人所言，不僅是病人談話中的內容，也必須反應其語言當中的意義和某些主題，如病人特殊的用字方式，伴隨的情緒、猶豫和沉默等。認知治療師不僅應能瞭解病人

說的內容，也能掌握其背後所潛藏的想法，這樣的瞭解有助於治療師進一步詢問相關訊息，和做治療的介入。

㈣ 專業態度（professional manner）

治療師必須隨時保持專業人和經理人的態度，主要是指他是問題導向的，必要時能提供研究資料的佐證，在病人同意下對會談主題的時間分配能妥善安排，也能在瞭解病人的問題後給予精準的回饋，同時，他還能在有限時間中有效率的盡力治療病人。

㈤ 彈性（flexibility）

認知治療師所面臨的挑戰之一，是對每一個案有能力採取彈性的治療技巧，這種彈性有時比起使用一些教科書上所描述的制式的技巧來得更重要，也就是治療師能從對個案目前狀態的瞭解，以問題或理論出發，選擇適合的策略或技巧來因應。這種彈性也可以應用於治療時段內的結構和其過程，縱使在本書中會介紹認知治療的普遍形式，但其治療目標的順序安排對每一位個案仍有不同。

㈥ 幽默（humour）

最後的這一點，也很重要，我們在經驗中發現到適當使用幽默，其成效是有原因的。對憂鬱症的病人，它能帶給病人一個突發的改變，當向病人再保證時，又能不失娛樂的感覺，它會暫時降低低沉的情緒，藉由分享式的瞭解以達成醫病關係的特別橋樑。

訓　練

認知治療在方法上的優越之一是其創建者在創立之初，即主張必須有系統的編訂治療技巧手冊，並對治療師進行訓練。事實

上治療方法能在具信、效度的方式下加以評估，是相當重要的。但過去有關心理治療成效研究的缺失正在於它們對心理治療的定義不清，以致不易去推斷其相對的成效性。在認知治療的訓練中，除了必須熟讀認知治療手冊外，也必須被具資格的認知治療師督導至少三名個案。訓練的教材通常來自教學中心的影帶和錄音帶，這些帶子提供相當寶貴的示範。為了協助訓練者和被訓練者之用，認知治療能力量表，或稱認知治療量表（Cognitive Therapy Scale，簡稱CTS）（Young & Beck, 1980; Vallis et al.,參見附錄 2），包括十一項題目，可同時評估前文所提到的一般治療品質，以及在認知治療中的特定技巧、策略和技術等，這些將在後文中提及。

　　近來在國家健康心理學會中進行的治療方法和比較研究中，就比較了認知治療、人際心理治療和抗憂鬱藥物治療之相對有效性（在第二章已有討論），其中認知治療量表就被當做認知治療師的主要訓練工具（Shaw & Wilson-Smith, 1988）。為了研究評估上的要求，治療師需被訓練到一個相當高的標準，在此之前，他們都已是相當有經驗的心理治療師，在二週密集的訓練後，他們接受紙筆和臨床考試。這項考試的結果顯示，相對於他們先前的「一般」會談技巧，所有的受訓者皆習得了認知治療技巧。之後，每一位治療師再接受至少一年以上的督導，這段期間，他們必須處理至少四位單極型的重鬱症患者。一年後，十位治療師中有八位受訓者認為他們已有能力參與上述的治療比較研究。當然，在平常的臨床工作中，像是這樣的訓練方式和要求是不太可能的。不過，從訓練的角度來看，我們建議至少必須參加固定的工作坊，如果可能，最好加上上述這種最基本的訓練模式。

認知治療的一般特性

　　認知治療是一短期、結構化的治療方式，它提供病人瞭解其問題的緣由，並適當表達，同時訓練其解決帶來煩惱的情緒狀態。表3.1是陳述認知治療中的主要特性。

　　表3.1可看出認知治療和行為治療間有許多相似之處，它們都重視在治療中的短期性、學習模式，以及家庭作業的有效實施。然而，認知治療中的學習觀點是一種中介模式（mediational model），不同於行為治療中的刺激—反應模式。不過兩者皆不重視個案的成長史，也不討論潛意識機制，但重視時效性並以問題為中心，治療師都必須是主動且指導式的。此外，兩者的差別還不只在學習論上，在治療的目標，認知治療著重於認知，行為治療師著重於外顯的行為，而治療的技巧，認知治療同時結合了認知和行為技巧來協助個案改變，行為治療則只重視後者。

治療的結構

　　治療的結構（structure of treatment sessions）是認知治療的基本要素，表3.1亦已述及。重視此結構的原因有以下幾點，首先，它能使病人和治療師在時間的限制下有效處理問題；其次，它如同經營一個事業，充滿解決問題的態度；再者，它能確定了目前的重要主題被忽視了；最後，它提供簡便的方法，來檢視治療進展，並確知認知治療如何造成改變。如同附錄2所列，在評估認知治療師的能力上，對於治療結構的掌握，是相當重要的一環。

表3.1　認知治療的主要特性

1. 時間限制	三至四個月中十五至二十二次會談
2. 結構	每次會談持續一小時
3. 會談流程	每次會談排定主題，以充分利用會談時間
4. 問題取向	治療師與病人界定目前問題及解決方向
5. 不回溯成長史	處理的問題是目前，不回溯病人的成長史
6. 學習理論模式	不使用心理動力的假設架構去解釋病人行為，強調行為的原因是不當學習的結果，重新學習具功能性的行為是其目標
7. 科學方法	採取實驗的方法，治療包括資料收集（問題、想法、態度），形成假設，實驗和評量結果
8. 家庭作業	病人被派作資料收集、驗證假設和認知技術的練習
9. 協同合作	病人與治療師共同合作來解決問題
10. 主動指導	治療師在治療過程中採取主動與指導的角色，治療者有時會以教導的方式，但他主要的角色是促發對問題的定義和解決
11. 蘇格拉底式問話	主要的治療方法是蘇格拉底式問話，詢問一系列問題的主要目的是在讓病人能認知其內在想法，覺察不同的解決方法或修正其意見
12. 開放	治療的歷程絕不黑箱化，它是清楚且開放的，治療師和病人能對治療的進展彼此分享

在**表3.2**中，我們陳述認知治療的典型會談架構（session format），整體而言，雖然治療師應遵循此架構，但這並非絕對，此架構會因不同病人和治療階段而加以調整，不過，訂定每次治療中的會談流程是相當基本的。

當回顧（reviewing）前次會談中病人之狀況後，治療師要使用適當的技巧限制其可能在當次會談的討論時間，以便把時間留給當次必須討論的主題。但若病人過去已接受過其他的治療形式時，則會有些麻煩，如某些較被動的治療取向的治療師會問「上週到現在過得如何？」這種談話方式可允許多花時間在討論上週至今的許多經驗。但認知治療師不需要感到打斷了病人的談話不好，而應直接去說：「上週談到的部分我感到並不完整，可否再說說這個部分？」「你是否認為可以把那些問題也放在今天的會談流程中？」或者，也可以這麼說：「你是不是已經把上週討論過的，記在家庭作業上？」因此，家庭作業的討論可安排在會談中，相關的問題也會被指出來。

在家庭作業（homework）中記載有關想法的部分，某些病人會寫下許多頁的資料，此時若每一個想法都要討論的話，將可能花上一整個小時，當然，回顧這些資料，讚許其認真完成及給予適當回饋的同時，治療師必須讓病人知道並非會對每一種想法皆加以討論。為了省時，找最重要的想法當樣本來進行討論即可。當家庭作業的內容是行為時，治療師應試著找新的社會行為類型或增加其層次者，任何產生的困難都必須加以討論，病人產生的情緒和認知的部分也要加以檢視。

會談目標（session target）是每次會談中重要的焦點，從安排會談流程的角度來看，治療師和病人都已同意將討論的某些主題與問題。這些會包括問題情境（如在家庭或工作上的人際問題）、症狀（如低落或焦慮的心情、睡眠障礙、恐慌發作、低活

表3.2　認知治療的會談流程

1.回顧病人狀態	一般性的詢問有助排定當次會談流程
2.排定會談流程	每次會談為一小時 對上次會談的感想 回顧上次會談的家庭作業 建立會談主題
3.家庭作業回顧	討論結果、困難度和結論 決定進一步的行動
4.會談目標	定義問題 界定相關的負向想法 回答負向想法 評量病人對最初想法與情緒間信念的答案 在行動中如何找答案
5.家庭作業	指定與此次會談目標有關的作業 解釋做作業的目的 討論實施的困難、疑惑,對結果的預期 有必要時,則重複一次
6.會談的回饋	檢視治療師所做所說的是否使病人困擾 詢問是否有任何不清楚處 詢問對病人有/無助益之處 詢問病人的感受 邀請病人詢問問題或提出感受 若有重要主題,安排下次會談時討論

動量和難做決定等）、事件（如聖誕家庭聚會、屋頂漏水、債務，以及問題鄰居等），或想法與態度（如對自己和他人的負向態度、對未來的無望感、面對真實或知覺到困境的無助感）。這些問題可以被剖析成不同的成分以便找到可行的方法解決；想法的部分亦可被挑戰以便產生不同的解釋，而不同想法的情緒強度也應加以評估。

會談的內容會影響家庭作業的安排方向，如表3.2所指出，家庭作業的安排是一相互協商的過程。家庭作業的功能有二；第一，它能把治療室內對問題的討論帶到生活中；第二，它能使病人進行資料收集的工作，以驗證對某些假設的錯誤解釋或做預測，或對新的行為進行實驗。當病人能瞭解作業本身的關連性和理由時，會提高其填寫記錄的動機；當病人對其負向認知產生質疑和做預測，亦能促其填寫以便測試。而當這種行為作業的執行能以如此具體的方式進行時，負向的因應策略就會在後續的作業中得到再修正的機會。

回饋（feedback）在會談中亦相當重要，它能促發憂鬱或焦慮認知內容的顯現。我們也發現，當未能引發回饋，會導致病人出現額外的問題，病人可能會產生對治療的許多誤解或負向的解釋，增加其不安感和（或）生氣而導致中斷會談。

初次會談

我們將以初次會談當作一個範例，來敘述在認知治療上必備的基本技巧，藉由這些方法，達到對一位個案的理解架構。**表3.3**列出在初次會談中，認知治療師的幾項會談目標，以下將依次來討論。

表3.3 初次會談的目標

---

1. 瞭解哪些問題困擾病人

2. 建立初步的信任關係

3. 解釋認知治療的基本概念

4. 得到病人初步的瞭解與接納

5. 鼓勵出現希望感

6. 給予病人對治療結構的立即經驗，並接受認知治療

　　一般而言，在初次會談前，先前的診斷或會談已進行完成，初次會談則有必要設定會談流程的規劃（如表3.2所提過的）。在會談中，治療師說明會談的時間是一小時，告知病人他的問題的可能原因，並解釋治療師心中的治療計畫；同時，治療師也應詢問病人對排定會談中流程的看法。

　　在對問題的探索（exploration of problems）方面，治療師首先應對病人的症狀進行功能性的分析，如同第一章所述。除了進行診斷（此診斷部分已在初次會談中確定），他應著重於發現病人在情感、行為、動機、認知和身體上哪一方面的功能已被影響。同時，他也需要去評估病人無望感（hopelessness）的程度和自殺的可能性。若有自殺的風險出現，則治療師應在進行簡短的會談流程的說明後，就即刻與病人討論此問題（在第八章會詳細討論一些特殊技巧）。如果這是門診病人，治療師若發現在他的治療中未能有效處理此自殺風險，則必須考慮讓病人住院，即便只是短短數天而已。

　　第二，治療師必須探索病人生活中已被影響的部分，諸如工作、親密關係，或社會和休閒活動等。一些特別的問題，如工作問題、親密關係問題、社會疏離、學科問題、經濟問題或其他伴隨的問題，也應納入某些病人的確會呈現出真實且嚴重的生活問

題，使他們因無法有效處理而掉入無助和無望感中。認知治療的基本假設是問題可以是真實的，但造成的憂鬱和過多的焦慮則並不是。因此，必須瞭解病症是何時發生？又持續多久？整個會談時間中，治療師也要瞭解其認知三角（cognitive triad）的線索和傾聽其談話中的特定主題。對病人問題基本的分析架構，會在下一段落再討論。

　　治療師在初次會談中不須對主題做過度詳細的討論，他只需試著去進行一般性的瞭解，不須把焦點放在病人的發展史上，當然他也可以探索病人相關的幼時經驗，與病人溝通將來這些部分該如何納入會談的主題中。

　　在會談中，關係（rapport）建立的一般性和特定技巧的描述如前（頁67-68），治療師必須仔細傾聽、溝通，並對病人所敘述的內容中加以回應，在會談中進行一個段落後，進行摘述，並邀請做相互的回饋以澄清對問題的理解程度。例如，為了要達到對問題的真切理解，可以問「我這樣瞭解對嗎？你在說……」治療師表現出開放和明確，此外，真誠、溫暖和同理性的瞭解等態度都是重要的。

　　一旦治療師判斷已對病人的問題進行適當的瞭解後，當會談也已經進行了約四十五分鐘後，他會做一個摘述並解釋治療將如何進行。治療師會採取相互討論的方式，讓病人瞭解認知治療模式為何，並確定基本的認識與合作方式。治療師基本的觀點在於想法並非是真實，而是對真實的解釋，此解釋會進一步影響我們的情緒，決定我們的行為。正因為病人的情緒被影響了，來自他的想法也正被影響著，認知治療的目標就是要檢視這些想法，瞭解何以同樣的情境，會有不同的解讀，而產生不同的心情和行為。Beck等（1979）推薦使用一種具體而活潑的小例子，在認知治療被稱做是具體意象（concrete images），本書的第二部分將更

詳細地加以介紹。治療師可以選擇任一例子，以下爲可能使用的小例子。

> 治療師：你和朋友有一個約定，此時你正在預定的時間與地點等候，等了十五分鐘，對方還沒有來，你對自己說：「我生氣了，他一點兒都不在乎我！」你可能會感到傷心或生氣，而決定離開。另一種可能是，你對自己說：「他一定發生了意外！」你可能會感受到焦慮，而決定打電話給警察或醫院！還有種可能，你對自己說：「某種不清楚的事發生了，而耽誤了他，他就要來了！」你可能就不會感到生氣、傷心或焦慮，而決定繼續等下去。

　　接著，治療師會把這個一般性的介紹推回到病人的例子上，並說明這兩者之間的關係，病人通常會陳述他在特定情境下的沮喪或不安，並在詢問下，可以說出伴隨的解釋或想法。治療師則指出此感受與想法間的一致性，但並非爲唯一想法。像這樣，從病人的例子中，引導出認知治療和病人之間的關係，並可同時協助其克服低落的心情。治療師可從病人的回饋中，去評估是否他已瞭解，並願意參與這項治療計畫；他並接著解釋會談的結構和可能的時間長度。

　　「希望」（hope）在所有心理治療中，一直是相當重要的成分（Frank, 1973）。在認知治療中，「希望」可由不同的技巧加以促進。如在結束會談前摘述病人的問題時，可以把病人的問題一一條列下來，使其具體而可以清楚定義，並可邁向治療。這使病人發現，籠統的問題可化約成一項項可解決的問題，以提升希望。治療師的態度，如主動、似經理般的專業態度，在會談的開始時

就能引燃病人的希望，以正向的態度對自己的問題加以解決。

　　花些時間解釋認知治療的模式，會達到某種表面效度。對某些已有先前不成功治療經驗的病人而言，提出某些實徵研究支持認知治療療效（empirical backing），會有助於病人接受治療的意願，治療師也需要提醒抱持希望的病人，他不會立即得到神奇療效，而是在過去實驗的基礎下值得一試。過去的研究是指出它有利的一面，但此治療取向也有不成功的一面，不同的治療取向可能也會有助於不同的病人。

　　最後，當治療師專注病人一項能當下解決的特定問題，並產生立即效果時，「希望」是更容易被點燃的。但像這樣的成功經驗並非那麼容易促成，只要達到的部分解決正適合當作後續的目標。例如，若病人抱怨他難以集中注意力去從事他有興趣的活動，如閱讀時，這時不妨直接要求病人讀幾頁雜誌上的內容，讀完後再邀請病人解釋其閱讀之內容。這種方法可以使病人展現出他的部分專注能力依然存在，提供他瞭解這種「實驗」的取向，不過，選取實驗的主題必須謹慎。這種選取帶來的效果將不僅適用於後續的會談中，治療師也必須加以設計使病人得到高的成功率。對一位焦慮的病人來說，指導他平貼坐在椅背，並嘗試做簡短的肌肉放鬆，將使病人達到短暫及某種程度的控制感，並有主宰其焦慮症狀之能力。因此，在初次會談中最重要的治療方向，是協助病人發現他在困頓中仍能找到不同的解釋，並理解其改變的可能性。這個過程也會使治療師明白是否病人能對其自動化想法做不同的解釋，因此也能預期他在認知治療中的反應。對憂鬱症的病人，若能引發他們的幽默感，會使他們自己也感到驚訝。

　　初次會談會使病人產生對認知治療的結構和型態的立即經驗。會談流程的設定是在會談開始時即進行，以問題為導向，相互合作的關係和家庭作業的設定都會是每一次會談的重要成分。

即使是會談初期，病人和治療師共同決定一個合適的家庭作業仍有必要。同時，在做法上，視病人需要提供閱讀資料，如Beck和Greenberg（1973）合著《面對憂鬱症》（*Coping with Depression*）一書，或Beck和Emery（1985）合著《焦慮和恐懼症──認知的觀點》（*Anxiety Disorders and Phobias: A Cognitive Perspective*）一書中附錄一的「面對焦慮」，是行為而非認知作業（見下一章）等。在初次會談的尾聲，治療師也應詢問病人的整體感受（詳見頁74）。

對個案的概念架構（conceptualization）

在初次和第二次會談的尾聲，治療師應已從認知模式中，對病人的狀況進行概念架構（formulation），這是對未來會談的一個暫時性的假設，協助其檢驗、擴展和修正。對治療師而言，即使能適切使用認知治療的策略和方法，但一般對概念架構並不特別重視。但沒有概念架構，治療師猶如在戰場上，沒有章法的部署軍隊以迎戰敵方。同時，當失去具彈性的概念架構，治療將只會一點一點地處理當下的問題，而無法抓緊其主要問題並使其改變。認知治療概念架構中的主要問題包括有：

1.何以病人在生活中有如此憂鬱、焦慮和恐慌的感覺？

2.目前主要的壓力為何？

3.病人呈現的主要人格特質為何？

4.主要的情緒狀態為何？

5.病人溝通的主題為何？

6.在病人的過去，有哪些重要生活事件、恐慌和經驗？

7.病人在認知治療中的反應如何？

　　嫻熟於第一、二章中的所陳述的臨床症候群和認知模式，是認知治療中的基本要素，圖3.1則呈現認知治療中的概念架構的主要成分。以下將再加以闡述。

　　目前病人在生活中覺察到的壓力，會使治療師對其憂鬱或焦慮狀態的可能原因有所瞭解。此壓力是與工作、家庭、家人、朋友、同事有關？這些壓力在客觀上是真實或被誇大？反映出的易致病因素為何？是失去朋友或社會支持，是失去了讚美、愛或是地位？是害怕生病，或害怕不能面對新的情境？是喪失控制感？目前有很多或僅少數的壓力嗎？

　　對社會支持的瞭解，亦能對病人的生活和人際關係有所認識，對病人職業的認識亦能理解其生活型態，經濟狀況和人際網絡。沒有工作和缺少可信任的人際關係，皆是造成憂鬱症的風險因子（Brown & Harris, 1978）

　　有關病人過往的創傷經驗，但不細究其發展史，這些多少會影響目前的致病性，同時也影響其一般因應型態，病人是否對過去的問題已能恰當因應，或一直表現出不佳的因應方式。目前的問題是否類同於過往的創傷經驗？為何病人目前未能有效因應？

　　認知治療模式就是促使治療師去發現病人在溝通中負向的認知三角（negative cognitive triad），並註記其產生的困頓情緒和其強度。治療師會特別專注在探討病人所表達和暗示出的自動化想法。病人對他人讚許的反應為何？質難於自己或他人處為何？是否常有某些認知性偏誤出現？什麼是病人表現出的「必須」和「應該」？

　　因此，從對病人目前和過往的發展史，從溝通中的認知特性，治療師可以對病人的失落和恐懼的主題、對致病的範圍，和

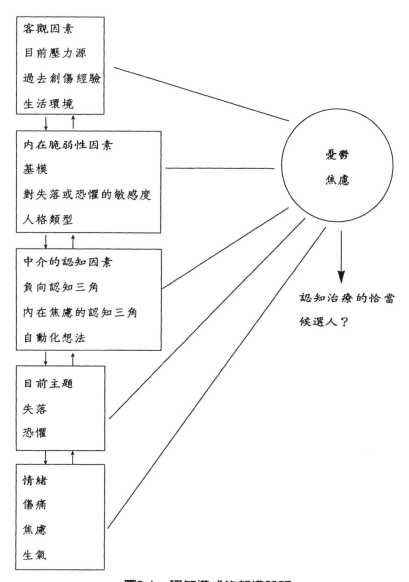

圖3.1 認知模式的架構說明

其人格特質提出假設。病人是否是受創於社會性依附（產生依賴
性人格）？或因曾失去自由、自主和成就（產生獨立性人格）？
病人在過去的生活中是否曾出現神經質的因應方式？

最後，治療師也應判斷，是否病人是認知治療中的適當個案，如同第一章中所曾提到（頁19-21），然而，一個有一定程度的自我依賴，會使用心理語言，能覺察情緒並能思考不同觀點等，都是值得採取認知治療的正向指標。在我們的經驗中，依賴身體化或具體的解釋，不能覺察情緒，也不能接受對自身的想法恐有偏失或只看重諸多想法中的單一可能，以認知治療來進行就未必有樂觀的結果。不過，從一般性的概念架構來看，對適合度的判斷在此階段只是做暫時的推論。

第五章將詳細陳述如何從初次會談中，對病人的問題予以概念架構化。

References

Beck, A. T. & Emery, G. (1985). *Anxiety Disorders and Phobias: a Cognitive Perspective*. Basic Books, New York.

Beck, A. T. & Greenberg, R. L. (1973) *Coping with Depression*. Institute of Rational Living, New York.

Beck, A. T., Rush, A. J., Shaw, B. F. & Emery, G. (1979). *Cognitive Therapy of Depression*. Guilford Press, New York.

Blackburn, I. M. (1987). *Coping with Depression*. W. & R. Chambers Ltd, Edinburgh.

Brown, G. W. & Harris, T. O. (1978). *Social Origins of Depression*. Tavistock, London.

Burns, D. (1980). *Feeling Good: The New Mood Therapy*. William Morrow, New York.

Clark, D. M. & Teasdale, J. D. (1982). Diurnal variation in clinical depression and accessibility of positive and negative experiences. *Journal of Abnormal Psychology*, **91**, 87–95.

Covi, L., Lipman, R. S., Derogatis, L. R., Smith, J. E. & Pattison, J. H. (1974). Drugs and group psychotherapy in neurotic depression. *American Journal of Psychiatry*, **131**, 191–8.

Frank, J. O. (1973). *Persuasion and Healing*, 2nd edn. Johns Hopkins University Press, Baltimore, Maryland.

Friedman, A. (1975). Interaction of drug therapy with marital therapy in depressed patients. *Archives of General Psychiatry*, **32**, 619–37.

Hamilton, M. (1985). The assessment of anxiety states by rating. *British Journal of Medical Psychology*, **32**, 50–5.

Hamilton, M. (1960). A rating scale for depression. *Journal of Neurology, Neurosurgery and Psychiatry*, **23**, 56–61.

Klerman, G. L., Di Mascio, A., Weissman, M. M., Prusoff, B. A. & Paykel, E. S.

(1974). Treatment of depression by drugs and psychotherapy. *American Journal of Psychiatry*, **131**, 186–91.

Rogers, C. (1951). *Client-Centered Therapy*. Houghton Mifflin Co., Boston, Massachusetts.

Rush, A. J. (1983). *Beating Depression*. Century Publishing Co., London.

Shaw, B. F. & Wilson-Smith, D. (1988). Training therapists in cognitive-behaviour therapy. In Perris, C. Blackburn, I. M. & Perris, H. (eds). *Cognitive Psychotherapy: Theory and Practice*. Springer-Verlag, Heidelberg.

Truax, C. B. & Carkhuff, R. R. (1967). *Toward Effective Counselling and Psychotherapy: Training and Practice*. Aldine, Chicago, Illinois.

Vallis, T. M., Shaw, B. F. & Dobson, K. S. (1986). The cognitive therapy scale: psychometric properties. *Journal of Consulting and Clinical Psychology*, **54**, 381–5.

Young, J. & Beck, A. T. (1980). *The cognitive therapy scale: rating manual* Unpublished manuscript, Center for Cognitive Therapy, Philadelphia.

第四章
憂鬱與焦慮的認知
治療技巧

....

❖行為技巧

❖認知技巧

❖結　語

行為技巧

在治療初期,行為技巧通常是最有效的處理方法,特別是處理病患的嚴重困擾以及某些會妨礙治療進展的問題。而且在練習認知技巧之前,對病患而言,治療初期的行為技巧是比較容易掌握的。表4.1列出憂鬱與焦慮病患的行為與情境問題,及其處理的行為技巧。

表4.1　治療憂鬱、焦慮的行為技巧與其標的問題

標的問題	技巧
不活動	漸進式活動
猶豫不決與拖延	計畫性活動
情緒低落	分心術、計畫愉悅的活動
焦慮情緒	分心術、放鬆練習
生理緊張	放鬆練習
失去愉快感受	計畫愉悅的活動
睡眠困擾	刺激控制
注意力不集中	漸進式作業
缺乏動機	漸進式作業、計畫愉悅的活動
恐慌發作	呼吸控制
逃避	漸進式暴露法
問題情境	訓練因應技巧,例如肯定訓練

漸進式活動（graded activities）

活動力低是憂鬱病患常有的抱怨，有些焦慮病患發現自己會因躁動而影響工作的完成，因此也會減少自己的活動量，經由仔細的記錄病患如何花費時間，可以瞭解活動量的高低，最佳方法是將每週活動流程表（見附錄3）當做家庭作業要求病患完成。

完成這樣的活動流程表，病患立即得到他做了些什麼的回饋，因而可以增加往後的活動量。透過討論，治療師與病患必須弄清楚前一週以及往後期望做到的活動量，以便計畫未來一週的活動，並將它列舉寫下。可依據活動量和困難程度分等級，重點是為了確定活動目標可確實完成。有些病患會設定過度野心的目標，但它在焦慮或憂鬱的狀態下是很難達成的。治療師就必須將此點出並且調整成適當的目標。必須強調的是這樣的作法主要在嘗試做活動計畫，但不必要求做到成功完美，例如，Beck就建議重點在時間安排而非工作表現，亦即可將它視為生活中的一項實驗。如果出現困難，則必須在下一次晤談中討論，並再計畫更適當的活動，晤談中病患可能會表達某些阻礙完成活動的負向自動化思考，例如，「什麼是重點？」、「我將無法完成它。」、「我無法因應。」此時，治療師可以利用認知技巧來挑戰這些想法。（參閱以下的認知技巧）

㈠ 漸進式作業

依照個人狀況，漸進式作業（graded tasks）亦可用來提升注意力，例如，增加讀書時間的長度、不同複雜度的讀書材料、看電視的計畫，以及增加工作的時間等。

㈡ 計畫性活動

計畫性活動（scheduling activities）就像漸進式作業一樣，可用來處理猶豫不決和拖延的問題。由於自信心的喪失，憂鬱症

病患通常難以決定「如何安排時間最好」或「如何設定優先順序」，因此經常拖延，之後又不斷地責怪自己。焦慮病患則因其他原因而變為猶豫不決，例如注意力不集中，害怕失敗或害怕做出錯誤的決定。計畫每週的活動可以有效地減緩這些問題，必須說明的是這樣的計畫只是一項指導方針，而不是沒有彈性的規定。某些意外的狀況，可能會打亂病患預定的計畫，例如，因鄰居的來訪而中止收拾房間的計畫，或因下大雨而中止整理庭院的計畫。最好的方法是每當中斷預定計畫的狀況過了之後，在其他時間重新安排這項活動。

漸進式作業與安排特定活動的技巧也可以協助處理動機的問題。當病患決定投入此項活動，致力於完成它，以及將它記錄下來，均可有效地強化自身活動的動機。憂鬱病患會降低或完全放棄愉悅的活動，以及可以帶來掌控與成就感的活動。治療師與病患一起合作，依據病患以往的經驗，計畫可以帶來愉悅與目的性的活動，然後評量 M（掌控感）與 P（愉悅感），分數從 0 到 5 分（參見附錄3）。0 分表示完全缺少愉悅或／和掌控的感受，5 分表示高度的愉悅或掌控感。病患時常會低估愉悅或／和掌控感的強度，或因無法區辨不同的強度而總是將不同活動評估為相同的低落強度。這種情形必須在會談時加以討論，強化病患的區辨力，有助於找出相關的負向思考。

㈢ **計畫愉悅的活動**

計畫愉悅的活動（scheduling of pleasurable activities）是特別針對情緒低落與失去愉悅感受所設計，對於非常簡單的活動，不管是因為失去動機或感到純粹愉悅的活動會讓自己感到沈溺、自私或脆弱，病患因而不再從事此些活動或總是做得不夠。對家庭主婦可以鼓勵她留給自己一點時間，遠離持續不斷的瑣屑家事。對總是說忙得沒時間打高爾夫球的專業人員，可以要求他一

星期安排二個小時練球。對以往可以享受散步的上班族，可以鼓勵他再開始散步。當然治療師不能安排自認為愉快的活動要求病患來做，活動的選擇，最好是經由詢問、激勵，與病患合作完成。使用愉悅活動計畫表（schedule of pleasant activities; Brown & Lewinsohn, 1984）的問卷，亦可以協助確認活動對病患是否具增強效果。

關於焦慮病患，計畫活動可用來監控在特定情境下的焦慮狀態，這樣可以讓治療師與病患瞭解哪種型態的情境更會促發焦慮情緒，並可以增強病患對不同程度焦慮的覺察。

㈣ **分心術**

分心術（distraction）或轉換活動可用來減緩憂鬱或焦慮情緒，即使其效果僅是短暫的。對憂鬱患者，傾聽快樂的音樂是最有效的短暫情緒揚昇劑（Pignatello et al., 1986）。經由詢問可以找出適合每個人的分心技巧——包括打電話給朋友、唸詩、慢跑、玩遊戲或從事園藝活動。研究證據顯示憂鬱病患回憶快樂事件較困難，而且會不斷地反芻不愉快的回憶，因而更強化不愉快的情緒（Blaney, 1986）。我們的研究發現要求憂鬱病患回想二至三件過去愉快的回憶，並詳細地將它寫下來，病患就可以回到當時愉悅的狀態。有些焦慮病患需要可以快速運用到任何情境的分心技巧，包括計數身旁的特定物件、集中注意力在愉悅心理意象的細節，或解數學問題。

㈤ **刺激控制**

刺激控制（stimulus control）的技巧可用來減輕憂鬱與焦慮病患經常出現的睡眠困擾，包括減少干擾睡眠的刺激與增加有助於睡眠的刺激。不鼓勵病患白天打瞌睡、喝刺激性飲料，如咖啡或茶，或閱讀令人興奮的書籍。而當躺在床上時會不斷反芻白天發生的問題，則可利用上述的分心技巧來避開它。另一方面，在

傍晚後儘量減少活動、多做放鬆練習、在固定時間上床睡覺，如果睡不著，可以起床做些事情而不要躺在床上看著時間，因為它只會讓你更清醒和焦慮。另外，我們已經一再強調，技巧的選擇必須是與病患謹慎合作討論下所做的決定。

㈥ 放鬆

放鬆（relaxation）技巧可用來因應肌肉與心理的緊張。經由周全的指導語，教導病患系統性的放鬆，包括如何記錄每塊肌肉的緊張程度與如何放鬆它（Wolpe, 1958）。除了在會談中訓練外，治療師可以將指導語製作成錄音帶，讓病患在家中使用。鼓勵病患每天，如果需要可一天兩次，練習放鬆（拉緊再放鬆每一塊肌肉，包括手掌、手臂、脖子、肩膀、臉部、腹部、腿和腳，做深呼吸並慢慢的吐氣）。直到放鬆變為一項新技巧，病患可以不用指導語並用於任何情境，不管是開車時、社交情境下或在工作場所中。

㈦ 漸進式暴露法

對於以逃避當作因應技巧的焦慮病患，漸進式暴露法（graded exposure）是已被試用且成效良好的技巧。將害怕情境從引發最小焦慮的情境開始，逐漸提升到最害怕的情境，排列成一個害怕階層。然後鼓勵病患面對這些情境，不論是獨自一人或有親人、治療師陪伴均可。這種技巧稱之為系統性敏感遞減法（systematic desensitization），經常運用在恐懼症病患的治療。對於廣泛性焦慮病患要完成害怕情境的階層並不容易，因此不需要排序而直接暴露於害怕情境的方法就較常使用。治療情境中是比較安全的狀態，因此病患可能比較不會經驗到焦慮情緒，在生活情境，若有保護者（protector）相伴，病患也比較不會經驗到焦慮，因此瞭解可能經驗到焦慮的情境是很重要的，治療師可以將它當作家庭作業，要求病患利用漸進暴露法來減緩焦慮，病患

將逐漸可以安然處在此些引發焦慮的情境，對抗原先的逃避行為，並練習一些因應的技巧。

(八) 呼吸控制

利用呼吸控制（respiratory control）來處理恐慌發作與焦慮的身體症狀，研究發現它的效果頗佳（Clark et al., 1985）。這些研究者已發展出一整套治療的計畫，包括找出恐慌發作時出現的生理症狀，這些症狀與練習急速呼吸兩分鐘後所產生的症狀相同。當出現症狀後，要求病患將氣呼到一個紙袋裏，直到感到平靜為止，症狀將會逐漸消失。急速呼吸會降低肺與血液中的二氧化碳含量，帶來恐慌時不舒服的生理感覺，包括頭昏、暈眩、耳鳴、頭痛、心悸、胸痛、顫抖、噁心以及其他症狀等。用紙袋或用雙手形成杯狀包著口、鼻慢慢地呼吸，則肺與血液中的二氧化碳含量會逐漸增加，症狀也就很快地消逝。

治療過程中利用行為測試，病患瞭解急速呼吸帶來的症狀與恐慌發作時出現的症狀是相似的，然後治療師引導病患重新歸因（認知歷程），即症狀的發生是因為急速呼吸而非因為即將心臟病發作或其他生理病變。然後教導呼吸控制程序當作一項因應技巧，因為此種呼吸型態與過度換氣（hyperventilation）是互不相容的，而且可以驗證症狀的發生是因為過度換氣，而不是病患災難式的害怕。建議的呼吸型態，不管是一分鐘十二次或八次，病患均需多加練習，之後可將此種呼吸型態運用在可能引發恐慌的情境，或感到症狀將出現的時刻。使用錄音帶或要求病患記憶呼吸型態將可協助練習。

(九) 預先練習因應技巧

預先練習因應技巧（rehearsal of coping techniques）包括自我肯定訓練、生氣控制訓練，以及問題解決訓練。病患需要發展這些技巧來處理問題情境。

㈩ 肯定訓練

　　肯定訓練（assertiveness training）對感到無法有效應對與其他人互動的病患非常有用。例如，對不適宜的要求可以說「不」、能夠表達自己的想法，以及請求他人的協助。這種因應技巧的匱乏，通常會導致焦慮的情緒感受或低自尊，以及缺乏自我效能感或無助感。肯定訓練的第一階段是確立病患經驗到何種形式的人際困難，然後必須確實澄清病患在這樣的人際情境中，想做到的目標為何。例如，他希望經理分派給他的工作必須是合理的工作量，或一位家庭主婦可能希望在家事上可以從丈夫身上得到更實質的協助。建立合理的目標後，治療師與病患可以著手對問題情境做角色扮演，然後用角色替換不斷地練習。例如，讓病患轉換不同角色，扮演自己然後再扮演他的經理，家庭主婦則先扮演自己然後再扮演她的丈夫，當然治療師也必須跟著轉換不同的角色。這讓病患經驗到兩種角色，所以他可以練習在問題情境中他能夠怎麼說，也可以瞭解其他人對他的要求會有什麼樣的感受和反應。然後，將演練的場景移到生活情境，將它當作家庭作業，結果將會在下一次會談中討論。如果練習很成功，治療師要給予讚賞與鼓勵，若結果不是很成功，可再次分析那樣的情況，然後修正應對方式，再試一次。

　　許多病患發現他無法忍受生氣或無法用適當、有效的方式來表達生氣，一開始必須讓病患瞭解生氣是每個人都會有的正常情緒。生氣有它的功能，可以給予他人的行為回饋而且提供改變的動機，問題是怎樣的表達才是比較有建設性。適當的表達生氣可視為肯定訓練中很重要的一部分，在會談中可以利用角色扮演將技巧教導病患，就如上述的說明，先界定為什麼生氣，針對什麼人，困難或問題是什麼，尋求問題是雙方面造成的共識，說出是什麼讓自己感到生氣，傾聽另一人的回應，以及發現共同解決問

題的方法。Burns（1980）建議要處理容易生氣的病患可利用以下的方法來降低生氣與協商合理的結局：首先，不要叫對方停止說話，那只會讓他更生氣，表達瞭解與同理他的感受將更適當；第二，如果他繼續爭辯，同意他部分的觀點將會化解他的敵意；第三，用開放的態度，平靜又堅定地澄清對方的觀點，並協商結果。

(士) **問題解決技巧**

教導問題解決技巧（problem solving skills）來處理真實的生活困難，治療師與病患先將問題分析成不同的成分，並列出可能的解決辦法，然後當作家庭作業加以嘗試，在下一次會談中再討論實驗結果，若效果不佳，必要時可再嘗試另一項解決辦法。

認知技巧

一、誘出自動化思考

誠如理論觀點的描述（第二章），以及本章對認知治療的一般性陳述，自動化思考是從事認知治療的基本資料。從初次會談，治療師就開始強調認知與情緒、行為之間的關連性。甚至在治療初期著重以行為技巧減緩行為問題時，行為技巧亦可用來誘發與調整認知。本章次序上先說明行為技巧，之後再討論認知治療技巧，這並不表示行為技巧僅能用於治療初期處理行為問題。事實上，我們發現行為作業是誘發與調整思考型態非常有力的方式。**表4.2**列舉誘發自動化思考的主要技巧。

(一) **直接詢問**

直接詢問（direct questioning）是最簡便的方法，可以直接

表4.2　誘發自動化思考的技巧

1.直接詢問

2.引導新發現或誘導式問話

3.緊抓住治療過程中，情緒強烈的時刻

4.利用生理緊張增強或恐慌感覺開始的時刻

5.心像法

6.角色扮演

7.確認事件的意義

8.列舉負向思考

9.參與某些行為作業並記錄伴隨出現的思考內容

10.利用不良功能認知記錄表（參見附錄4），記錄每日的情緒變化與
　　同時顯現的自動化思考

引導病患注意自己的自動化訊息處理歷程，較好的問法是「你腦
中閃過什麼想法？」而不是「之後你想到什麼？」前者優於後者
是因為它更為具體和特定。然而利用直接詢問找出自動化思考，
有時候是不成功的，尤其在治療初期，監控自己的自動化思考還
是一項新學的技巧。值得注意的是記錄個人的自動化思考，並不
是人們日常生活中經常從事的活動。依據定義，自動化思考是習
慣性和反應性，因此被視為理所當然。所以需要意識上花費力氣
來學習技巧，增加自己對自動化思考的覺察。對病患而言，直接
詢問是完全無法察覺自己的自動化思考，當他們感到憂鬱或焦慮
時，他會堅持腦中並沒有出現任何想法。治療師必須指出，回答
這樣的問題對每一個人都是困難的，因此它是需要學習的新技
巧。這樣的技巧包含利用情緒強烈或情緒變化劇烈的時刻、暫時
抽離情緒、讓自己變成一位觀察者，並記錄腦中發生了些什麼。

(二) 誘導式問話

　　如果直接詢問無助於找出關鍵認知，治療師可以使用誘導式問話（inductive questioning）（有時稱之為引導新發現法（guided discovery））來協助病患追蹤這些維持憂鬱情緒的思考。這項技巧是認知治療主要的技巧，而且需要高度的技巧性。治療師需要非常注意，如此才能問出一序列適當的問句。這樣的問句將引導病患在心中創造出一種情境，瞭解真正發生的狀況是什麼。再者，這種形式的問法，對病患是一種楷模（model）的學習，協助病患獲得監控自己思考的技巧。以下是誘導式問話的一個例子。

　　病　人：昨天上班回家後我感到心情糟透了，甚至不知道到
　　　　　　底是為了什麼。
　　治療師：那時候你腦中閃過什麼念頭？（直接詢問）
　　病　人：我不知道吔！沒什麼特別的，我只是感到一陣陰鬱
　　　　　　的烏雲籠罩著我。
　　治療師：這是你回到家後才發生的還是未到家之前？
　　病　人：離開工作場所後就開始了，只是它越來越糟。
　　治療師：工作時發生什麼事？
　　病　人：我不記得什麼特別的，只是一切如常。
　　治療師：「一切如常」，你的意思是什麼？
　　病　人：我只是做我平常做的工作，沒有課程需要教，我就
　　　　　　批改了一些作業。
　　治療師：你就是為此開始感到心情低落？
　　病　人：是的。
　　治療師：有沒有人進入你的辦公室呢？
　　病　人：沒有。

治療師：有沒有什麼事打斷你工作？譬如一通電話。

病　人：沒有，一通也沒有。

治療師：沒有任何人進來或打電話，會不會讓你感到困擾？

病　人：不會，免於受干擾，我才能繼續做我的事。

治療師：當你批改作業時，你可以一直持續專心嗎？

病　人：沒辦法，你知道怎麼回事，就像看電視一樣，我的心總是不在那兒。

治療師：有沒有什麼想法或意象閃進你腦中？

病　人：我想是有，我開始想到要回家。

治療師：所以當你坐在辦公桌前，時間越來越接近下班，那時你腦中閃過什麼想法？有沒有出現家庭的意象？（治療師嘗試建立一個具體的意象）

病　人：嗯。

治療師：你能告訴我是怎樣的意象嗎？

病　人：好的……我想到冰冷的房間，沒有任何人在裏面——只有我獨自坐著，強迫自己吃些東西，而電話從未響起。（病患開始哭泣）

治療師：好——你在心中製造一個非常悲慘的意象，它讓你感到憂鬱。你似乎也將自己的生活描繪出黑暗景象，它讓你感到心情低落。現在，讓我們試試看，你可以給自己非常不同的意象，在你心中想像回到家中，起個火，來一頓舒適的晚餐，聽著收音機，坐在溫暖的火爐前，欣賞著精彩的電視影片，打個電話給好朋友，享受愉悅的聊天。你認為這樣的意象如何？給你什麼樣的感受？

病　人：我想心情應該就不會那樣低沈。

治療師：是的，有時候我們想要探尋什麼影像進入自己的腦

中，而且影響到情緒，是很困難的。在這裏，我想你已經成功瞭解到什麼因素讓你開始產生不好的情緒，我認爲你對晚間的到來會有如何的結果，太快做了結論，而且你嘗試說服自己這樣的影像是眞實的，你認爲是如此嗎？

病　人：是的，可能我對它失去控制能力。

治療師：現在讓我們來瞭解看看，爲什麼回到空蕩蕩的家中讓你感到如此憂鬱？

　　所以，經由謹愼、敏感的詢問，治療師可以協助病患找出讓他情緒變差的心像與思考，然後才有可能確認影響情緒的關鍵性認知因素。

㈢ **緊抓住情緒強烈的時刻**

　　緊抓住情緒強烈的時刻來評估病患的自動化思考是非常有用且有效的方法，特別是在治療初期，病患還未學會如何找出與監控自己的自動化思考時。通常病患在談到一件不需要情緒沈重的事情時，治療師卻察覺到病患的情緒變化。例如，出現突然流淚、說話變得猶豫、說話變快或突然開始坐立不安。專注的治療師將會觀察到這些變化，並立即點出且詢問：「這時候你腦中閃過什麼？」當病患苦惱增加時，治療師就必須更敏感於此。例如：

病　人：約三年前，我因爲新工作搬到這裏，而且買了現在住的房子。這房子有許多的問題。（病患開始哭泣）我現在已經逐漸地解決。

治療師：現在我們在這裏稍停一下，剛剛妳在說話的時候，妳腦中閃過什麼？

病　人：我為自己感到遺憾，自從我到這裏沒有任何收穫，就只有問題。我已經無法繼續應付了，我希望所有事都停止。

治療師：所以，當妳在告訴我妳如何成功的應付這些問題時，妳腦中閃過一些想法，這些想法很明顯地讓妳感到困擾。「我無法繼續應付了」、「我希望所有事都停止」。這些想法很重要，因為它影響妳的感受。

　　雖然此病患正在談論自己如何成功地應付這些問題，但同時她也經驗到一些讓她感到苦惱的自動化思考。治療師因注意到病患情緒與行為的變化，才能夠進一步引發關鍵的思考。如果治療師忽略病患哭泣的行為，那他將只能聽到病患如何因應她的問題，將無法瞭解為何她無法繼續因應。相似的情形，如果治療師只是給予安慰，也將會失去這個有價值的機會。

四 增強對生理緊張或恐慌發作的敏感度

　　可以訓練病患利用情緒變化來將他們的自動化思考意識化。而經由放鬆練習，訓練焦慮病患增加對生理緊張或恐慌發作的敏感度，這可以用來當為病患監控自動化思考的線索，就像情緒變化一樣。治療師在會談過程中也可以透過對生理緊張的觀察，來探究病患的自動化思考。

五 心像法

　　當嘗試去找出與過去事件或情境有關的自動化思考時，如果誘導式問話無法有效協助病患確認其自動化思考，那利用心像法（mental imagery）再創建先前的情境，其效果通常不錯。要求病患在心中儘可能清晰地想像先前的情境，數分鐘後治療師再詢問想像時伴隨的想法。例如：

治療師：嘗試儘可能精確地想像週三晚上發生的情境，妳跟
　　　　丈夫在家，吃完晚餐，妳照顧小孩上床後，在客廳
　　　　看著電視，而先生在一旁看報紙。閉上眼睛，嘗試
　　　　儘量詳盡的想像當時的情境，包括當時的時間、客
　　　　廳的裝飾等等。

治療師：（二分鐘後）好的，妳能否想像出當時的畫面？

病　人：是的，可以的，我在靠近約翰身邊的沙發上坐著，
　　　　而他正在看報紙。過了一會兒，他起身將電視的聲
　　　　音關小，然後在較遠離我的位子坐下。

治療師：你認為這是什麼意思呢？

病　人：我認為「他無法忍受我靠近他。他認為我無趣。他
　　　　不再愛我。」

治療師：很好，我想我們找到核心的認知信念了，現在妳瞭
　　　　解為什麼妳會感到那麼無助和沮喪嗎？妳丈夫做了
　　　　某些特定行為，而妳對他的行為做了極端的解釋。
　　　　妳認為他的行為總是針對自己，而且反應出自己的
　　　　不好。讓我們再來審視這些想法，看看它是否符合
　　　　現實情況。

(六) 角色扮演

　　除了心像法之外，利用角色扮演（role plays）再創建鮮明的
先前情境，這是非常適當的方法，經由如此做法，相關的想法將
再次被引發。前述章節介紹過角色扮演，將它視為教導因應技巧
的行為方法，例如自我肯定與生氣控制，但是它也可以用來找出
潛藏內在的想法。例如，病患抱怨與長大的繼女談話時，自己總
是感到驚恐。不論是在電話上或是面對面，也不管談論的是什麼
話題，均會如此。她不知道自己為什麼會如此驚恐，特別是當大

家（尤其是病患自己）認為她需要幫助、關心繼女時。治療師決定利用病患說明的例子來做角色扮演，這個情況是關於安排聖誕節日的溝通電話。

治療師：（扮演繼女的角色）哈囉，瑪麗，最近如何？
病　人：（扮演自己）不太壞，謝謝，那妳呢？
治療師：我很好，忙於準備聖誕節的到來。關於聖誕晚餐，我想我可以烹調火雞，那你可以事先幫我準備……

在這時候，病患看起來顯得困擾，治療師立即詢問，「剛剛是什麼念頭閃過妳腦中？」

病　人：她總是讓我感到如此無能，我感到嫉妒，為什麼她那麼快樂又有能力，而我卻不行？
治療師：就是這樣讓妳感到驚恐？
病　人：是的，每次我們談話時，我總是害怕有嫉妒的感受，我不喜歡這樣，因為嫉妒是一種卑劣的情緒。

所以，角色扮演可以協助治療師與病患，快速的找出潛藏於不被預期的情緒反應下的想法。

㈦ 確認事件的意義

病患通常會一再談論發生的事件，就好像它是引起壞情緒的原因，但治療師卻經由確認事件的意義來打破此種錯誤的連結（解釋）。雖然病患的解釋可能顯而易見，但治療師從不假設他已經知道，而不去詢問。之後，治療師再確實地引出病患的特異性解釋。例如，病患可能說：「當我的孩子們在吵架時，我感到很糟糕。」

治療師：就像妳前面所描述的，孩子們為了看哪個電視頻道
而吵架，對妳而言它意味著什麼？

病　人：我感覺我是一個很糟糕的母親。

治療師：為什麼妳是一個糟透的母親？因為孩子們在爭吵？

病　人：因為它意味著孩子們並不快樂，而這是我造成的。'

　　同樣地，當病患因朋友沒有打電話來而感到憂鬱，或因工作
流程繁重而感到焦慮，治療師必須詢問病患，這樣的景況對他而
言意義是什麼？

(八) 列舉負面情緒

　　在治療初期，當病患仍在練習如何監控自己的思考時，可利
用綁在手腕的計數器，來記錄每次感到焦慮或憂鬱時的自動化思
考。這是一項簡便的方式，用來提高對持續不愉快情緒的思考之
覺察能力。在練習的初始，病患通常會抱怨他的負向思考增加
了，治療師可以給予保證，這種情況是很平常的，它僅表示病患
監控自己思考的能力變好了。這種方式僅適合在治療初期的幾天
使用，可以讓病患對認知治療取向較敏銳。

(九) 參與行為作業

　　如果治療師想協助焦慮病患確認引發焦慮的自動化思考，那
促使病患投入做行為作業通常是必要的。在治療師的辦公室，焦
慮病患通常不會感到焦慮，因此，想在會談時直接評估病患的自
動化思考並不容易。而且病患在外界亦會逃避引發焦慮的情境，
因為它會引起非常不舒服的焦慮感，所以，要求病患完成行為作
業是很重要的，因為經由此種作法，病患可以瞭解思考在引發情
緒和行為所扮演的重要角色。利用前面章節介紹的計畫性活動與
漸進式暴露法，病患將不再逃避引發焦慮的情境，而且可以偵測
並在「不良功能認知記錄表」（見附錄4）上記錄伴隨的自動化思

考。一開始,治療師與病患一同完成記錄的作業很有助益,特別是在會談中病患出現的生理緊張和焦慮時。

讓憂鬱病患練習行為作業(前述章節所描述),亦可以提升病患對自動化思考的覺察。這些想法通常與不活動和自我肯定有關。但在從事行為作業或執行記錄之前,治療師必須事先說明如何監控自己的思考。

㈩ 使用「不良功能認知記錄表」

整個治療的標準技巧是利用「不良功能認知記錄表」(見附錄4)記錄情緒和想法。在第一個欄位,病患描述涉入的情境特性,第二個欄位上,註明當下的情緒,並評量其強度(從0－100)。而情緒被當作尋找自動化思考的線索,將之寫在第三欄位,並評量其相信的程度(0－100%)。第四與第五個欄位則用來檢視與修正自動化思考、描述與評量情緒的變化,以及改變後先前解釋(自動化思考)的相信程度。在治療初期,病患僅需要完成前面三個欄位,其餘的則在處置階段才需要完成,在下一章節將有例子加以說明。在病患做家庭作業之前,治療師必須在會談中事先訓練病患可以完成此項記錄表。

二、修正自動化思考

修正負向或會引發焦慮的自動化思考,通常占據認知治療的大部分時間,從第二章對認知模式的介紹,可以瞭解治療師的目標,是在協助病患對自己、世界以及未來採取一種較為實際(realistic)的觀點。值得注意的是目標並不只是利用正向思考的表淺技巧,將病患的負向想法改變成正向想法。認知治療師的立場是,負向或焦慮的解釋只是眾多解釋的一種,但是他種解釋可能更適應或更實際。因此,治療師利用以蘇格拉底式問話與行為作業為基礎的各種技巧,促使病患檢視自己的想法並嘗試消弱它

們的強度。人們傾向於相信自己的解釋是正確的，因此考慮另一種想法或改變心意通常是需要花力氣的。當然，有時候負向想法反而是實際的，此時必須致力於問題情境的改善，或增強病患的因應技巧與自我效能感。**表4.3**列舉出較常被用來修正自動化思考的方法，如果治療師可以想到其他更適合的方法，只要在方法上符合認知治療的框架，鼓勵治療師嘗試使用。

會談過程中，治療師通常會選擇一或二項自動化思考，並利用表4.3的技巧嘗試修正它。對治療師與病患來說，將想法與回應寫下來是很有助益。對病患而言，這是一項技巧訓練，之後可運用於家庭作業。治療過後的病患通常會提到，治療師的問法對他們而言是一種楷模，而之後他們學到相同的問法來質問自己，就像自己是治療師一樣。

㈠ 檢視證據

以下的例子，是一位因焦慮和憂鬱而轉介來會談的小學老師，運用來修正自動化思考的主要技巧是，檢視贊成與反對的證據。

表4.3　矯正自動化思考的技巧

1.檢視贊成與反對的證據

2.以他種可能的解釋來替代

3.建立每一種可能解釋的實際機率

4.收集資料，例如調查其他人的解釋

5.去中心化思考或遠離此種解釋

6.重新界定使用的語詞

7.再歸因

8.角色扮演

9.使用不良功能認知記錄表

治療師：所以每天早上妳都感到焦慮，因為妳認為自己無法
　　　　應對所有的事情。妳感到快要虛脫，必須他人帶妳
　　　　回家休息。

病　人：是的，每天清晨都一樣，當我醒來那一刻，我感到
　　　　胃糾結在一塊兒，我必須強迫自己到學校去。

治療師：在那時候，什麼想法閃過你腦中？

病　人：哦……三十位七歲又不守秩序的小鬼、發怒的女校
　　　　長、尚未準備好的課程、不夠有趣的……

治療師：好的，妳想像，甚至預測所有災難都將會發生，而
　　　　且妳將無法應付？

病　人：就是這樣，我將無法再忍受它。

治療師：這些事情最近是不是真的發生了？

病　人：哦，是的，自從一年前我換到較低年級的班級。

治療師：妳是否曾經因無法應付，而被送回家？

病　人：沒有，但有幾次就快要發生了。

治療師：快要發生，但最重要的是它並未發生。所以，到底
　　　　是什麼讓妳無法忍受？是清晨時進入妳腦中的影
　　　　像，還是現實的狀況？

病　人：咦，奇怪，我在班上好像沒有那麼焦慮，想像的狀
　　　　況好像比現實來得糟糕許多。

治療師：對的，妳告訴你自己：「妳將無法應對，妳將會完
　　　　蛋。」但是如果我的瞭解是正確的，那麼不同的情
　　　　況發生了，妳並未倒下而且也沒有被送回家。所以
　　　　妳的預測通常是無效的，但妳因為某些原因，妳並
　　　　不相信這些證據，是這樣嗎？

病　人：就是這樣，你可能不相信，我像是在被訓練成一個
　　　　科學家。

治療師：是的，這就是治療想嘗試與協助妳在自己的生活中
　　　　當一個科學家。

㈡ 替代解釋

　　接著治療師將協助病患，利用較不災難化與較不會引起焦慮
的解釋來替代原先的想法。上述的例子，治療師對病患形成的概
念是，病患為了避免感到焦慮，她需要完全的監控情況，她的表
現總是需要平順且完美（參閱下一章節對基模的說明）。資料顯
現病患已做了二十年的小學教師，但她已經很久未教低年級學
生。而且新派任的女校長也帶來很多的新規定。

治療師：所以，現在發生的是妳必須面對新的環境，而它讓
　　　　妳感到焦慮，是這樣嗎？
病　人：所有的事情都在改變，而我不喜歡這樣。
治療師：好的，妳不喜歡新的環境，但是過去一年妳應對
　　　　它，而且沒有發生重大的災難，對吧！
病　人：是的。
治療師：那比起九個月前，現在的環境是不是比較不新奇？
病　人：是的，而且過起來比較自在了，這些七歲的孩子大
　　　　部分時候都不是那麼壞。
治療師：很好，所以，如果每天清晨妳這樣告訴自己，也許
　　　　就像說：「相對來說現在的環境依然是新的，但我
　　　　可以因應它。我害怕的災難並未發生，而且越來越
　　　　不可能發生，因為我越來越熟悉我的班級和女校
　　　　長。我真的做得還不錯。」這樣生活是不是會更容
　　　　易些？是這樣嗎？

值得注意的是，治療師在此刻並不嘗試挑戰病患的基本假設信念，僅聚焦於引發困擾的思考和意象。然而，治療師記錄下潛在的基本假設和所舉的例子，將有助於之後治療的運用。

(三) 建立每一種解釋的實際機率

要求病患列出其他對環境的可能解釋，然後對每一種解釋評估其真實發生的機率，這通常是很有用的技巧。如果無法對抗當時的負向思考，那可以嘗試用較可能的解釋來與之對比。這樣的方法是訓練病患考量自己對現實的解釋而非現實本身。用前述99頁的例子，當丈夫遠離她身邊去看報紙時，病患的想法是：「他無法忍受我靠近他。他認為我無趣。他不再愛我。」她是百分之百相信這樣的解釋。

> 治療師：好的，這是一種解釋。他離開，因為無法忍受妳靠近他，他認為妳無趣，也不再愛妳。有沒有其他可能的原因讓他這麼做？
>
> 病　人：我看不出來，還有什麼原因會讓他這麼做？
>
> 治療師：好的，妳說他正在看報紙，而妳則在看電視影片？
>
> 病　人：是的，他正在看內頁的政治版。
>
> 治療師：所以，有沒有可能他是為了不被分心和需要空間而改變他的座位？
>
> 病　人：是的，我想有可能，他坐的地方有點狹窄，當他換座位後，我注意到他展開報紙，看起來比較舒適。
>
> 治療師：或者他並沒有在看電視，所以他不想讓妳分心？
>
> 病　人：有可能，我必須說我當時是完全投注在電視上，因為我喜歡那齣肥皂劇而約翰不喜歡。
>
> 治療師：不錯，所以現在有三種可能的解釋：約翰無法忍受妳靠近他；他需要空間讓他可以專注的看報紙；他

不想讓妳分心。還有沒有其他的可能？

病　人：現在我們用這種方式來檢視它，剛剛又讓我想到，他說他感冒了，而且有點頭痛，也許是噪音吵到他了，難怪他要把聲音關小一點。

治療師：在這裏我們已經有四種解釋，讓我們來看看每一種解釋的可能性。

之後病患評估四種解釋的機率，分別是10％、60％、60％、80％。治療師做了以下的結論：

治療師：這很有趣，不是嗎？最初自動化的解釋，它發生的機會最低。妳對丈夫一項簡單的行為做了悲慘的解釋，而讓妳感到心情低落也破壞接下來的一天。妳無法專心看電視，更無心與丈夫說話。我希望接下來的一週，當妳心情感到糟糕時，妳做相同的練習。檢視什麼念頭閃進你腦中，記錄下當時的想法或意象，然後列出所有可能的解釋，並評估其發生的機率，可以嗎？

㈣ 收集資料

有時候，改變可能的解釋或減低對它相信的程度，是需要病患收集資料或完成一個實驗。實證實驗取向比治療師提供相反資訊來得有效力，特別是問題情境必須界定清楚或要修正妄下結論的錯誤時。一位男同學在班上感到焦慮，因為他想到如果他問問題班上同學將會譏笑他。他的第一個實驗是注意班上有誰會問問題，問什麼問題，班上的同學和老師又如何回應。他做的實驗結果是，能力好的同學會問問題，但是通常問很簡單的問題且顯示

出他對問題的無知，而沒有任何人會笑他。第二個實驗是他必須問一個問題，然後記下他的反應，但之前需要先訓練放鬆練習。如果實驗順利，它將可以證明病患的預測是錯的，而且顯示他有能力在班上發問。然而這個病患做的結果卻是失敗的。因為病患太緊張，所以在老師聽清楚並瞭解他的問題之前，他已經重複說了三遍。而那時候同學們也開始吃吃竊笑。所以，接下來的第三個實驗是，要求病患確定自己可以控制吸呼，並給予自己放鬆的指導語，在會談中不斷地練習放鬆與用足夠的聲量問問題，然後才在班上實驗，結果就非常成功。

有些憂鬱病患，因為自尊低，她們會認為自己是個差勁的母親，對孩子不夠有耐心，也感到未深愛她的孩子，或者她們認為自己懶散又沒有能力，常會拖延很多的工作，不管是在家裏或辦公室。在此種情況，治療師可以要求病患去瞭解其他人在相同的情境下會怎麼做。她可以調查她的朋友與熟識的人，請他們投票，結果常常顯示病患並非是少數人，通常其他人也會像她一般的怪罪自己。

(五) 去中心化或遠離

認知修正技巧的基礎歷程是去中心化或遠離（decentring or distancing），亦即要求病患從他的思考或解釋中抽離，而用實際的態度檢驗它。直接遠離的技巧就像是詢問病患：「如果有人因為之前已經看過，而拒絕你一起去看電影的邀請，那你會排斥這個人而不與他做朋友嗎？」或「玩橋牌時，如果有人犯了大錯誤，那你會認為他是個沒有價值的人嗎？」或「如果有人對她的小孩發脾氣，並且很嚴厲的罵他們或將他們關在房間，那你會責怪她是一位差勁的母親嗎？」這個技巧可以讓病患瞭解他有兩套原則，一套是瞭解與寬恕他人，另一套則是過分嚴厲且不寬待自己，如果對待自己就像對待他人，那他的感受將會好多了。

(六) 界定語彙

病患通常會過度類化的為自己貼上自我貶抑的標籤，例如：「我是一個懦夫」、「我太懶散」、「我有罪」、「我是脆弱的」。為澄清這些語詞的意涵，治療師會要求病患界定他所使用的語彙。例如，誰是懦夫？懶散的真正意涵是什麼？有罪或脆弱的意義是什麼？可利用一般人均接受的例子來討論，結果通常是病患給予自己不適當的標籤。在整個治療過程中，要求病患界定他所使用的語彙通常是必要，利用「你的意思是……？」來替代很多的理所當然，並且利用平常的語言來說明相同的意涵。

(七) 再歸因

將負向結果的原因再歸因（re-attribution）於外在因素，而非內在因素，將有助於矯正個人化的錯誤（personalization errors），並可減少自我責備與增強自尊。病患可能宣稱自己是「懦夫」，因為他在會引發焦慮的社會情境中，逃避採取主動的角色。在清楚界定「懦夫」之後，下一個步驟是將逃避行為再歸因於焦慮狀態而非個人因素。在習來無助理論（learned helplessness theory）的框架中（Abramson et al., 1978），若將負向結果歸因於外在、特殊且不穩定的因素，是比做內在、全面且穩定歸因要來得不憂鬱。焦慮狀態是特殊、不穩定歸因以及部分地外在歸因，然而怯懦則是內在、全面，且穩定的歸因。治療師可以透過詢問，找出病患並未呈現懦夫特性的證據。相似地，憂鬱病患不活動或逃避的行為可以再歸因於憂鬱症，而不是懶散。在家中失去樂趣或減少幫助他人的行為也可以歸因於憂鬱症，而不是自私。

(八) 角色扮演

前一章節討論角色扮演可以做為確認自動化思考的一種方法。當治療師與病患計畫收集某些資料或為測試預測的結果，而

採取行為測試的方法時，角色扮演是必要的。這些行為測試作業包括問問題、表達憤怒，或對不適當的要求說不。角色扮演也可以用來演練意圖的決心與模仿學習（Bandura, 1977; Meichenbaum, 1977），它將能增強自我效能感並提供負向預測的反對證據。

(九) 使用「不良功能認知記錄表」

之前提及「不良功能認知記錄表」（見附錄4）是認知治療的基本工具。不僅可以讓病患學到情緒與自動化思考的連結，而且可以練習如何矯正不良功能的思考。此外，當病患試著評估情緒的強度、自動化思考以及替代反應的相信程度時，他也學到凡事不可只看黑、白兩面，必須更清楚的區辨它。憂鬱與焦慮病患均有一種傾向，就是用相同的方式處理不同程度的困擾，例如：「我感到可怕的低落」或「我感到可怕的焦慮」。這並不是因為他們想戲劇性的表達情緒，而是因為他們困擾很長一段時間後，或者他們很常經驗到從輕微憂鬱到嚴重憂鬱的狀態，因而降低他們區辨情緒感受的能力。

大部分病患在填寫「不良功能認知記錄表」時會有些困難，練習時病患通常無法精確地描述情緒與思考，而且會存在一些情緒與思考之間的混淆，這是文字帶來的困惑，例如，當我們說：「我感覺他不喜歡我」，這是不精確的，真正的意思是：「我認為他不喜歡我，而且我感覺很糟糕。」因此，病患需要在會談中訓練如何去完成記錄表，之後才能期待它能有助於病患的治療。治療師則必須在會談中隨時回來檢查家庭作業的記錄例子。**表4.4**是從《面對憂鬱》（*Coping with Depression*）（Blackburn, 1987）一書中所摘錄的範例。

表4.4 自動化思考與如何回應它的例子

情境	情緒（評量強度，0-100%）	自動化思考（評量相信程度，0-100%）	回應（評量相信程度，0-100%）	結果（再次評量自動化思考的相信程度與情緒強度）
清晨醒來，想到賣房子的事情	焦慮、悲傷（80%）	我的財務狀況一團糟，我不應該即刻要找另一間房子，我不應該聽從律師的忠告（100%）	在兩個月內我需要找另一間房子是會有一些困難。但是我誇大了財務一團糟的狀況，而且我無法預知我應該不應該找另一幢房子。我的律師對此事很有經驗，應該聽聽他的意見，這個匾域有很多房子要賣，表示房地產市場不錯，賣房子應該是明智的抉擇（100%）	自動化思考（30%）焦慮（30%）
準備週末外出	生氣（80%）	我已經累到無法做任何事了，為什麼我的丈夫不能幫我一點忙？（80%）	因為憂鬱，所以我比平常更累。我不需要今晚就收拾好行李。約翰無法預知我的心思，如果我要求，他將會幫助我（100%）	自動化思考（0%）憂鬱（50%）

（續）表4.4　自動化思考與如何回應它的例子

情境	情緒（評量強度，0-100%）	自動化思考（評量相信程度，0-100%）	回應（評量相信程度，0-100%）	結果（再次評量自動化思考的相信程度與情緒強度）
小孩為看電視節目而爭吵	生氣（100%）憂鬱（100%）	孩子們真的對我很生氣，因為我是個差勁的母親（100%）	孩子們通常都會為此事而爭吵，我朋友的孩子也是如此。我常把自己牽扯進與我無關的事件中。有什麼證據證明我是差勁的母親？什麼樣子才是差勁的母親？我將用另一張記錄紙，寫下支持與反對我是一位差勁母親的證據（80%）	自動化思考（30%）自動化思考（30%）焦慮（50%）
為小孩拍照	焦慮、憂鬱（90%）	我無法享受任何事，我是一位沒有用的父親而且是一個失敗者（100%）	無法享樂是憂鬱症的一項症狀。我並不是總是如此，甚至於現在，如果我不稱呼自己是沒有用和失敗的人，並停止煩惱，我是可以享受某些事情的。我知道我既不是沒有用的人，也不是個失敗者，我有專精的工作，而且孩子與我在一起似乎也很快樂（100%）	

(續)表 4.4　自動化思考與如何回應它的例子

情境	情緒（評量強度，0-100%）	自動化思考（評量相信程度，0-100%）	回應（評量相信程度，0-100%）	結果（再次評量自動化思考的相信程度與情緒強度）
女兒告訴我白天銀行來電話。並沒有一致的信息	焦慮（80%）	有些事對我們發生的財務狀況真的很重要。貧窮隱然已經顯然顯現了（80%）	災難化思考，勿忙做結論、預知未來。上星期我才剛檢查過銀行的收支平衡，並未發現任何問題。可能是我支票的日期弄錯了，打個電話解決問題在哪裏，之後我才能為此做些什麼。不能用想像的方式來解決問題（100%）	自動化思考（30%）焦慮（40%）

三、根本基模與潛在假設

接近治療結束時，也許是在療程的四分之三時，認知治療師將會嘗試指明並修正病患的基本態度，依據情緒障礙的認知理論之階層模式（參見第二章表2.1與表2.3），這些基本態度被認為是憂鬱因子或焦慮因子，在生病時它變成具優勢地位，並導致特殊不良功能的自動化思考。雖然治療師可能在治療早期，即對病患特異性的信念和規則就有不錯的見解，但是在初期比較適當的做法，還是處理行為問題和自動化思考。概念上這可以視為憂鬱或焦慮的上層結構，而根本基模是它的基石。這種策略與理情治療（RET; Ellis, 1962）形成強烈的對比，因為理情治療在治療初期就開始處理基本信念。認知治療則認為太早挑戰基本信念將帶來反效果，因為病患會感到受威脅並且抗拒改變。再者，治療後期，病患已發展出質疑與修正信念、態度所需的認知技巧。

根本基模在某些重要的面向不同於自動化思考，它是抽象概念，而且病患通常無法察覺，因此稱之為「潛在假設」。它受個人社會與文化背景的影響，它與「適應態度」之間的不同僅在於形式上，亦即太過於一般性、太過於僵化且無法清楚區辨。因此，不能說它是完全錯誤，就像是妄想信念或自動化思考。所以治療師的目標並不是企圖完全改變病患的態度或信念，只是單純地想導入更多的彈性和可塑性，當然，這個目標需要公開地與病患分享。

四、確認根本基模的技巧

表4.5列出確認基模的技巧。

不論是在治療會談中出現或記錄於「不良功能認知記錄表」中的自動化思考，治療師與病患可從中選擇並嘗試抽取出一般性

表4.5 確認基模的技巧

1.從特殊的例子中，抽取一般性規則

2.尋求共同的主題

3.找出以「應該」來呈現的個人規則

4.說出病患話中隱含的意義

5.使用不良功能態度量表（Weissman & Beck, 1978; 見附錄1）

6.利用「往下想」的技巧，探究自動化思考的邏輯性涵義

規則（general rule）。治療師不管是從自己的治療記錄，或治療中收集的記錄表格，或要求病患重新閱讀家庭作業的記錄。然後詢問病患。「從這些抽出的想法中，是否反應出你將它運用在大部分情境的一般性規則？」

如果病患無法成功地抽取出一般性規則，治療師可以詢問病患：「對你來說這似乎是……？」之後與病患討論這樣的意見，然後重新界定它，並讓病患用自己的語彙說出來。

以下是一位男性病患抽取出的一些想法：

「我誤點了，我將無法得到講師的職位，我老板認為我做事太沒組織。」

「我不想見我的朋友，他們只會提醒我自己是一個失敗者。」

「為了一個無聊的問題，我將生活弄得一團糟，我沒房子、沒錢、沒老婆，人們不會尊重我。」

「我厭惡工作，我從未做好它，我父母將為此蒙羞。」

「如果我把這個工作搞砸了，那我的未來將暗淡無光，沒有人會想瞭解我。」

「我將治療弄得一團糟，我太失敗了，B醫生將很快的對我失去耐心。」

「我把與女朋友的關係搞砸，她是出於同情才來看我。」

這些想法伴隨著強烈的憂鬱、失望和焦慮的感受。當治療師詢問他，這些想法是否反應某些更基本的信念時，病患回應：「是的，我相信自己是個完全的失敗者，但是我們已經努力對抗它，而我再也不相信它了。」

> 治療師：……是的，你視自己為一個失敗者，但是關於自己
> 　　　　是個失敗者，從這裏能不能看出一般性的信念？
> 病　人：我瞭解你的意思，人們不喜歡失敗，他們不尊重
> 　　　　你，他們不愛你。
> 治療師：誠如你相信的，這聽起來像是，除非你成功，不然
> 　　　　沒有人會喜歡你。
> 病　人：嗯……嗯……
> 治療師：對吧，所以你的信念似乎是：「人們尊重並喜愛成
> 　　　　功的人，我並不成功，因此，沒有人喜歡我。」是
> 　　　　這樣嗎？
> 病　人：是，就是這樣，沒錯。

因此，治療師試著用三段論證的形式來呈現出根本基模，這是無懈可擊的邏輯，除非假設前提是錯的。當信念可用此種形式呈現時，它將很自動地導向改變的方法（見下一章節）。

關於憂鬱病患經常被發現的典型信念有：

1.需要在任何時間都獲得他人的愛：「人們無法快樂，除非
　有人愛你。×不愛我，因此我無法快樂。」
2.成功的需求：從上述的例子，在每件事都成功，被視為

愛、尊重、讚賞或快樂的前提。

3. 肯定的需求：不肯定或批評總會引起不快樂或失去自我價值。「如果有人不肯定我，那我就是一無是處。」

4. 全能的需求：「我應該知道所有事情，瞭解每件事並且不犯任何的錯誤，如果不這樣，我就是個沒用的人，人們將不會尊重我或愛我。」

5. 自主的需求：「不用從他人獲得協助，我就應該能夠獨自做事，否則，我就是個沒有價值的人，不值得他人的尊重與肯定等等。」

6. 考量彼此的權利義務：「如果我行為親切，其他人就應該體貼、公平、誠懇且仁慈的回報我。」

7. 需要永久不變的道德規律：「我應該做對的事，關心且對他人好，如果不這樣，我就是一個壞蛋。」

8. 做事需要求完美：「凡事都應該求完美，如果不這樣，那我就是個沒有價值的人。」

對於依賴型的個案（參見第二章），基模通常與他人的愛、情感、肯定和尊重有關，而自主型的個案，基模則與自我價值、全能、成功、自主、自由和完美主義有關。

對於焦慮病患，雖然也會發現上述的基模，但是更常見和根本的基模如下所述：

1. 控制需求：「如果我無法完全控制情況，將會發生不太好的事情。」

2. 需要一致的保持警覺：「如果我不總是保持警戒和擔憂，那將會發生不好的事情。」

3. 需要逃避未知的情境：「如果這是新的情況，我應該無法

因應。」

4.需要時常保持平靜：「如果我感到緊張，我將會越來越緊張，讓自己看來像個傻子，或是會發生很可怕的事。」

5.在所有情境下，需要比其他人更有能力：「如果我無法懂得或貢獻像別人那樣多，我應該會感受到自己的無能。當我感到無能時，我就會焦慮。」

　　在治療的早期，經由與病患溝通的共同主題（common themes），治療師會從中覺察到病患潛在的假設，在上述的例子，其共同主題是關於成就與他人的愛／尊重。治療師將一再重現的主題記錄下來，將有助於往後的治療，當治療師決定開始處理病患的假設前提時，就可以將它提出來討論。以下是治療師如何介紹這部分的治療：

治療師：我們已經花費了數個星期，在檢視與挑戰伴隨著憂鬱和焦慮感受的自動化思考。現在你已經很專精於此了，你也已經可以做很多你想做的事，並且可以愉快的享受它，是這樣嗎？

病　人：是的，有一點。有時我仍會心情低落和內心抽痛。

治療師：當然，這需要一段時間才能平復這種心情，我想對我們來說，現在正是一起來檢視某些基本信念或態度的時候，就是這些信念導致你使用某種特殊方式來解釋你面對的情境，因而造成不愉快的感受。有很多的方法可以嘗試，我建議從這幾星期來你完成的記錄表開始，檢視一再出現的主題和語彙，它將會給我們某些線索，你認為可以嗎？

病　人：我可以試試看。

治療師：很好，我們就從這裏開始，接下來的這個星期，就
　　　　將它當做你的家庭作業，可以嗎？我已經從我的記
　　　　錄中整理出一些，下週見面時我們可以一起拿出
　　　　來，看看有什麼發現。

　　這種取向強調治療師關懷與合作的關係。相似地，經由慎重
的傾聽，治療師可以注意到病患話語中隱含的意義，然後與病患
分享他的瞭解來檢驗他的瞭解是否正確。病患可能認為來看心理
治療師是脆弱的象徵，問同事資訊也是脆弱的象徵，向路人問路
是令人困窘的。治療師可以列舉這些意見並指出：「這些擔心似
乎顯示你認為自己應該知道所有事，獨自完成任何事，否則你將
是脆弱的，但你不應該是這個樣子的，是嗎？」然後可以繼續追
問：「好的，你相信這些是脆弱的象徵，而且你自己不應該如
此，那請你告訴我，偶然顯現出自己的脆弱，為什麼是很糟糕的
呢？」然後病患就可以明確地說出他的根本基模。「我將會失去
對自己的尊重，他人也會不再尊重我，我將會一無是處。」然後
治療師就可以依據病患的邏輯說出病患的潛在假設：

1.脆弱的人需要他人的協助
2.脆弱的人沒有自尊，也得不到他人的尊重
3.沒有尊重我就一無是處，因此不可以表現出脆弱的一面。

　　病患的個人規則表現在對自己與他人行為的「應該」話語
中，治療師注意這部分將有助於確認基本信念。這些「應該」可
能與從他人身上感受到的行為有關，也可能與完美需求或過度的
高道德期待有關。治療師可以經由整理病患的談話，帶點幽默與
委婉的強調這些「應該」。我們發現病患會吸收，且開始挖苦這

些「應該」，甚至會挑選出治療師未注意到的「應該」。

附錄1的不良功能態度量表（DAS; Weissman & Beck, 1978），是一份自我評量的問卷，一共四十題，七點量尺，用來測量不良功能信念的強度，雖然它原先是一份研究工具，但它可以與前述提到的方法合併使用，來找出基本信念，每個題目的得分，若是6或7分，則表示過分僵化的態度，可以在會談中加以討論。

最後，從自動化思考邏輯意涵的揭露，使用「往下想」（downward arrow）技巧可以非常有效率的找出基本假設。以下二個範例是從Blackburn（1987）的書中摘錄出來的。使用這項技巧時，不需要立即挑戰自動化思考，只要接受它是眞實的直到最底層爲止。

個案1
病患是一位秘書，二十三歲，離婚後與三歲的兒子住在一起。在「不良功能認知記錄表」上做了以下的記錄：

・情境：我打電話給我的朋友，她的兄弟告訴我她不在家。
・情緒：悲傷（100％）。
・自動化思考：她一定告訴她兄弟，如果接到我的電話說她外出了。

使用「往下想」技巧的練習如下：

治療師：好的，假如她確實告訴她兄弟，如果妳打電話來就說她外出了，爲什麼這讓妳那麼困擾？
↓
病　人：這意味著她不喜歡我。

治療師：假設這是眞的，她不喜歡妳，那對妳來說的意義是
　　　　什麼？

↓

病　人：這意味著我做錯了些什麼，否則她不會試著躲我。

治療師：假設這是眞的，那對妳來說的意義是什麼？

↓

病　人：這意味著人們將不願意與我一起做任何事，他們會
　　　　拒絕我。

治療師：假設這是眞的，那對妳來說的意義是什麼？

↓

病　人：這意味著我不值得愛，完全沒有價值。

治療師：假設這是眞的，那對妳來說的意義是什麼？

↓

病　人：這意味著我的生活不值得過下去。

　　之後治療師停止這項練習，然後詢問：「這是否意味著妳相
信，除非每個人都喜歡妳，否則妳就是沒有價值的人，而妳的生
活也不值得過下去？」病患可能會修正這個信念成：「可能不是
每個人，但至少是大部分人。」

個案2

　　病患是男性公務員，四十三歲，在剛請完假回來工作的情境
下，有時候會突然感到焦慮，在家庭作業裡他寫下以下的例子：

・情境：星期一時再次開始工作。

・情緒：焦慮（60％）。

・自動化思考：如果同事問我發生什麼事，那我要如何回
　　答？他們可能會認爲我不認眞，只會偷懶。

治療師：如果他們真的這樣想，那為什麼讓你這樣困擾？

↓

病　人：同事將會批評或譏笑我。

治療師：假如這是真的，那對你來說的意義是什麼？

↓

病　人：他們會認為我人不好，只會欺騙。

治療師：假如這是真的，那對你來說的意義是什麼？

↓

病　人：這意味著我人不好而且低劣。

治療師：假如這是真的，那對你來說的意義是什麼？

↓

病　人：這意味著同事們將看輕我，不尊重我，那我就是一個一無是處的人。

治療師：這是否意味著你的價值，必須依賴不同的人對你的讚賞？如果有人不讚賞或認為你人不好，就代表你是個沒有價值的人？

　　這個結論得到病患的認可，之後病患提供許多例子來說明這樣的想法是多麼地堅定。他擔心同事怎麼看他，甚至擔心推銷商怎麼看他。之後，治療師做了以下的結論：「你相信你的價值，是不同人們對你讚賞的總和，越多的讚賞，表示你越有價值，讚賞太少，就顯示你沒有價值，我說得對嗎？」

五、修正基本假設的技巧

　　表4.6提供一些主要的方法，可以用來消弱憂鬱與焦慮病患僵化的基本假設，就像本節一開始所指出的，這些假設或基模僅需要程度上的轉變，並不需要完全改變或用相反信念來替代。可

表4.6　修正基模與信念的技巧

1. 為持有信念的優缺點加權

2. 檢視支持與反對的證據

3. 挑戰「往下想」練習中的每一個論點

4. 對比個人規則的長期與短期效用

5. 質疑個人契約的有效性

6. 現實測試：測試違反規則帶來的後果（反應預防）

以理解的是，治療師並不是要將完美主義者改變成毫不在乎的人，或將高道德標準者改變成自私鬼。讓病患瞭解此種觀念是很重要的，否則他將會感到自己核心信念是全然地被貶低。相似地，治療師必須考量每個人的宗教信仰、他所處次團體接受的態度，以及個人特殊的性格特徵和生活型態。如果病患並不認為自己的基模是可笑或被貶抑的，當治療師企圖矯正它時，溫和地蘇格拉底式對話就顯得特別重要。自主型的病患需要自由與掌控感，而社會依賴型病患則不喜歡明白的不肯定或拒絕。

　　我們一旦發現潛在假設變成可以明確地用口語表達時，病患通常會因為那種過分誇大和過分簡化的特性所衝擊，讓他開始消弱信念的強度。然後，從基本假設的定義，這些信念已經存在很長的一段時間，而且從未被質疑過，因此它需要二或三次會談的處理，而且需要使用一種以上表4.6所列舉的技巧。

　　可以想像的是，在生命中的特定時刻，這些行為的一般性規則一定被證明是有用處的。所以，可以要求病患列舉信念的優缺點，評估其重要性（用百分比），然後分別總加後再相減。病患在想優缺點時會有困難，此時可經由詢問來協助病患，但千萬不可直接告訴他。治療師可利用先前討論過的困擾情境當為範例，以下的三個範例是我們臨床治療上的三位病患，在《面對憂鬱

（Blackburn, 1987）的自助手冊中，也有相同的範例。

例 1

　　基本假設：我必須讓每個人都喜歡我。如果人們不喜歡我，這表示我是個沒有價值的人。

這個信念的好處	這個信念的壞處
1.它讓我在每個人面前都表現良好。　　　（100％）	1.它使我在面對不同人的喜愛時變為脆弱。　　　（100％）
2.人們將認為我是個好人。　　　（100％）	2.因為每個人都不同，我必須在不同人面前做許多不同的事，來試著同時取悅大家。（70％）
3.我可以有很多朋友。　　　（100％）	3.我發現為了取悅人們，我總是做自己不想做的事。（80％）
	4.我無法表達我的觀點，因為那會造成大家的不悅。（50％）
（＋300％）	5.我需要不斷的確認人們是否喜歡我。（70％）
	6.如果有人情緒不佳，我會認為他是針對我，這會讓我的情緒感到很糟糕。（100％）
	7.人們不喜歡我，這會讓我開始逃避社會情境。（100％）
	8.因為要讓每個人都喜歡自己是不可能的，我將自己放置在沒有任何贏面的情境中，因而讓自己感到憂鬱。（100％）
	（－670％）

雖然病患從潛在假設得到好處，但失去的成本更多，所以取其平衡點，採取不是「非黑即白」的信念將更有好處。這些信念就像：「讓人們喜歡自己是很棒的事，但是我並不需要每個人都喜歡我，我個人的價值，並不只是依賴我所遇見的人的愛和情感。」

例 II

　　基本假設：任何事都必須做到完美，如果不這樣，人們將會不尊重我，而我就是一個沒有價值的人。

這個信念的好處	這個信念的壞處
1.這讓我會更努力去做好每件事情。　　（80％）	1.這會增加我的焦慮，所以我的表現會打折扣。　　（100％）
2.這讓我工作會做得更好、更成功。　（100％）	2.因為可能會失敗，所以我會停止去做很多自己原本想做的事。　　　　　　（80％）
3.當有些事做得不錯時，我感覺真的很棒。　　　　　　　　（100％）	3.這讓我老是批評自己，所以做任何事我都得不到快樂。　　　　　　　　（100％）
＿＿＿＿＿＿＿ （+280％）	4.我無法讓每個人注意到我所犯的錯誤，因此我會錯失一些有價值的建設性意見。（60％）
	5.當我不斷批評時，我會變得防衛且容易生氣。　（50％）
	6.我的成功正在式微，因為任何後來的失敗，將會抹殺先前的成功。　　　　（60％）
	7.我變得非常無法忍受其他人，因為我看見太多他人的過錯，讓我無法溫暖和友善的待人。

　　　　　　　　　　　　　　　　　我想終其一生我將不再會有任
　　　　　　　　　　　　　　　　　何朋友。　　　　　（70％）
　　　　　　　　　　　　　　　8.我從未認為自己還不錯，因為
　　　　　　　　　　　　　　　　自始至終都要做好每件事是不
　　　　　　　　　　　　　　　　可能的　　　　　（100％）
　　　　　　　　　　　　　　　9.因為失敗讓我感到如此的困
　　　　　　　　　　　　　　　　擾，所以我無法將它視為有價
　　　　　　　　　　　　　　　　值的經驗，就無法學到下一次
　　　　　　　　　　　　　　　　要怎麼做比較好。　　（50％）

　　　　　　　　　　　　　　　　　　　　　　　　（－670％）

　　接下來的討論可以引導至更具彈性的相同假設：「如果我比
較不強調完美，我將可以比較不焦慮。這將會讓我的表現更好，
而我一定更能享受我的工作和休閒活動，完美是一種理想，但它
並不存在於現實生活中。追求無法達成的事，只會損失我更多的
時間和精力。」

例III

　　基本假設：我的價值依賴他人的肯定，如果有人不肯定我或
認為我人不好，這意味著我是個沒有價值的人。

這個信念的好處	這個信念的壞處
1.這會讓我工作做得更確 　實。　　　　（100％）	1.這讓我過度注重自己，總是注 　意他人是怎麼評價我的。 　　　　　　　　　（100％）
2.這讓我會考慮他人的立 　場。　　　　（100％）	2.這讓我在某些情境下更無法自 　我肯定，讓我感到人們都在占 　我的便宜。　　　（50％）
3.這讓我受人歡迎。	3.如果人們越瞭解我，並察覺我

（100％）
_____
（300％）

的過錯，這將會讓我更遠離他們。　　　　　　　　（70％）

4. 我只能在少數人面前感到舒適，像是家人與女朋友。
　　　　　　　　　　　（70％）

5. 如果不是百分之百正確，那我就無法說出我的想法。
　　　　　　　　　　　（40％）

6. 工作時，如果我的同事認為我做得不對，那我將會感到不安。　　　　　　（100％）

7. 幾乎是每一天，只要有人說些什麼，而我將它解釋成對我的批評或不肯定，這將會讓我感到憂鬱。　　　　　（80％）

8. 如果是之前我做得不好的事情，我會避免再去做它。
　　　　　　　　　　　（80％）

9. 如果他們認為我無知又無能，那對於我不懂的事情，我也不會問他們。　　（60％）

_____
（－650％）

　　因此結論是：「需要每個人的肯定，讓我大部分時間都感到憂鬱且焦慮，而且行為也受到局限。有他人的肯定是值得欣慰的，但是我自己的標準和判斷跟他人一樣重要，因此，我的價值不能只依靠他人的意見。」

　　當然，這樣的練習無法立即改變一生以來所建立的基模，因

此可將練習時寫下的表格影印給病患保留，並將它當做家庭作業，要求病患在未來一週中，有任何的想法都要將它記錄在表格裏。再者，不論何時當他遭遇會引發困擾的典型情境時，他必須將它記錄下來，並且在意識上努力的複誦已經矯正過的基模。

治療師也會質疑支持病患信念的證據，例如，有人不被某些人喜歡，那他真的就沒有價值嗎？那他可以不喜歡某人嗎？那個人是不是就沒有價值？那他可以喜歡某個人嗎？那這個人是不是大家都喜歡他？那他是不是總是讓每個人感到欣喜呢？有沒有什麼時候他會說「不」呢？

病患能否想到有人總是成功且受人尊重嗎？那這個人是不是做任何事都很完美？他的表現是不是都達到一致的水準？病患用什麼眼光來看待他？他會不會因為自己犯錯而認為他是沒有價值的呢？實際上，他知道每個人是否都將事情做得很完美嗎？

對他喜歡與尊重的人，所做的任何事都予以肯定嗎？如果他不欣賞其他人的某些習慣或行為，那會降低他個人的價值嗎？那麼是不是每一個人都喜歡與肯定他們？

當病患可以用這種方式來檢視他所持信念的證據，而且發現很多的矛盾點時，將會考慮修正他的信念，這將讓他比較可以免於憂鬱與／或焦慮的傷害。

前述章節介紹「往下想」技巧來確認基模，亦可適宜地應用來修正最底層的基本假設，這時每一層想法均需加以檢視與挑戰，就像修正自動化思考一樣（見102至114頁）。例如，第一個案例的想法可以用以下的方式加以回應：

想法：她一定告訴她兄弟，如果接到我的電話就說她外出了。

回應：我太匆促做結論了，並沒有證據說明她確實這麼做，

在這之前她不曾這麼做過，這樣做並不像她的爲人，
她可能不知道我會打電話，特別是心情低落後，我已
經有一段時間沒有與她聯繫。

想法：她不喜歡我。

回應：她最近才關心過我，從學生時期開始，不計甘苦她都
　　　是我的好朋友。哪裏有證據說她不喜歡我？

想法：我做錯了些什麼，否則她不會試著躲我。

回應：首先，並沒有確實的證據顯示她在躲我——之前她從
　　　未如此。這時候就是她眞的在躲我，那也不意味著我
　　　做錯了些什麼。她可能身體不適或太忙了，誰知道
　　　呢？我太容易將他人的行爲解釋成與自己有關係，但
　　　它可能一點關連都沒有。

想法：人們將不願意與我一起做任何事，他們會拒絕我。

回應：我過度類化了，雖然人們都有些不同，但我認爲每個
　　　人都是如此。有些人可能會不喜歡我，但是我知道有
　　　些人會喜歡我。畢竟，有我不喜歡的人，還蠻受他人
　　　歡迎的。

想法：我是不值得愛，完全沒有價值。

回應：如果有人不喜歡我，並不表示我不值得愛，他們不是
　　　仲裁者，可以決定誰值得愛，誰又不值得愛。人們有
　　　各種喜愛和不喜愛的典型。我知道我有過錯，但誰又
　　　沒有呢？我也有許多特點，我的治療師把它稱爲資
　　　產，我記得幾星期前我們才將它列在一張記錄表上，
　　　檢視所有證據後，我才很訝異原來我還不錯。因此，
　　　不論其他人怎麼看我，我自己本身，就是有價值的。

想法：我的生活不值得過下去。

回應：我生活的價值，並不是依賴人們喜不喜歡我。我已經

瞭解自己本身就是有價值的。而且我生命中有許多有
價值的事，像是我的孩子、父母、工作以及許許多多
的好朋友。

　　另一種方式是協助病患對比個人規則的長期與短期效用，自
我控制模式（self-control model）（Kanfer, 1971; Rehm, 1977）特
別強調情緒障礙在自我監控能力的缺陷。研究發現焦慮與憂鬱病
患會選擇性注意行為的立即結果，而較不注重遲發的後果。利用
範例呈現個人規則優缺點的對比，對病患而言通常是有益的，但
經常只有短期效果。完美主義者因為工作做得好而且可掌控環
境，所以感覺很棒；而愛癮者（love-addict）則因為能交到新朋
友，且很多人均會關心自己，所以感覺也很棒。治療師可以指
出，病患的基本假設是可以協助他，成功的面對現在的特殊情
境，但是他能繼續保持嗎？他可以持續維繫相同的工作表現並保
證一定成功嗎？他可以一直交到新朋友嗎？有什麼快樂、滿足的
來源是他必須追求的呢？對挫折、失望、憂鬱和焦慮，他能免疫
嗎？因此，基本規則可能在短期有效用，但就長期來說，某種修
正的形式是否會更加有效呢？

　　相似的情況，治療師也可以質疑個人契約的有效性，潛在假
設總是以契約的形式呈現：如果我做……，將會得到……。例
如：「如果我做到他人所期望的，我將會得到他們的愛」、「如
果我不犯錯，人們將會尊重我」、「如果我對人都很好，他們將
會相對的回報我」治療師可以協助病患用較實際的觀點，重新商
訂他的契約。

　　治療師：我有一種感想，你好像與自己簽訂契約，強制自己
　　　　　　一定要完成，才能避免處罰：「如果我每件事都做

得完美無瑕，我將得到所有人的愛與尊重。」罰款
就是失去尊重、愛與快樂。

病　人：是的，聽起來就是如此，從孩提時期開始，我就一
直相信它。我母親就經常說：「如果你做得好，媽
媽將會愛你。」

治療師：是的，所以當你還是個小孩時，你就訂下這樣的契
約，現在你已經長大了，你認為這個契約還有效
嗎？你現在還要訂個相似的契約嗎？

病　人：這真愚蠢，但我從未這麼想過，雖然孩子們不曾有
訂契約的經驗。

治療師：對的，你能想像一個老板會允許他的小孩幫他簽訂
商業契約嗎？或者法學界會僱用一個小孩來訂定合
法的契約嗎？（病患笑了）

治療師：好的，讓我們試試更成人式的契約。

在會談討論後，最好是有適當的家庭作業，例如完成優缺點
的列表、回應自動化思考或檢視支持與反對的證據。對基本假設
做現實測試（reality testing）是非常有效力的方法，利用反應預
防法（response prevention），這是為了查證其後果而故意違反個
人規則。例如，病患為了怕被拒絕，而總是勉強同意他人的要
求，因此他可以練習在某些場合說「不」，並檢視他朋友的反
應。完美主義者會花費很多時間在工作上，讓它更完美，他可以
練習只花一半的時間在工作上。有些人為了避免焦慮，他必須在
所有狀況下都表現出自己很有才幹的樣態，那他可以藉由問問題
來宣示自己的不確定或知識不足，然後觀察人們是否因此而輕視
他，認為他一無是處。現實測試法對焦慮病患特別有必要，例
如，從事他們無法完全掌控的情境（就像社會互動）或會引發焦

慮情境（例如公開演講）的活動，然後檢視在沒有可怕事情發生的狀況下，他們是否可以忍受焦慮，這項技巧在行為治療已廣泛的使用，尤其是在處理強迫性或逃避行為。

結　語

　　本章我們運用文字和範例，介紹許多認知治療師在從事治療時，所採用的治療技巧。有些技巧在從事行為治療時也經常使用，但大部分均是認知治療所特有的。我們必須強調，此處所界定的技巧只是認知治療型態與方法的說明，並不是只有這些有限的技巧可以使用，在認知治療的語彙中，富有創造力的治療師將會視不同的狀況發展出適合不同問題的治療技巧。

References

Abramson, L. Y., Seligman, M. E. P. & Teasdale, J. D. (1978). Learned helplessness in humans: critique and reformulation. *Journal of Abnormal Psychology*, **87**, 49–74.

Bandura, A. (1977). *Social Learning Theory*. Prentice Hall, Englewood Cliffs, New Jersey.

Blackburn, I. M. (1978). *Coping with Depression*. W. & R. Chambers, Edinburgh.

Blaney, P. H. (1986). Affect and memory: a review, *Psychological Bulletin*, **99**, 229–46.

Brown, R. A. & Lewinsohn, P. M. (1984). *Participant Workbook for the Coping with Depression Course*. Castalia Publishing Co., Eugene, Oregon.

Burns, D. (1980). *Feeling Good: The New Mood Therapy*. William Morrow & Co., New York.

Clark, D., Salkovskis, P. & Chalkley, A. (1985). Respiratory control as a treatment for panic attacks. *Journal of Behaviour Therapy and Experimental Psychiatry*, **16**, 23–30.

Ellis, A. (1926). *Reason and Emotion in Psychotherapy*. Lyle Stuart, New York.

Kanfer, F. H. (1971). The maintenance of behaviour by self generated stimuli and reinforcement. In: Jacobs, A. & Sachs, L. B. (eds) *The Psychology of Private Events: Perspectives on Covert Response Systems*, pp. 39–59. Academic Press, New York.

Meichenbaum, D. H. (1977). *Cognitive Behaviour Modification. An Integrative*

Approach. Plenum Press, New York.

Pignatello, M., Camp, C. & Rasar, L. (1986). Music mood induction, an alternative of the Velten technique. *Journal of Abnormal Psychology*, **95**, 295–7.

Rehm, L. P. (1977). A self-control model of depression. *Behaviour Therapy*, **8**, 787–804.

Weissman, A. N. & Beck, A. T. (1978). Development and validation of the dysfunctional attitude scale. *Paper presented at the Annual Meeting of the Association for Advancement of Behaviour Therapy, Chicago.*

Wolpe, J. (1958). *Psychotherapy by Reciprocal Inhibition*. Stanford University Press, Stanford, California.

第二部分
認知治療的應用：
個案實例介紹

第五章
初次會談和概念架構

在這章，我們將以一位憂鬱症及一位焦慮症病人為例，陳述
認知治療的初次會談，以及在結束會談時所達到的概念架構，為
了方便說明，這二名病人的後續會談的資料在下兩章中也會陸續
呈現，治療此二名病人的方法在前面幾章都已介紹過，而為了保
密原則，病人的姓名及部分資料都已經加以修改。

一位憂鬱症的病人

一、轉介原因

珍妮弗，三十二歲的已婚女性，由於有自殺的可能，在門診
由家庭醫師轉介而來。

二、目前的病史

兩週以前，珍妮弗過度服用paracetamol藥丸有四十顆，服用
的隔天在她開始催吐時才告知她的先生。之後，她被送進一般醫
院的自行解毒中心住了兩天，但接下來，她開始不斷恐慌並有自
殺的意念。

在過去九個月中，珍妮弗和她先生每隔兩週都會去接受婚姻
治療，這項治療中，已深入地探討有關珍妮弗與父母親之間的親
密關係，同時，她必須與他們分開。

在出院後，珍妮弗和她先生連袂探望她的父母親，解釋原
因，不過，這卻是一次相當糟的拜訪，珍妮弗說了一些傷害父母
親的話。這使得她感到非常沮喪，並且想要自殺，她覺得她失去
了父母的愛和支持，她無法接受，這也使得她在近一個月來憂鬱
和失望的感覺持續加深。

三、心理狀態

珍妮弗是一位纖細、臉色有些蒼白的女性，無瑕的打扮，談起話來相當的平靜、有禮，不過她沒有目光接觸，哭泣時兩手稍有顫抖。她提到這樣的憂鬱狀態已有十八個月，只是過去三個月來這種情緒特別明顯。她認為自己已經是個徹底失敗的人，在早晨她會特別想要自殺。過去一年來，她的胃口相當不好，已經掉了9.35公斤，她的注意力亦在退化。此外，日常活動的興趣也在降低，她變得相當退縮，也不願去找朋友，過去八個月來，她甚至不能料理家務，這使得她先生不得不找了位朋友來協助料理家務，不過這樣一來，使得她感到更加的無用。過去一年來，她根本沒有元氣似的，對任何事都覺得沒興趣，對一點點兒的事就感到煩亂。她的睡眠品質相當不好，白天的作息也一直在低沉的狀態中。珍妮弗呈現心理和身體的焦慮症狀，伴隨著顫抖、反胃、心悸、胃絞痛、坐不住等相關症狀。

四、先前的精神病史

珍妮弗的憂鬱症在三年前即由家庭醫師開處抗憂鬱劑和抗焦慮劑加以治療，不過過去這段日子，三種藥劑的量一直加重。抗焦慮劑在一年前就開始加重，抗憂鬱劑六個月前加重；二週前，paracetamol也開始加重了！

五、先前的藥物服用史

無記載。

六、家庭史

珍妮弗的雙親目前仍健在，父親是六十五歲的退休公務員，

身體硬朗，與珍妮弗有相當好的關係，根據珍妮弗所言，他們之間是相互崇拜。母親，目前六十歲，據稱有不安和神經質的特質。珍妮弗認為她和母親也維持相當良好的關係。此外，珍妮弗的外祖母目前仍健在，她也保持固定去探望她的習慣。不過，珍妮弗宣稱他們家中家教甚嚴，相互之間是不允許表達生氣的。

珍妮弗是家中的長女，兩個已婚的弟弟目前住在國內不同的地方，她未婚的妹妹則一直與珍妮弗同住。不過珍妮弗認為她妹妹比她聰明，又長得漂亮，她對妹妹在家被寵的情形相當厭惡。珍妮弗家中成員沒有任何的精神病史，只是在她小時候，她母親曾患有神經質的問題，但據她所知，母親並未接受過治療。

七、個人的發展史

珍妮弗出生時為順產，她的童年過得有些平凡，在學校成績中等，但學校生活中容易被同學欺侮。十五歲時，珍妮弗就離開學校從事辦公室內的雇員工作兩年，接下來的三年間，她從事護理工作。珍妮弗十七歲就離開家，她保持每隔一週回家探望父母親一次。她全職的護理工作一直到她第一個寶寶出生為止，之後，就一直保持兼職的形式，三個月前，由於一再地患病和曠職等問題，使她遭到解雇。

八、婚姻史

珍妮弗在結婚之前從未交過男朋友。事實上，她一直有個長遠的計畫是要去讀神學院以便到國外傳福音。十年前，當她遇上現在的先生，吉米，一年內他們共結連理。吉米比珍妮弗長五歲，是一名公務員，對教會的活動亦熱情參與，婚後他們夫妻在城內的貧困區，從事大量的慈善工作，如拜訪教友、在他們家中舉辦禱告會，並協助他人所需。他們的家總是敞開大門，歡迎訪

友。由於吉米的一腳不良於行，使他無法開車，因此，珍妮弗在晚間常必須開車載先生一同參與聚會，正因如此，珍妮弗和先生之間極少有時間一同從事休閒活動。

他們夫妻一共有三個孩子，老大及老三是女生，老二是男生，分別是八、四、六歲。老大、老二目前都已入小學，老三還在托兒所上部分時制的課。

九、診斷

單極原發性的憂鬱症，內因型。

十、嚴重程度

中等的嚴重度，有明顯的自殺風險，Hamilton憂鬱量表為28分（17題的版本）；Beck憂鬱量表為30分。

十一、臨床上的處遇

在過去十五至十八個月間，病人皆服用適量的三環抗憂鬱劑，治療上的選擇包括單胺氧化酶抑制劑、電痙攣治療或心理治療。醫療團隊決定在開始階段採取認知治療。珍妮弗此時需要住院，而出院後的門診治療必須儘快安排。

認知治療的初次會談 (一)

治療師：我們昨天見面時，主要是討論妳最近的心情和生活狀況，這包括妳的家庭和父母。我想瞭解的是妳自己的心情有多糟，以及目前困擾妳的症狀，這些瞭解有助於檢視妳在治療中的進展。今天我比較想瞭

解的是妳自己本身特別困擾的問題，以便進行治療的計畫。這樣討論如何？

病　人：妳認為妳要幫助我嗎？現在什麼事都糟透了，根本什麼都做不了，沒有什麼事是可改變的！

治療師：是的，我知道這是目前妳相信的，妳告訴我為什麼妳要自殺，我倒是想和妳一同來談談這個問題，看看我們一起，是否可以找到不同的解決方法。妳覺得這值得談談嗎？

病　人：也許吧！

治療師：好的，我們將有一個小時，我計畫來看看目前妳生活上各方面都面臨哪些困難，然後再向妳談談認知治療是如何看妳的問題的，之後，再看看妳怎麼想？

目前在生活中妳認為有哪些問題？……妳又怎麼認為這些問題都難以處理？

　　治療師排定會談流程，並建立相互合作的關係，同時正詢問病人的反應（見表3.3）

病　人：每件事，所有的事都遭透了，我什麼事都做不好！

治療師：妳認為生活上所有的事都做不好？

病　人：是的，我是一無是處的！

治療師：這樣失敗妳的感覺是什麼？

病　人：我是個壞媽媽、壞妻子！

治療師：妳感覺到做一位母親和妻子的角色，妳都失敗了，還有其他方面妳也覺得妳失敗了嗎？

病　人：我是個壞女兒、壞姊姊、壞朋友、壞基督徒，所有

的角色都是！

治療師：讓我們一個個來看看，妳如何說妳是個壞媽媽？

病　人：照理講我是個受過訓練的護士，但我卻無能照料我的孩子們，我沒法和他們玩或撫慰他們，這項工作和家務事反而都落到一個朋友和我妹妹身上了！

治療師：不能照顧孩子這種狀況有多久了？

病　人：三個月了！當我看到孩子們需要安撫時，不找我而找我妹妹，我真是又痛恨又妒忌。

治療師：孩子他們一直都如此嗎？

病　人：越來越嚴重，他們不再喜歡我了！

治療師：當妳想他們不再喜歡妳了，妳的感覺如何？

病　人：失望，如果他們沒有我，他們會過得好一點兒！

治療師：妳的意思是說如果妳自殺了，孩子們會快樂一些？

（病人開始哭）

治療師：我瞭解這個部分相當重要，等一會兒我們要再回來討論──看看為什麼妳感覺妳乾脆死了的感覺。不過讓我們再來看看另一個讓妳感到失敗的角色，什麼讓妳覺得妳也是個不好的妻子？

病　人：可憐的吉米，他工作那麼辛苦，但當他回家後，他卻得不到休息，我們的性生活已經不存在了！

治療師：妳感覺妳必須為此責備自己？

病　人：當然，不然還要怪誰，我告訴妳我是一無是處的！我對孩子疏忽，讓先生的生活掉入不幸；我已不能忍受我妹妹住在我家，她就將要搶走一切！兩週前我對我父母親大吼大叫，讓我母親哭了！我不想再見到我的朋友們，因為我嫉妒他們，我認為他們要把吉米搶走了！我也放棄了在教會、週日學校的

課、插花課、拜訪朋友等等，我是這樣糟糕而且懶惰，一個朋友現正在處理我的家務，我也不再能做這些了！（病人開始啜泣！）

治療師：我瞭解妳許多事都責怪自己，事實上，妳認為妳自己事事都失敗，即使不是如此，但也讓妳深以為此。我們等一下再來看看是否妳真值得這樣譴責自己，此刻妳真的有像妳說得那麼糟嗎？我認為妳對自己太嚴厲了！我們會好好談談這部分的。讓我們再看看其他生活上困擾妳的問題。

注意，在此階段治療師並不嘗試進行任何的修正或介入，她主要的目的是在對病人的問題有一個一般性的想法。她對病人所言摘述，並溝通和瞭解，同時也審視須治療的其他方向問題，特別是，她也讓病人知道，她瞭解病人的自殺意念。

病　人：對了，我曾和Ｔ醫生討論過，我有個長久以來的問題——我和父母親之間的關係。Ｔ醫生說，我還沒有切斷臍帶，這是個病態。是呀，我，一個有三個孩子的已婚女性，在探望父母後離開時，卻仍會哭泣。我們家中有非常緊密的關係，我想我是不該結婚的。

治療師：在哪方面妳感覺到這「未切斷的臍帶」帶給妳困擾？

病　人：我為我的家庭和父母之間感到難過，我爸媽對吉米一直沒有好感！也許他們是對的！我應該去上大學，去追尋爸媽期待我發展的生涯，而不是去與吉米結婚。我想要做個傳教士，去造福大眾，如果我

選擇這樣，現在我就不會這麼一團糟！我是該做個傳教士的，我想這才是上帝要我做的！我現在正是因為未完成祂的心願而遭懲罰的！

治療師：妳真的這麼相信嗎？如果妳沒結婚，唸了大學，也做了傳教士，妳真的比較好嗎？百分之百？

病　人：我不知道，這就是問題呀！我每天都無精打采的，我不能睡覺，不能用心去思考，我已經不知道什麼是對什麼又是錯了！和妳談我的婚姻，這似乎有些不忠於我的先生。

治療師：所以另一個妳在意的問題是妳和父母親之間的關係，妳希望取悅他們，同時也質疑妳的婚姻。此外，妳的睡眠受到影響，妳也感到疲憊，又不會做決定，好像妳也責難自己是否不忠，因為妳懷疑妳結了婚是否有做對。這樣說對嗎？。

（病人點頭表示同意）

再一次，治療師做了一次摘要，以表示她的瞭解，同時，也讓問題變得較容易解決。

治療師：是否還有其他方面的問題？

病　人：我以為我現在真的很懶！我先生也這麼認為，他說我沒志氣，我沒法忍受看到家裏現在這樣亂，我曾經把家裏理得相當好，現在妳應該看看有多亂！

治療師：妳說過去妳為料理家務的成就感到驕傲？

病　人：我不知道，但我不能忍受亂，我總是喜歡每件事都完美，每件事都有它的定位。

治療師：妳是說妳讓家裏整理得「完美」，也包括對三個孩

子和一份工作嗎？

病　人：事實上，這讓吉米感到不自在，他曾告訴我這麼乾
　　　　淨會限制了孩子們的行動——讓屋子像個博物館而
　　　　不是個家。

治療師：妳有何感受？

病　人：生氣，他這樣說讓我相當生氣，家裏都像是個豬舍
　　　　了！家裏有太多事要忙了！我能忍受孩子們不收拾
　　　　他們的玩具，但吉米不該也這樣！

治療師：當妳生氣時，妳都做什麼？妳有讓他知道嗎？

病　人：我壓抑下來，我感到罪惡，一個人是不該生氣的！

治療師：妳曾對其他人生過氣嗎？

病　人：是的，但這是不對的！我對我妹妹生氣，她總是對
　　　　的，讓我感到不如她；兩週前，我甚至對我父母親
　　　　怒吼，因此我服了過量的藥，我想他們不會原諒我
　　　　了！

治療師：他們有這樣說 —— 他們不再原諒妳嗎？

病　人：沒有，但我母親在我小時候曾對我說過 —— 生氣
　　　　是很糟的，也是錯的，這表示一個人缺乏自我控
　　　　制，也不是基督徒的樣子！

　　治療師注意到病人的完美主義和對表現出生氣的道德判斷，
但在此階段並不嘗試去做探索。

治療師：好的，珍妮弗，讓我試著簡述一下到目前妳所告訴
　　　　我的，我們再一同看看我瞭解的是否對？
　　　　妳的心情長久以來一直很糟，但過去三個月來尤其
　　　　嚴重。

妳認為妳在很多的角色上皆十分失敗，像是母親、妻子、女兒、姊姊，朋友和一位積極的基督徒。妳為此相當責怪自己。

妳感覺低落，妳常哭，妳感覺精疲力盡，同時難以做決定。妳沒法料理家事，因此妳說妳自己懶惰，妳一再責備自己，因為妳不能維持妳在清潔工作上的高標準！

長久以來，妳與父母親之間一直有問題，妳感覺到過度的依賴他們，這使妳側身在他們和先生之間感到痛苦，事實上，妳也感到也許妳不該結婚，但妳又譴責妳自己這麼想！

還有關於生氣的問題——某些人、某些事確實讓妳生氣，妳也責備自己的「生氣」，因為妳認為這樣是不對的，也非基督徒所為。

事情已變得這樣的糟，過去兩週妳服用了過多的藥，妳仍想要自殺，這種念頭也讓妳感到害怕，這樣說對嗎？我是不是抓到要點？是否妳想要再補充看看？

治療師拆解病人所言，劃分為不同的方向，與病人溝通的程序上，是讓病人瞭解到治療師是非常專注的，並同時將她表達中明顯和內隱的想法都摘述出來。這也引發了可能的解決，促成其對治療目標的優先順序，並激勵病人有希望感。

（病人又開始哭泣）

治療師：現在妳心裏在想些什麼？是我說了什麼讓妳哭了嗎？

病　人：不是，我正想妳一定發現到我是這麼病態，妳大概從未接過我這樣的個案吧！

治療師：這是妳目前閃過的念頭嗎？妳的感覺如何？

病　人：無望的，沒有人能幫忙我！

治療師：所以，妳也在讀我在想什麼？妳知道我正在想是什麼讓妳哭了起來！

　　治療師露出微笑，在此刻表現出一些幽默以降低病人的緊繃狀態。

（病人也露出微笑）

治療師：好吧！讓我來告訴妳我在想什麼。就如同昨天我們討論過的，由於妳目前在家裏的狀況很不好，我們將留妳住在醫院幾天，同時，這幾天我們會停止讓妳服藥，我們認為這幾個月妳服用抗憂鬱的藥並未改善妳的症狀，而且妳也開始擔心是否過量服用的問題，這樣說對嗎？妳現在在這裏，我們將開始新的治療方式，但不需要服藥，這項治療稱做「認知治療」，讓我來和妳解釋。

　　治療師開始解釋第三章曾提過的認知治療，首先，她敘述認知治療的結構。在病人住院期間，每二至三天她和治療師會見面會談一個小時，出院後，剛開始，每週會見面兩次，接著，每週見面一次，整個時間長度約十二週。治療師再解釋認知治療的基本模式（也就是，我們的情緒和行為是來自對情境的解釋，這是指我們的想法和認知），並舉例說明（如第三章所述），治療師也例舉病人的另一個例子。

治療師：妳今天已經告訴我許多妳的解釋導致相對應感覺的
　　　　例子，妳記得先前妳正在哭時，我問妳腦海裏在想
　　　　什麼嗎？妳告訴我妳在想我認為妳是病態的，我不
　　　　想治療妳。我要說妳是在讀我的心，並且認為我的
　　　　心裏是負向的想法，事實上並不正確，妳這樣做正
　　　　是在做獨斷的推測，或可能是沒證據就直接下結
　　　　論。一個人的憂鬱狀態通常是這樣發生的，一個人
　　　　經常對事情做出負向的解釋，即使事實上是相反
　　　　的，這樣是會讓人感到更憂鬱的！妳瞭解我所說的
　　　　嗎？

病　人：妳是指我的想法都是錯的嗎？

治療師：不是的，並非指妳一般的想法，我也並非要說對和
　　　　錯！就如同我先前解釋過的，解釋本身並非事實，
　　　　不是什麼對和錯，但它關乎精確性。我要說的是某
　　　　些妳的想法，特別是那些關於妳自身的部分，都有
　　　　負向的偏誤！妳在想我如何想的部分或許是精確
　　　　的，但其實還有許多其他的結論妳可以下，同時，
　　　　那樣想可能也不會那麼讓妳傷感，也不會讓妳感到
　　　　那麼糟！例如，妳也可以想我既然花了時間給妳，
　　　　那就意味著我有興趣，同時也會試著來幫助妳，如
　　　　果妳的結論是這樣的話，妳想想妳的感覺如何？妳
　　　　想妳還會感到想哭？

病　人：我想我會感到好一些，比較有希望。

治療師：很好，這正是我想讓妳有的感覺，我們想什麼就會
　　　　感到那樣，只是不幸的是，這種偏誤的想法是自動
　　　　地浮現上來，它們總是一轉眼就跑上來，使我們相
　　　　信它。妳和我將在會談中試著去捕捉這些想法並加

以檢視，讓我們一起來看看這些想法的證據，並把它們修正得比較實際。除了在此我們一同討論，在每次會談之間，我們通常也會決定某些家庭作業，這份作業與我們的討論有關，同時也能確定是否在會談以外的時間中妳也在處理自己的問題。譬如，妳可以試著採取不同的行動去檢驗結果如何，或妳不妨在妳感到悲傷、焦慮或生氣時，試著看看是哪些想法讓妳如此？然後妳可以把家庭作業帶來這裏，我們一同討論。不知這樣安排好嗎？

病　人：很好。

治療師：很好，今天我們花了一些時間試著瞭解妳目前所面臨的一些問題，現在我再來重述一遍，看看哪一個問題將來要先來討論。

1. 妳目前感覺到很多方面都是失敗的。
2. 妳的憂鬱狀態影響了妳，使妳很難做決定，對生活失去興趣，沒有活動力、疲累，同時也影響妳的睡眠。
3. 料理家務，目前也是個問題。
4. 面對父母和先生之間妳有些矛盾，妳覺得妳不該結婚。
5. 妳的生氣也造成妳生活上的一些問題。
6. 當然，目前妳之所以住院的理由，是妳一直有個念頭：要結束自己的生命。我這樣說對嗎？

病　人：嗯……對，我想是這樣的。

治療師：這些困擾妳的事情，哪一個對妳最重要？

病　人：我不知道——我覺得有些混亂。

治療師：妳目前最在意的是什麼？

病　人：我想是我如何感覺我自己吧！事實上是我使得每件事都那麼地糟！

治療師：對，我同意妳的想法，妳告訴我妳一直想自殺，是因為妳和父母之間的爭吵，這部分我們應先來討論。此外，妳是否發現妳現在已經能做決定了，雖然妳總是說妳不能對任何事做決定？妳是怎麼做到的？

（病人微笑）

治療師：我不認為這是個容易的決定，所以，我們現在有證據支持妳有時可以做決定的！我們已經討論了快一個小時了，一切都還好嗎？

病　人：我想是的。

治療師：很好，這也表示我們有證據支持妳是可以專注一陣子的，雖然妳說妳是坐不住的，但妳已經坐在這張椅子這麼久了！

　　治療師對病人強調一項成功的經驗（能做決定）和其他行為表現，以指出情況並非病人所談到的無望。治療師提議第一份家庭作業是閱讀《面對憂鬱》（Beck & Greenberg, 1973）這本書，主要的理由是學習更多有關認知治療的概念。珍妮弗能藉這些介紹去省察自己的狀況。第二份作業則是要列下為何她認為她是個失敗女兒的理由，這方面之所以率先被選擇的主要理由與其他方面也有關，如病人做為妻子的角色，對婚姻的質疑，和做為家庭主婦的不適任等。再者，病人這次之所以再次貿然自殺的主因是與父母間的爭執，但自殺的意圖和行為並未成為立即討論的焦點，除病人目前暫時會待在醫院外，其自殺的主要動機在於失敗感，因此，把這個部分當做是首要討論的焦點。至於一些行為缺

陷，如活動量缺少和坐不住等，待病人出院回家後比較容易具體瞭解，病人的睡眠困擾則有待住院期間客觀的評量。

> 治療師：關於這兩項作業妳覺得有任何困難嗎？
>
> 病　人：我不知道我能否完成它？
>
> 治療師：是的，我們強調的是去試試看，並非意味要成功，記得只要有任何問題，我們在兩天後的下一次會談中就可以討論。如果妳沒法讀這本書，即使是一頁，那不妨一次就讀一點，當妳不能集中注意力時就休息一下！好嗎？至於要妳寫下為何妳不是個好女兒的理由，如果寫不出來，別擔心，我們下次一起來做，但如果妳起了頭，那挺好的，下次我們可以省下一些時間。
>
> 現在都清楚了嗎？是不是還有什麼地方我沒讓妳清楚？

治療師邀請病人做一般性的回饋，特別是要病人去檢視她負向的自動化想法。

> 病　人：沒有，沒有什麼事！
>
> 治療師：那妳現在感覺如何？
>
> 病　人：我感覺有一點幫助，謝謝妳，我很高興我不用再吃藥了！
>
> 治療師：是的，我們將試著看看單靠認知治療對妳的幫助為何？有必要的話，幾週後，我們會再回顧看看這項決定的利弊。

概念架構 (一)

　　對治療師來說，以功能分析（functional analysis）的方法（如第一章所述）摘述病人的診斷和初次的認知治療會談，是相當有效的。這項練習將能幫助治療師對病人建立治療策略，並形成暫時性的概念架構。珍妮弗呈現出以下主要的問題：

- ‧情緒：悲傷；生氣；焦慮。
- ‧行為：不活動；坐不住；逃避社交情境。
- ‧身體：睡眠困難；疲倦；喪失活力；失去胃口。
- ‧認知：自責與罪惡感；無望及自殺的意念和行動；失敗感；自卑感。

一、蘊涵主題

1.過多的困境。

2.過重的工作安排。

3.缺乏自信。

4.與父母、妹妹和丈夫的關係不清。

5.對生氣和協助他人有強的道德感。

6.妒忌妹妹，懷疑先生和其他女人有染。

　　若從圖3.1的架構來描述，以下分別敘述此架構的內容。

二、目前的壓力

　　珍妮弗目前生活的壓力主要與憂鬱有關，她已不能在家庭和

工作上扮演好她的角色，這阻礙了她在家務上、兼職和護理工作
上和教會工作上的參與，使她陷於無用和自卑感中。與父母親的
爭吵並對他們首次表達生氣，這猶如一場災難，她認為已和他們
決裂。

三、家庭狀況

　　珍妮弗來自一個中產家庭，她的先生為全職工作，她則兼
職，他們家庭中沒有經濟問題。由於得到許多親友的支持，因此
整個家庭一直相當平順。他們的三個孩子也沒有什麼行為問題，
不過，珍妮弗本人似乎並不信任任何人，她與父母親之間的親密
關係談不上信任，對妹妹和其他朋友，同樣的也談不上信任，面
對許多的問題，對她而言，她的先生倒是可以吐露的對象。

四、過去的創傷經驗

　　並未有什麼值得一提，不過當她結婚後，立志成為一位傳教
士的勇氣已喪失殆盡，由於在校期間常受同學的欺壓，她變得不
太有人緣，也顯現自卑的心態。

五、負向認知三角的例證

㈠ 自我的負向觀點

　　「我一無是處。」
　　「我是個壞媽媽、壞妻子、壞女兒，也是壞教徒。」
　　「我是懶惰的。」

㈡ 對世界的負向觀

　　「事情糟得什麼都不能挽回了。」
　　「家像是個豬舍。」
　　「有太多的事情要做了。」

「我妹妹和朋友都想要幫我做。」

(三) **對未來的負向觀**

「我的孩子們若沒有我會更好。」

「無望和失落的感覺。」

「自殺的意念和行為。」

「沒有任何事可以改變。」

六、先前的情緒

憂鬱的心情、生氣和失落。

七、自動化想法的例子

「每件事都遭透了！」思考的偏誤是：過度類化，災難化。

「我一無是處！」思考的偏誤是：過度類化，災難化。

「還有誰該指責呢？」思考的偏誤是：個人化；

「我應該變成一位傳教士的！」思考的偏誤是：獨斷的推論
　導致絕對命令。

「一個人不該生氣。」思考的偏誤是：過度類化導致絕對命
　令。

「你必定發現我的病態。」思考的偏誤是：獨斷的推論。

八、主題

失敗；被控制中；過度整潔；道德觀。

喪失：失去父母的愛（與父母爭吵）；失去成就感（事
業）；失去對環境的控制（他人的協助；未整潔化）。

九、人格特質

珍妮弗一生都相當內向，雖然喜歡一些親近的朋友，但在人

際間的關係則顯現不清楚的交往方式。她的社交角色多半扮演助人者而非享受者，在責任感、道德規條上都呈現相當高的標準。在生活上，她顯得要完整的控制所有的事情，也包括她的情緒和其周遭環境。因此，整體來說，她表現得較多的自主性，較少得到他人支持、稱許其成就，自由和自我控制的狀態。

十、概念架構

珍妮弗的生活一直還算穩定，直到十八個月前，當她感到對環境失去控制，同時生活中有過多的要求，使她對其責任感到有些衝突。這種缺乏控制的感受使她對過去決定要做為一好傳教士感到後悔，這同時也加深她對妻子和女兒這兩個角色間的衝突。對他人仰賴的事實也使她陷入更深的失控感和自卑感。

十一、認知治療的適合性

珍妮弗適合進行認知治療，她能用一些心理語言來描述她自身的狀態，對她想法的挑戰，她也能接受不同的可能性，她的問題是可以看做是心理層面的。

一位處於焦慮狀態的病人

一、轉介原因

雪莉，四十四歲的單身女性，由於她依賴Valium藥物、伴隨的焦慮症狀和工作失職，使得她的家庭醫師把她轉介過來。

二、目前症狀的發展史

過去三個月間，雪莉的家庭醫師勸她把Valium的藥量從30毫克降到10毫克，這使得她常去看醫生，抱怨她一再出現的焦慮和恐慌發作。雪莉目前擔任中學教師，由於單位主管因罹患憂鬱症而辭去職務，過去六個月來，她暫時替補這個主管缺。不過這項升職的安排導致其他同事對她的敵意，特別是單位裏一位年輕的男士。她目前正處於教學和行政上的雙重困擾。

三、心理狀態

雪莉是個高䠷，中等體態，外貌秀美，衣著樸實的女性。在人群中她常是大嗓門的，又好與人爭辯，她提到過去六年間一直有焦慮症狀，最近的三個月尤其嚴重，她偶有恐慌發作，最近這六個月來的頻率有明顯增加。過去的四週來，兩次的發作讓她覺得猶如災難一般，主要症狀包括有：強烈失去自我控制感、心跳加快、暈眩、窒息和發熱；在焦慮感出現時，她也感到明顯的緊張、顫抖、心悸、出汗，甚至無法呼吸，她也難以專注，並會有短暫的氣憤。她的睡眠品質不好，不易入睡，並有經常性的頭痛，雖然她總是覺得自己是個不快樂的人，過去六年來，她發現她一直憂心她的工作、家庭，甚至擔心自己是否能應付。她發現現在不能再有什麼新的刺激，這會導致她無能應付！

四、過去的精神病史

過去六年間，她的家庭醫師認為她是廣泛焦慮症患者，並讓她服用diazepam，而她的睡眠問題則用temazepam，不過後者服用時間未超過一年。

五、先前的藥物史

無。

六、家庭史

雪莉的父親是位七十八歲退休的店長,退休原因是他六十歲左右罹患心肌梗塞,過去十五年來亦有幾次的發作,這使得他的身體不再那麼有活力,並為他的健康感到憂心,這也讓雪莉與父親間的關係變得較緊密。雪莉一直認為她的父親非常慈祥,有時甚至對她們有些溺愛。她的媽媽四年前因癌症過世,不過印象中的母親是個不快樂的人,過去和母親的關係也不太親密。事實上,在她年輕時還曾與母親大吵一架。雪莉有一個妹妹,今年四十一歲,她們姊妹倆之間的關係都還不錯。兩年前,妹妹和她的先生以及兩個孩子移民到澳洲去。家族中並沒有精神疾病史。

七、個人發展史

雪莉生於愛丁堡,她的童年相當快樂,她特別記得與妹妹共度青春歲月的時光。她在國小、國中階段,皆是優等生,平時不需怎麼準備就能名列前茅。在校雖有一些朋友,但她還是比較喜歡和妹妹在一起。她和母親關係失和的主要原因是來自於與男生約會,她母親總是要求她要把男朋友帶回家來見見面,但雪莉則以為是因為對男友有成見才會如此,有時,因她拒絕母親的要求,使她們之間有幾次強烈的爭吵。雪莉也因此離家到Aberdeen大學就讀,主修數學。雪莉在校成績仍相當地好,在返回愛丁堡任第一份教職前,她參加教師訓練學院的課程。在她大學時期,她曾與一名男友維持兩年的性關係,到這名男友畢業出國唸書而結束關係。她則一直在同一所學校擔任教職。第二次的親密關係

則維持了有八年之久，對方是一名已婚男性，是朋友介紹認識。關係結束的原因是她發現男友決定離開現任妻子，雪莉感到相當罪疚，同時朋友亦不支持她。接下來的一年，雪莉的母親因宿疾而離開人世，這些年來，她的母親雖然一直與她不和，但在她生命的最後一年裏，她與雪莉的關係有些好轉，但也因為母親的過世，雪莉變得更需要照顧父親，父親也更依賴她。在過去兩年中，由於妹妹移民澳洲，使得她也陷於孤立。她的興趣很少，只提到喜歡音樂和散步。

八、診斷

廣泛焦慮症（伴隨恐慌發作）。

九、嚴重程度

Spielberger焦慮狀態量表：50分，Beck憂鬱量表：12分。

十、臨床決定

雪莉應該持續降低服用diazepam之藥量，其他的藥對她並不適合，然而，採取心理治療的方法來處理其焦慮症狀，則為目前的方向，認知治療可以開始嘗試之，在實施的過程中，diazepam的服用量可以逐漸調低下來。

認知治療的初次會談 (二)

治療師：上週，我們花了很多時間討論過去六個月來妳的感受，妳告訴我妳困擾於持續增加的焦慮和恐慌的症狀，特別是當A醫師，妳的家庭醫師告訴妳要減少

服用Valium之藥量時。上週妳也提到要持續降低到
不再服用，但事情並非如妳所願，似乎已經更糟！
這樣說對嗎？

病　人：是的，事情已經很可怕了，似乎所有可怕和恐慌的
感覺都回來了！

治療師：A醫師和我曾用電話討論過，正如我們希望的，他
同意漸漸調低妳服用的藥量。妳目前每日為30毫克
的Valium，在A醫師的指導下，逐漸調低，我希望
妳能同意？

病　人：很高興知道這個消息，我很擔心我會很快停下不服
用，那讓我會覺得很糟，我讀過一些報導，提過當
不服用Valium後，人會變得呆若木雞。

治療師：我也很高興知道妳接受這樣的安排，我知道妳已經
服用六年的Valium，因此一旦立刻不服用，是會嚇
到妳的！我們等一下可以再討論如何把藥有計畫地
降下來。今天，我倒是想知道近來困擾妳的事情，
讓我有個清楚的認識，也好決定看看我們從何開
始。這樣來進行今天的討論恰當嗎？

　　治療師確定會談流程，在詢問病人的回饋中，開始建立初步
的相互合作的關係（見表3.3）。

病　人：是的，最近許多事情一直堆了起來，我不知道從何
開始，有時我真害怕，我根本沒法子想，沒法子有
邏輯地一件件事去想，許多事就這麼在腦中轉了一
圈又一圈。

治療師：所以每件事似乎都這樣堆了起來，很難去整理它，

也許我們可以來看看目前在妳生活上困擾妳的為
　　　何？妳認為主要的問題為何？我們可以一點一點來
　　　討論，我們有一個小時的時間討論。

病　人：雖然我停止服用Valium，但我在學校的問題依然。
　　　我擔任主管已經六個月了，沒有成就感，只是一堆
　　　問題。

治療師：所以即使在妳停下服用Valium前，學校裏就有一堆
　　　問題，可否再多說一些？

病　人：是的，我前一任的主管因憂鬱症而辭職（病人微
　　　笑），這不是很諷刺嗎？我來這裏見妳，我也病
　　　了！

治療師：這是妳所想的嗎？妳說妳也病了！

病　人：不是，我當然想好好的，只是我不知我能否做到，
　　　事情似乎是很難的！

治療師：在學校是哪些事讓妳覺得難以應付？我若多知道一
　　　些，我們可以看看怎樣可以更好些。

病　人：那些人，就是其他的老師們，他們是問題來源。我
　　　真的沒法子去應付，他們讓我傷透腦筋，妳知道，
　　　我不該擔任這個職位的，我是被要求擔任這項職務
　　　的，但周圍的人都討厭我，若得不到大家的合作，
　　　我實在沒法子做好這個工作，這種情形似乎每下愈
　　　況，我也越不安了！

治療師：所以是因為其他老師的不合作，導致妳目前的工作
　　　相當困難，這是妳問題的全部嗎？

病　人：喔不，最麻煩的是約翰，他最狡滑，我想他認為是
　　　他該得到這份工作的，他真的很卑鄙，讓很多事變
　　　得很棘手，他總是讓我不安。

治療師：他在哪方面讓妳感到不安？

病　人：每次我去問他一些事就讓我感到不安，我沒法控制我自己，他總是比我好。

治療師：所以妳在想妳不能應付他，他總是比妳好，這讓妳感到不安，是他的某種表現讓妳覺得困擾？

病　人：他相當聰明，每個人都認為他在工作上表現優異，我發現他是很會諷刺人的，我沒法去應付，在他面前我總是手足無措，一付狼狽的樣子。我沒法思考，也沒法表達我想說的，我確定他在想我是個笨蛋！

治療師：當妳這樣想時，妳的感受如何？

病　人：喔，我覺得很糟糕，我一直是個呆子，舉止笨拙，因此不會控制場面，對此，我總是感到緊張，我也不知道怎麼可以變好一些。

治療師：我懂，這個男人，因為他對妳表現出某種諷刺性的模樣，也許也因為妳認為他比妳更適合來當主管，這讓妳感到笨拙或不能控制，是的，我們將來有必要來把這個問題討論得更清楚些，看看這是怎麼影響妳的工作的！在工作上還有其他的問題也在困擾妳嗎？

病　人：主要是約翰。但如果我工作過分認真或我沒有睡好覺時，我會發現很難去教書，我也很難去處理行政事宜，我會覺得一片混亂，在班上我會擔心是否會出現恐慌感，當我越擔心，這種不安的感覺就更大！

治療師：妳在班上曾有過恐慌發作嗎？

病　人：就在上個禮拜，我先召開行政會議，之後去上課，

這一班並不好帶，而會也開得不太好，因此我陷入了一個很糟的狀態。

治療師：發生了什麼事？

病　人：我開始去解一個複雜的數學問題，但沒解出來，我沒法說對的話，學生看來顯得有些厭煩，我知道他們已經失去興趣，我的心臟一直噗噗地跳，也感到燥熱、昏眩而不能專注，我是真的失去了控制感。那時的思考都散掉了，我只是想趕快跑出教室，這真是糟透了！現在我害怕這件事會再發生，我也開始在想是否我要離開教職。

治療師：妳想如果在工作上再發生恐慌發作時，妳會放棄教職？

病　人：我真的有時是這麼想的！在恐慌發作之後，我在家休息了兩天，我只是不敢再經歷一次了！

治療師：似乎妳把很多壓力都丟到身上，妳在想若真的再有一次恐慌發作，妳會放棄工作，這個部分非常重要，我想我們應該更仔細來瞭解看看，是嗎？

病　人：噢，非常對，我實在不知道若再發生我該怎麼辦？我知道這讓我有相當大的壓力，即便我只發生過這一次！

治療師：好的，這也是個重要資訊，妳在學校只出現一次恐慌的問題，我們會再回頭來討論這個問題，但讓我們再談些其他的，我想知道一些其他方面的問題，至於，妳提到有關停用Valium的困擾，妳的焦慮症狀升高，妳也有一些恐慌發作，妳也告訴我妳的升官對妳帶來的影響，特別是那名男老師，妳很難應付，還有沒有其他的部分也影響妳的生活？

在此階段，治療師關注在對病人的問題做一個鳥瞰，摘述並回饋給病人，但並不嘗試介入這些問題。

病　　人：我知道我在建立親密關係上有些困難，我知道很大的一部分是與我母親有關，但我並無意去責備她，自從她過世後，我並沒有再交男朋友。

治療師：什麼時候的事？

病　　人：大約在六年前，我母親因癌症而病倒，我決定終止與男友的關係，我母親總給我一種我不會選擇男友的印象，她總是不同意我的眼光。當她病倒了，我覺得對不起她，也發現難以向她啓齒。

治療師：那是妳第一次找家庭醫師並服用Valium的時間嗎？

病　　人：我不確定，也許是吧！

治療師：所以，讓我知道得更清楚吧！在妳和妳母親之間的關係有困難，在此同時，妳也想要終止妳和男友之間的關係，這樣說對嗎？

病　　人：我是承受著很大的壓力，這個男人已婚，他的婚姻非常不快樂，經由朋友的介紹我認識他。一開始只是見見面，但很快我們保持了固定的見面方式並親密的在一起，這樣的關係維持了好多年，我們決定結婚，但一切都錯了，他太太不同意離婚，且非常生氣，並決定用通姦來訴請離婚，我感覺非常糟，朋友們也都在測試我們是否發生關係，他們站在女方一邊，我感覺非常可怕，心情也變得非常不定。

治療師：看來這是極端困難的時刻！妳是怎麼面對的？

病　　人：我非常的焦慮，沒法睡覺，也在想我們這樣做是否對？妳知道，我真的不認爲我是對的！

治療師：妳是怎麼想的？

病　人：就好像當他真的在關心我時，我就在質疑我的判斷，我感覺沒法子去面對，特別是當我的母親在生病中，我不想傷害她！

治療師：所以妳做了什麼？

病　人：我切斷與他的關係，那也嚇壞了我，我不知道我會這樣，我裝作無所謂，但我知道並非如此，自從那次之後，我就沒有再交男朋友。

治療師：這件事妳也希望我們好好的討論吧！這似乎相當的重要。

病　人：是呀！我已經四十四歲了，當我妹妹遠赴澳洲，有時我感到相當寂寞，我感覺我需要有親密關係，我知道某些男人和我並不合適，我仍需要有些選擇，妳想這有可能嗎？我也想對我而言，現在可能沒什麼可以挑的了！

治療師：是呀！對妳來說這個部分也相當重要，過去所發生的問題未必意味著妳現在就不能重新開始，妳提到的親密關係相當複雜，妳母親對男友的態度也相當地影響妳對此關係的感受，我們可否在另一次會談中再來討論看看，妳同意嗎？

病　人：好！

治療師：告訴我妳的家庭，妳說妳妹妹的離去，造成妳很大的失落。

病　人：我和她的關係很好！她是我最好的朋友，我非常想念她（病人有些想哭）。

治療師：我發現當妳提到妹妹時，妳看起來很傷心。

病　人：（哭了出來！）我真的好想她，我感覺到最親密的

親人已經離開我了，現在只剩下我和我父親了，在我母親過世之後，我發現他更難照顧了，他變得懦弱、依賴，我必須花很多時間來照料他，這使我也變得容易動怒，特別是若我的心情不定或當天學校不順時，我就很容易發脾氣。

治療師：妳說妳父親很難照顧？

病　人：是的，他曾中風多次，他甚至在想他會不久人世。他常在半夜打電話給我，告訴我他的病痛，我不知道這是否真的那麼嚴重，或是否我該起來，開車去看看他，如果我不去，躺在床上我也會擔心，有罪惡感，如果在半夜他突然過世？我沒法入睡！

治療師：在妳母親去世後，他是否更依賴妳？

病　人：那是相當大的改變！他變得愛計較芝麻小事，對食物也開始挑剔，除非我帶他，不然他極少出門，我在想他會希望我搬去和他一起住。

治療師：他這樣說過嗎？

病　人：沒有，我只是有這種印象，我只是感覺到他是個負擔，我則是他又笨又神經質的女兒。

治療師：什麼讓妳想到自己是笨拙又神經質呢？

病　人：我該更有耐性，我應該是能應付他的，他老了，我該好好來照顧他。

治療師：妳感覺到妳並不是好女兒？

病　人：是。

治療師：妳有多相信？

病　人：很相信！

治療師：也許妳過分批評自己了！我知道年長的家長確實是個問題，妳妹妹出國了，所有照護父親的責任就全

落在妳身上，這是妳目前生活上的另一個問題，我
們得花另一次的會談時間來討論。

（病人點頭）

治療師：是否還有其他部分在困擾妳，妳還未談到！

病　人：沒有，眞的沒有了！這些就是主要的問題了，我覺
　　　　得這些已經夠讓我受的了！如果生活上還有讓我不
　　　　能承受的，如同現在我所面對的，我不知我還能不
　　　　能應付？

治療師：這就是爲什麼妳在這裏，不是嗎？來看看是否我們
　　　　一起可以把生活過得更好些，讓我來整理看看妳目
　　　　前所告訴我有關於妳的問題，再看看是否我們可以
　　　　設定一個治療計畫，妳覺得這樣如何？

病　人：好的！

治療師：1.妳感覺到妳目前在生活上多方面都處理得不好。

　　　　2.因此，妳處在焦慮和恐慌的狀態，這兩種症狀在
　　　　　過去幾個月來已更加嚴重，如睡眠失調、緊張、
　　　　　易汗、有窒息感或發抖等問題都困擾著妳，當出
　　　　　現恐慌發作時，情形更嚴重，這還包括了易熱、
　　　　　暈眩和失去控制感。

　　　　3.妳想要停止服用Valium，但速度上能稍緩些。

　　　　4.在學校，妳也有些問題，特別是在妳部門中的那
　　　　　位男老師面前，妳不知如何自我肯定，同時，在
　　　　　行政事務上，妳也有些問題。

　　　　5.妳也告訴我有關妳過去與男友間的關係及帶來的
　　　　　困擾，妳相信妳母親對妳過去交異性朋友的態
　　　　　度，也在影響著妳。

　　　　6.因爲妳母親的過世，妳妹妹遷往澳洲，妳父親憂

心他的身體，妳發現妳已是唯一可以照顧他的人
了！

7. 妳非常想念妳的妹妹，妳目前也沒有親密朋友。
我這樣整理都對嗎？

治療師舉了一般性的例子（如第三章曾提過的）陳述認知治
療的架構，同時也舉病人的某些例子加以說明。並再一次摘述病
人所提到的主要問題，病人在回饋中也可得知是否對其主要的問
題已有所理解，治療的目標及可能的改變策略也在選擇當中。

病　　人：（停下來）妳把我的這些問題再告訴我一遍，讓我
　　　　　覺得非常奇怪，我不認為我對這些問題有這麼清
　　　　　楚。
治療師：妳感覺很驚訝！
病　　人：是的，我不認為我有這麼清楚，我感覺一片混沌，
　　　　　也非常困惑，這些事情毫無條理可言。
治療師：妳現在仍然感覺困惑和混亂？
病　　人：沒有了，但似乎是有許多的問題。
治療師：是有許多問題，但妳能非常有結構地向我說明，這
　　　　　表示妳能做到這些，這個基礎能協助我們更能處理
　　　　　問題。

治療師強調病人能把她自己的問題分開來看，並且從中也發
現她不再那麼地困惑。此時，有關治療的結構也向病人說明，治
療師提到她將計畫和病人在未來六週間，每週見一次面，接下來
的數週中，則安排二到三次的見面。

治療師：這些問題中，妳想從哪一點開始？

病　　人：嗯，目前最糟的是我的焦慮狀態，這是非常可怕的，如果我能知道如何去面對它，我會感到比較好。

治療師：很好，這似乎是個好的起點。

　　治療師建議病人去讀《面對焦慮》（Beck & Emery, 1985）這本書，她說明這本書可以用來瞭解認知治療是如何進行的，也要求病人特別注意某些章節的介紹。治療師也要求病人在未來一週裏不要降低服用Valium的藥量，但必須使用每週活動時間表（Weekly Activity Schedule）（見附錄3），記錄每個小時所感受到的焦慮程度，評分從0～10分，此記錄的好處在於能更清晰的記載病人焦慮狀態的波動情形，並發現是否此焦慮狀態與特定的情境有關，根據病人口述，高焦慮的狀態與某些問題息息相關：工作上與同事相處、某些上課的情境，以及與父親相處上困難等。

　　病人在關係上的困難並不適合作為立即討論的目標，因為病人目前並無任何的親密關係，Valium的藥量不做調整的主要理由在於可當做焦慮症狀的基準線評估。藥劑上任何的改變在此治療階段，可視為過於不當，因為這可能會引發病人的恐慌發作。

治療師：這些作業似乎和妳的問題很有關連喔！

病　　人：是呀，這些作業做起來應該不會有什麼困難，做這些作業會幫助我把我的問題看得更清楚些。

治療師：我相信，不過下週完成這些是否有些困難？

病　　人：有，如果我在學校又再出現恐慌發作？

治療師：好的，讓我們來簡單看一下，在學校至今有多少次的恐慌發作？

病　人：只有一次。

治療師：所以，只有一次，妳剛才有提到，那天是特別困難
　　　　的一天，在教課前妳正面臨一場棘手的行政會議，
　　　　妳想是不是在那種狀況下妳特別容易陷入恐慌狀態
　　　　中？

病　人：是的，我想是的！

治療師：這週是否會有比上次更高的壓力？

病　人：不至於，那週實在是非常地糟！

治療師：所以，讓我們來整理一下，如果在高的焦慮下妳會
　　　　感到焦慮，妳可能會經驗到恐慌發作，妳以為如
　　　　何？

病　人：是的！

治療師：這週外在壓力並不會那麼大，因此妳產生恐慌發作
　　　　的可能並不高——雖然仍有可能。

病　人：是的，我能瞭解，但我真的是很害怕再發生一次。

治療師：是的，問題的某種原因是因為妳正進入害怕變得非
　　　　常不安，並擔心有恐慌發作的焦慮中，這不是有些
　　　　像是個循環？

病　人：是的！

治療師：我們可否下週再好好談談？在會談流程上，這應規
　　　　劃到第一順位，這樣好嗎？

病　人：好。

治療師：好，讓我們這樣試試，還有沒有某些部分妳有不同
　　　　的意見，或妳希望我再說明清楚些？

病　人：沒有，我想沒有了！

治療師：妳覺得我們今天這樣討論感覺如何？

病　人：好多了，謝謝！

治療師：好的，我們下週見面時再開始仔細討論妳的問題，
我們也需要再來整理未來三至四週當中，如何使用
治療的時間。

概念架構 (二)

從初次的會談中可以對病人產生暫時性的概念架構，以設定
治療目標（見第一章，頁6，功能分析）

雪莉呈現出以下主要的問題：

- 情緒：焦慮、傷心、生氣。
- 行為：抑制、逃避情境引發的焦慮、語詞的中斷。
- 身體：焦慮和恐慌的身體症狀、緊張、發抖、易汗、窒息
  感、心悸、暈眩、臉色潮熱。
- 認知：害怕失去控制、害怕不能應付、擔心未來、不能做
  決定、專注困難、自責和罪疚、遭到打擊和感覺沉重。

一、發展中的主題

1.工作表現不佳。

2.工作失去條理。

3.肯定感喪失。

4.失去信心（對妹妹），導致社交疏離。

5.對依賴她的父親有矛盾心結。

若使用圖3.1之架構，每一個框格中的內容如下。

二、目前的壓力

雪莉目前的壓力與焦慮和其伴隨的情境有關，這些引發了她長期的問題。她暫代的主管職務是額外的責任；她缺乏自我肯定及不斷提高的無能感；她的家庭醫師對減藥的提議也使她增加焦慮症狀和某些恐慌反應；失去妹妹，挑戰她的信任感，必須對父親負起照顧的責任等使她陷入社會孤立。

三、生活狀況

雪莉來自一個中產階級家庭，她在中學擔任全職的老師，未婚，且獨居。她沒有經濟問題。由於中斷六年的感情和妹妹遠赴澳洲，她不再信任他人，導致生活變得孤立，她的父親患病，常擔心心肌梗塞可能再復發，他住在雪莉家附近，使雪莉有責任必須照料他，這包括上街購物、料理家事等。

四、過去的創傷經驗

她與母親的關係似乎是特別麻煩的問題，母親常挑剔她交的男友，從青少年到成年時期一直這樣延續，雪莉也瞭解母親對她的交友態度也一直影響她自己的看法，她也因此難以由自身的判斷去選擇男友，並做任何承諾，母親的疾病和決定與男友分手的時間之間的關係也構成將來會談的重點。

五、有關引發焦慮的認知三角的例子

㈠ **看自己是不好的**

「我不能應付。」

「我一定是笨蛋和蠢貨。」

「我應該是快樂的人。」

「我應該更有耐心。」

感覺失去控制。

㈡ 看世界是可怕的

「我父親……是一個負擔。」

「其他老師真是問題——他們出難題給我。」

感覺受很大打擊。

㈢ 對未來是不可預期的

「我將要放棄教職。」

「如果還有新的問題，我可能就要崩潰了。」

六、先前的情緒狀態

焦慮，生氣。

七、自動化想法舉例

「我必定是個笨蛋。」想法的偏誤：獨斷的推論。

「我不再能想清楚了。」想法的偏誤：過度類化。

「我沒法再應付什麼事了。」想法的偏誤：過度類化，災難
化。

主題

無能：失去控制。

在學校和與父親之間失去能力和遭受打擊。

失去信任（對妹妹）。

與男人之間的關係失去自我效能。

害怕：在工作和與父親之間的自我肯定。

八、人格特質

雪莉是一相當內向、自主的女性，在建立親密關係上有困

難，她在許多時候不能自我肯定也缺乏信任感，她為自己設定高
的標準去看待工作及她的女兒角色，她對工作和社交場合有某種
控制感，她對自身的控制力和對環境中的失能所做的評價尚不清
楚。

九、概念架構

雪莉的焦慮狀態開始於母親生病時，她的母親一向對她嚴
厲，對她選擇男友常表示質疑，這使她難以從母親處得到自我肯
定，也導致她對男友的已婚狀態產生罪惡感，她不問自己是否眞
心所屬，而斷然切斷與男友之婚約並不再來往。六個月前，她晉
升到主管的角色，使得她更難以自我肯定，過多的責任和問題也
增加她的失控感，她先前與父親的良好關係，現反而是父親處處
仰仗她的局面，使得她變得更脆弱而無能。

十、認知治療的適切性

雪莉似乎是進行認知治療的適當人選，她對許多問題都用心
理式語言描述，並能在問題和自己面對的態度問題之間做連接。

References

Beck, A.T. & Emery, G. (1985). Coping with anxiety, Appendix I. In: Beck, A. T. &
    Emery, G. *Anxiety Disorders and Phobias*. Basic Books, New York.
Beck, A.T. & Greenberg. R. (1973). *Coping with Depression*. Institute of Rational
    Living, New York.

第六章
一位憂鬱症患者的
治療進展

❖治療過程

❖摘　要

在這一章，我們將討論第五章提過的憂鬱症病人的治療進展。我們的目的在於呈現本書第一部分所提過在認知治療中的結構、型態和內容，使讀者能熟知認知治療策略和技巧的應用。每一次會談的某些部分都將轉成對話錄，每一次會談的進展也將加以闡述之。

治療過程

珍妮弗在過去十二週期間，接受了二十次的認知治療，在住院的兩週當中，她每週接受三次的治療，出院後，治療就降到每週二次，持續了四週，之後的六週中，每週減為一次。在出院六個月之後，她仍接受四次間隔為六週的追蹤治療。

一、第二次會談

第二次會談安排在二天之後，病房護士注意到珍妮弗的神情大半時間皆相當憂愁，但她當與其他病人有些互動，特別是一位罹患老年癡呆的老太太，她格外能注意並加以協助。在接受丈夫和朋友的探視後，她的行為有明顯的改變，情緒變得易怒和愛哭。夜裏的睡眠狀況也不好，有些時間她會爬起來和護士聊天。在會談中，當治療師詢問「從上次談話後到現在妳過得如何？」她說她感覺好一些。

> 治療師：妳對上次我們的會談有沒有任何想法？有沒有任何想到的部分？
>
> 病　人：沒有，我想是沒有。
>
> 治療師：有沒有任何特別的部分妳想把它放在今天的討論

中。

病　人：對了，我妹妹昨天打電話給我，說她要趕回來到醫院看我，我拒絕了她，妳想我是自私的嗎？

治療師：我們可以安排一些時間來討論這個部分。我倒是想先和妳討論一下妳的家庭作業，做得怎麼樣？

病人聽從了治療師的建議，治療師詢問病人讀那本《面對憂鬱》的心得，她認爲這本書很有趣——，好像是在描寫她本人似的（對憂鬱症的病人來說，這個反應相當正常）。

治療師：妳發現某些妳的想法在裏面？妳能不能說得更清楚一些？

病　人：是的，這讓我知道其他人也會像我這樣的反應，我想我一定是最糟的個案，妳看這裏，「負向想法的檢核表」就好像在寫我一樣，特別是「對自己的負向看法」、「自我批評和自責」、「對未來的負向期待」等。

治療師：很好，妳正開始瞭解到妳想法中的負向偏誤，下一個作業就是在修正妳的偏誤，這也將變成妳的第二個作業。妳的負向看法之一就是妳認爲妳是一個失敗的女兒，妳是不是可以把理由條列出來？

病人條列了二項原因在紙上：
1.我應該更常去看望父母，但我沒有。
2.我對他們生氣，也告訴他們不要干預我的婚姻。

治療師：是否還有其他原因妳認爲妳是個壞女兒？

病　人：是的，就是上次我告訴過妳的——他們並沒有真
　　　　正同意我和吉米結婚。

治療師：所以，因為不聽從他們而讓妳感到失敗？

病　人：不僅如此，我也忤逆他們對我的期望。

治療師：我懂。還有沒有其他方面妳覺得妳對不起他們？

病　人：就是一種感覺，有時候我實在不想再看到他們，他
　　　　們真的讓我很生氣，但有時我也不想去切斷和他們
　　　　之間的關係，我不能這樣對他們，他們並沒有傷害
　　　　我，其實他們希望常看到我和我的孩子們是很正常
　　　　的事。

治療師：好的，現在我們有四個理由：妳並沒有常去探望他
　　　　們；妳對他們生氣，也告訴他們不要干預妳；妳違
　　　　逆他們對妳婚姻的看法而與妳先生結婚！然後，妳
　　　　感覺妳這樣對他們並不公平！包括妳的感覺和行
　　　　為？這樣說對嗎？是否妳還要補充？

病　人：真正的情形就是這樣。

治療師：這些對妳有多困擾？讓妳感覺如何？

病　人：這在我心中已經很久了！

治療師：當這些想法來的時候妳感覺怎樣？

病　人：低落、生氣、罪疚、厭煩！

治療師：這些都是讓妳煩擾的感覺，不是嗎？讓我們等一下
　　　　再一個個來檢視看看，來清楚地澄清妳的解釋有否
　　　　問題，或妳是否可以改變妳的處境。

　　　對治療師而言，引發病人在溝通內容中相關的感受是非常重
要的，首先，去強調想法和感受之間的關係，是非常重要的，接
下來，再驗證在治療結束時，病人的感受是否已有改變。

治療師：好的，把這張紙拿在手上，妳可以記下某些等會兒
　　　　我們會討論的內容，我們如果討論到某些重點，我
　　　　們要把它寫下來。我們現在來看看妳剛才寫下的：
　　　　「我沒有像過去那麼頻繁地探望他們。」這句話是
　　　　什麼意思？

病　人：這意味我不夠孝順，也不夠愛他們，他們一定覺得
　　　　受到傷害了！

治療師：所以，讓我們寫下來，看看是否妳說的有任何證
　　　　據。妳過去多久探望他們一次？

病　人：至少兩個禮拜一次，他們則會一個禮拜兩次。

治療師：這樣做對嗎？這樣做足夠嗎？

病　人：我以為夠了——但吉米常抱怨。

治療師：他並不認為這樣做是對的！

病　人：他認為這樣做太頻繁了，我花了太多的時間陪他
　　　　們！

治療師：妳認為他這樣想有沒有錯？

病　人：我想他也有道理的，我的行程表總是排得很緊——
　　　　一直把每一天都弄得非常緊湊。

治療師：是否可以這樣說，事實上多久探望父母一次並沒有
　　　　絕對正確的次數可數？不同的人可能會有不同的觀
　　　　點？

病　人：是的，我想這確實是看妳持怎樣的看法。

治療師：確實是如此。當妳說道：「我探望的次數不夠」，
　　　　這好像是有一個普遍的標準表妳沒有達成。在來醫
　　　　院之前，妳多久去看望他們一次？

治療師開始指出對和錯的標準應有某種彈性，病人似乎設定

了太嚴的標準，這也相對降低了罪惡感。而這也是珍妮弗一再出現的主題。這正是她過度嚴厲的道德標準。

病　人：我想大概兩星期一次，有時候是一星期一次。他們也會一週過來看我一次。最近則是兩週前我和他們吵了一架，我沒再看到他們，吉米也告訴他們現在不適合來看我。

治療師：所以，已經有兩個禮拜了，現在，什麼才是理由呢？是因為妳不再愛他們？妳是個不負責任的女兒，或還有其他原因？

病　人：不是的，我仍然愛他們，我也不想讓他們受到傷害，真正的理由是我和他們吵了一架。

治療師：是的，這是另一個妳自責的理由，妳很生氣並要他們停止干預妳。那是什麼讓妳這麼生氣？

病　人：他們總是說吉米並沒有好好照顧我，是吉米讓我生病的，孩子和我最好是搬出來和他們住一陣子。吉米氣壞了，我從未看到他這麼生氣。

治療師：讓我們想想看，妳有一個相當信任妳的朋友，她和父母親爭吵，因為他們總是指責和批評她的先生。妳會有什麼感受，會覺得她不是個好女兒嗎？

病　人：這要看這位先生被責怪哪方面？是否他真該被這樣責難，如果批評並不合理，我想他這樣做也沒有錯。

治療師：是呀，那這樣說吉米是否該因妳的生病而遭受責備？

病　人：不，我不這麼認為，他已經竭盡所能，他會放下工作來陪我和照料家裏，如果我們待在我父母親家，

他也會掛心孩子們的狀況。

治療師：這就對了，如果妳的朋友在這種情況下不該被責
　　　　備，那妳又為何責備妳自己？

病　人：是呀！也許我是對的，但我仍然感覺到罪疚！

治療師：我瞭解，這個態度，妳上次也提到過，和妳生氣
　　　　（對父母親生氣）的想法有些像，就是道德上有犯
　　　　錯感，我們可以在下次再來討論這個主題，下次再
　　　　排入討論的主題中。倒是現在回過頭看看，妳該寫
　　　　下什麼來回答妳自己的問題，我沒有去探望他們到
　　　　我應該去的量？

病　人：我想，也許這真的不容易去說多少的頻率是對的，
　　　　不同的人會有不同觀點，對我的先生、父母親和我
　　　　自己來說都會不同。

治療師：這就對了，妳能寫下為何這段日子妳比較少去探望
　　　　他們的理由？妳能不能簡要說說看？

病　人：重要的是因為我們吵了一架！

治療師：還有沒有其他原因來解釋這個問題？

病　人：我不知道。

治療師：妳最近自己的狀況如何？妳的狀況和過去一樣嗎？

病　人：不是，當然不是的。

治療師：所以，也許理由之一是最近妳生病了！妳得了憂鬱
　　　　症，這影響妳的生活，這樣說對嗎？

病　人：對，這是真的。

治療師：所以，妳可以寫下來。至於妳和父母親的爭吵，似
　　　　乎我們都同意主要的理由是因為他們對吉米的看法
　　　　並不公平，並不是因為妳的特質使然。這樣說對
　　　　嗎？所以，妳也可以為此註記一下。

治療師協助病人去整理這段討論，並鼓勵她寫下來，同時也訓練她做進一步的家庭作業，確定記錄方式並要求下次再提出來。治療的策略上則是嘗試降低自責和挑戰過多「應該」的道德規條，技巧上包括「距離化」（distancing），也就是要求病人能從他人的觀點（他的先生和朋友）來看自己的問題，重新歸因（對憂鬱症和對內心的弱點或誤失），修正個人化的偏誤（改變她對較少探望父母親的觀點，從認為自己糟糕到認為是因為父母責難吉米，這種不公平的批評而導致）。

治療師：妳現在感覺如何？

病　人：比較不那麼亂了！也許我不該把自己想得那麼糟！

治療師：很好，這讓我們更清楚兩件事，妳當初違反父母的看法，妳和吉米成婚，妳認為這樣子對他們不好。時間的關係，我倒是希望下次再來討論這個主題，因為我希望能和妳在今天的後半段討論另一主題，就是妳拒絕讓妹妹來看妳，這樣對嗎？

在家庭作業中，治療師建議珍妮弗寫下她當初結婚時為何會違逆父母的意見，這個記錄有助於下次討論中持續。當詢問有關妹妹的資料，病人敘述妹妹小她兩歲，從小兩人就黏在一起，但妹妹長得漂亮、聰明。妹妹長大後生活一直很亂，她不但在大學主修的語文課程沒有唸完就去工作，工作也一換再換。她目前沒有工作，長期以來都住在父母親家裏，吃的用的都靠他們。但珍妮弗卻發現妹妹並未表達對父母的感謝。最近，因為珍妮弗生病，妹妹來家裏協助料理家事，但這個問題似乎太複雜而難以在此次會談中討論完。因此，治療師表達她的瞭解——珍妮弗在這些經驗中有自卑感、妒忌、生氣和某種當之無愧的感覺，因為她

對妹妹這麼好，妹妹應該這樣對她。以下為治療師和病人的對話：

> 治療師：如果妹妹來探望妳，妳想她會做些什麼？我是說她會幫助妳嗎？
>
> 病　人：我想應該會吧！
>
> 治療師：好，如果她來了，妳會覺得更好些嗎？
>
> 病　人：不會，我會覺得很不好，我可能會和她吵架。
>
> 治療師：所以，妳會覺得不好，也覺得若和她吵架也不好，所以，妳就告訴她不要來了，這樣做對嗎？
>
> （病人大笑）
>
> 治療師：也許，妳也很在意她的感覺，並非妳說的「自私、小氣」。看到妳這樣笑很好，不過我們今天要在此打住，我們將在兩天之後再見面，妳清楚妳的家庭作業？有沒有什麼地方誤解或不清楚的？……好，我們週五見。

治療師在此時，不再繼續討論珍妮弗與妹妹的關係，其理由是珍妮弗需要轉換感覺到與妹妹有關的主題上，而這會促使探討和父母親間的關係有更豐富的瞭解。與妹妹關係中真正的問題、責任感、在設限中的困頓、生氣和自卑感等都會在未來的討論中再現，這也會與其他的問題有關。

二、第三次會談

這次會談是在週五進行，病房中的工作同仁決定珍妮弗在這個週六可以回家。珍妮弗在醫院已經住滿一週，護士們都認為她已不再那麼憂傷，同時，她也參與了一些病房的活動，看起來比

較安靜也比較少煩惱的樣子。不過，當她的朋友來訪時，她的情緒激動而容易掉淚，在訪客離開後，她需要二至三小時才能漸漸平復下來。此外，珍妮弗不再表示要自殺的念頭或希望。這項觀察支持著珍妮弗的憂鬱症與家庭環境有關，而目前的治療方向極可能是對的。

在簡要瞭解病人從上次會談至今的心理狀態，及上次會談的感受外，這次會談的主題也設定下來。這包括有：(1)討論家庭作業中，有關父母對病人結婚的態度，並挑戰其自動化的想法；和(2)去預期週六回家後可能發生的問題，並計畫之。第二項討論的主題是珍妮弗自己提出來的，她期待回家，但也感到有些掛慮。

珍妮弗寫下為何她認為「與她的先生結婚是違逆父母期望」是錯誤的理由：

- 這表示不順從也不尊重。
- 他們必定知道這樣的結合對她而言是錯的。
- 為違反上帝的意旨，她正遭到處罰。

因此，與父母的爭吵這件事的背後意義，導致珍妮弗感到不自在，這包括有：一項高標準的責任感、對先生關係的衝突感，不過對於為何做為基督徒的責任也是一種理由，治療師尚不清楚。

治療師：讓我們一起來看看妳認為妳是個失敗的女兒的想法。首先，與吉米結婚，妳認為不順從也不尊重妳父母親，妳父母親是否曾對妳說「我們不准妳嫁給吉米？」

病　人：沒有，他們不會這樣子說，但我的母親說了一些類似的話。

治療師：她是怎麼說的？

病　人：喔，我不記得詳細的內容了——但是她的意思是很清楚的，我記得她告訴我說我還年輕，只有二十二歲。我後悔沒有按照原先的計畫去讀聖經學院，而吉米比我大很多，有十歲之多。妳知道，在我結婚那天，她根本沒有到我房間來陪我更衣，也沒有和我說話。

治療師：妳父親對妳的婚姻表示過類似的意見嗎？

病　人：喔，他比較沒有，但他從沒有公開否定母親的意見過。私底下，他告訴我不要太介意母親的看法，她只是覺得要失去一個女兒而有些難過，我應該選擇我認為最好的。

治療師：所以，至少妳父親並不覺得妳不聽話和不尊重他們。

病　人：對呀，他甚至說以我為榮。

治療師：這似乎是說他們並未真的說妳有什麼不聽話和不尊重，這是妳加上去的，妳那時已是個成人，二十二歲，是個稱職的護士，對自己的身心狀態也能完全掌握。妳認為妳是否已有權利為自己做決定，即使這個決定是錯的？

病　人：我想是的。

治療師：是的，做這個決定，不可避免的會和父母當中的某個人的意見相左，不是嗎？但這是不尊重他們嗎？

病　人：我想不是的。

治療師：一個成人對某件事有不同觀點但仍能尊重別人嗎？

病　人：當然，我雖然常不同意他們的意見，但我是重視他們的。

治療師：這就對了，那什麼是不聽話呢？有誰曾經說過二十二歲的成人應該要聽父母的話呢？

病　人：聖經上說的。

治療師：我不知道，也許妳可以再查查，新約聖經上只是說「榮耀我的父親和我的母親！」但或許我是錯的，妳能否幫忙再印證一下。

　　注意，此時治療師是跳入病人自身的宗教觀點，對珍妮弗而言，通常有需要與她討論基督徒的守則和聖經，但治療師若不嫻熟於此，則不妨把這個主題當作是家庭作業，詢問自己的同事和去查查參考書籍。

治療師：在我們這樣討論後，妳對妳的不聽話和不尊重父母這個想法還有多相信？

病　人：我想沒有那麼相信了，但我認為他們好像比較對！他們一定比我知道得更客觀！

治療師：是的，這就是妳第二個想法，他們一定已經知道妳結錯了婚，這是真的嗎？是什麼原因讓妳這樣認為？

病　人：當吉米對我不好時，我就覺得好像受了傷！我很快地感到有些沮喪、憂愁，我想他一定不再愛我了！我大概沒法再給他什麼了，不管是情感上或身體上。

治療師：他是怎麼對妳不好？

病　人：言語上——當他罵我總是只會哭而不會處理任何

事，或他對我的潔癖表現得不耐煩時。

治療師：妳是說，最近他對妳這種憂鬱的行為表示不滿？

病　人：我想妳應該和他談談。

治療師：我是指，在這之前呢？妳和他已經結婚十年了，但妳的憂鬱症只發生在過去的十八個月間。他以前也對妳不好？也常罵妳、批評妳？

病　人：不，不是這樣的，他總是很在意我，也對我很好！

治療師：所以你們之間和諧維持有八年半囉！

病　人：我瞭解妳的意思，也許他只是沒法與我的憂鬱症相處！

治療師：對了，當自己的配偶得了憂鬱症，另一半通常會感到相當沮喪，因為他沒法子做什麼，也容易失去耐心，同時，當人們處於憂鬱，他們難以給予他人愛和關心，也難以愛他們自己，這更不用說他們會感覺別人有愛他們了！妳能瞭解我的意思嗎？

（病人靜了下來，哭泣）

治療師：我所要說的是，妳所談問題與妳目前的憂鬱症有關，這會使妳過度類化，誤導了妳的想法。在此刻這確實有些困難，但這真的有必要，回到妳變得憂鬱之前——去做正確的判斷，妳能同意嗎？

病　人：是的，但是妳知道，我也總是在想，和吉米結婚是否真的是個正確的選擇，我這樣沒去讀聖經學院，是否違反了上帝的意旨？

治療師：一個人如何知道他／她是否是遵循上帝的意旨？

病　人：我不知道，但也許我不做上帝要我做的事，我會被處罰！

治療師：妳的意思是妳的憂鬱症是個處罰？

病　人：嗯……

治療師：上帝正因為妳犯了錯而處罰妳？這是妳對上帝的概念？

病　人：我不知道，上帝總是愛人和寬恕人的！

治療師：妳知道，珍妮弗，我不是個唯神論者，但是我知道憂鬱症的種種，會產生憂鬱症的原因有許多，以妳的例子來看，妳已經告訴我許多引起妳煩惱的原因了，這些想法可以說明為何妳會變得如此。妳設下了一個假設性的情境來責難自己——而不是真正的失敗。妳以為妳違逆了上帝，但妳並不知道是否真是如此，然後妳認為妳是個不好的基督徒，這對妳來說非常嚴重，妳自然就會感到罪惡了！任何人，當他對他所關注的道德概念不能遵循，自然地都會感到罪疚的，不是嗎？

病　人：當然。

治療師：好的，我們可以做的就是回過來檢視這結婚的決定。沒有成為一位傳教士，做這樣的決定是倉促的嗎？

病　人：不是，當然不是！

治療師：所以妳已衡量了所有的利弊得失，認為結婚對妳而言是比較好的選擇。在當時這是最好的選擇嗎？

病　人：確定是，當時我是這麼想的。

治療師：好的，讓我們來寫看看結婚的利弊得失。

珍妮弗寫下這個問題的答案，和吉米結婚的好處是：

· 她在婚姻中有許多的快樂。

・三個可愛的孩子。

・因為共同的興趣，他們夫妻相當投入當地教會的工作，協
　助當地牧師的工作。所以，事實上她也參與了傳教的工
　作。

・她也讓吉米感到快樂。

・她有一個漂亮的房子和安穩的未來。

・她能充分勝任一位護士的角色。

　　唯一的壞處是她不能到聖經學院去讀書，也不能到國外傳
教。

治療師：妳知道讀了聖經學院之後的好處是什麼？

病　人：不知道，我不怎麼清楚。

治療師：是的，妳過去知道這個決定的壞處是些什麼？——
　　　　妳也沒有在妳寫下這些好處時，就得到這些好處，
　　　　這就是決定的本質所在，不是嗎？它並沒有本質上
　　　　的對或錯，當妳持著正向或負向的觀點來看待，不
　　　　同的看法就會出現。同時，大部分的決定也並非不
　　　　能改變的，妳會試試看能不能順手，不能妳就會改
　　　　變決定，譬如，若證據上是讓妳感覺到結婚所帶來
　　　　的壞處相當多，那妳就會選擇讀書而非結婚，不是
　　　　嗎？

病　人：是的，我想我是可以這樣做的。

治療師：在十年前，妳在想這個決定是對的，妳經過判斷，
　　　　甚至輕忽掉妳母親的強烈暗示，這對妳是相當不容
　　　　易的。妳是從這個決定中得到許多的好處，現在，
　　　　妳重新質疑妳過去的決定，特別是妳不曾提過若選

擇上聖經學院，會帶給妳些什麼？

病　人：不是的，並非不能做什麼的，不是嗎？事實上，誠
　　　　如妳說的，我在婚姻中得到了很多。

治療師：是的，這並非不能做什麼，但妳沒有對現在和未來
　　　　想看看，我指的是有關妳對婚姻的看法與妳如何看
　　　　待和妳先生的關係，值得我們來討論的。但妳同不
　　　　同意妳決定結婚，對妳個人而言，是比較好的？

病　人：是，是這樣的。

治療師：那妳現在的感覺如何？

　　會談剩下的時間是討論週六回家的事宜，珍妮弗擔心她不能
適應，可能又會有爭吵，不過正因為不知道週六會發生什麼事，
治療師鼓勵她打開心胸，把這個機會當做一次試驗，看看是不是
那麼困難，她可以把問題寫下來，看看是什麼樣自動化的想法浮
現出來，在下週一的會談中可以再討論。治療師也特別注意珍妮
弗回家計畫要做的家事。

　　因為珍妮弗相當在意她在家務料理上的標準，因此，也決定
逐步安排一些活動讓她開始做，主要的理由是可降低做決定的過
程，也確定並非過多的事情而能促使珍妮弗容易成功，過少的家
務安排反會升高她的自責。因此，她計畫週六——換掉小孩子們
的床單，並和先生出去購物，週日——準備午餐，並且去教會服
務。

　　家庭作業：嘗試再加些作業，開始填寫三欄式的不良功能認
知記錄表。

　　回饋：珍妮弗宣稱在討論與她父母親的關係已有收穫，她過
去也從未討論過對婚姻的質疑，現在也開始有不同的想法了，不
過，她仍希望能花更多的時間來想想。

三、第四次會談

週一，珍妮弗告訴治療師說這個週末過得很糟，詢問之下，才知其實週六過得不錯，她完成了計畫中的兩件事，但週日則很糟，由於家裏的髒亂，讓她非常煩躁，她覺得根本沒法忍受。她一再出現自殺的念頭、恐慌感，並在週日下午就回到醫院，也因此她並未到教會去，因為她總擔心人們會對她指指點點，而她也不知該怎麼回應。

一般來說，她感覺還不差，她的睡眠有些改進，她也感覺沒那麼疲倦。

會談流程的安排包括檢視週日所產生的問題，再參考在不良功能認知記錄表上的記錄，包括有：(1)對家中整潔的要求；(2)當別人問起她的健康狀況該怎麼說。

治療師：好的，珍妮弗，讓我們一起來仔細討論週六所發生的事，首先，妳告訴我回家過得很糟，但事實上是，週六，一切是不錯的，但週日則不好，妳記得在那本《面對憂鬱》的書中提過這是一種偏誤的解釋？

病　人：我想我是過度類化了，並非整個假期都是糟的，只有週日過得比較糟。

治療師：對了，妳把一天的糟當成兩天都糟了！倒是週日發生了些什麼事？

病　人：我正在寫妳給我的表格，那天早上，我起得較晚，吉米還把早餐送到我床前，我起來，蹣跚地走到浴室，看到一堆髒衣服，吉米也把他的衣服丟到地上，整個浴室非常髒！

治療師：好的，所以妳寫下，吉米總是要別人為他做些什麼，我不能忍受這種凌亂！所以妳產生100％的生氣，那之後妳做什麼？

病　人：我開始清理，並再清掃客廳。

治療師：妳的感覺如何？

病　人：我對吉米和孩子們大叫，我也開始大哭。

治療師：那時妳心裏在想什麼？

病　人：這麼亂我根本沒法子應付。

治療師：好的，珍妮弗，我瞭解我們為週日所做的計畫泡湯了，妳正在料理家事，但妳感覺到生氣，然後變得傷心，當妳看到屋子裏這樣凌亂，對妳的意義是什麼？

　　整潔是在第一次會談中出現的主題，也是治療的目標之一，治療師認為整潔對珍妮弗來說，是在控制環境中扮演著重要的角色。在此階段，治療師決定不把這個主題當做基本假設或規則來討論，而把焦點放在相關的自動化想法和行為表現。

病　人：這意味著沒法有效整理。

治療師：如果妳沒法子有效整理就很糟？

病　人：我需要把事情弄得有條理，因為我平常的生活就非常忙碌，沒有條理會出亂子的！

治療師：好，那如果週日妳沒有把浴室清理好，沒有把客廳打掃好，就會出亂子嗎？

病　人：我想不會的，家裏其他人似乎都挺開心的！

治療師：那妳可以做什麼呢？

病　人：我可以不管它。

治療師：是的，那如果妳要求吉米來做的話，那會怎樣？

病　人：是的，他會說，他計畫等一下再做。

治療師：所以，他並不預期你去做，就像妳寫在這兒的！

病　人：是的。

治療師：那妳的感覺會如何，如果妳稍等一下，再看看情形
　　　　會怎麼發展？

病　人：我會感覺好一點，無論如何我的朋友瑪格麗特也會
　　　　來幫我忙的！

治療師：好的，妳可以在第四欄寫下：吉米現在相當地忙，
　　　　他等一下會來清理，如果他沒有來，我可以問他，
　　　　或是當瑪格麗特來的時候，她也會做的！我可以暫
　　　　時忘掉這些凌亂一會兒！

珍妮弗寫下她對自己想法的註解，這種在會談中回應自己的
想法的練習，在訓練病人自己完成這份表格是相當基本的。

治療師：珍妮弗，我也在想，妳希望家裏要乾淨到什麼程
　　　　度？妳的一些同年齡的朋友們，他們都有小孩？

病　人：是呀！我的朋友安妮和蘇珊，她們並非真正的朋
　　　　友，但我有時充當她們孩子的保姆。

治療師：她們都和妳一樣忙？

病　人：是呀，她們的工作繁重，而且是全職的。

治療師：她們的家裏都那麼乾淨嗎？

病　人：蘇珊的家是這樣的，但安妮則不是！

治療師：那妳不就認為安妮一點也不懂得整理家務，住得亂
　　　　糟糟的！

病　人：不，不會的，我反而覺得她已經做得不錯了！

治療師：這看起來妳在這件事上有兩套標準，一套是爲別人，一套是爲妳自己！如果妳家裏弄不乾淨，妳變得不能忍受，瀕臨崩潰，但這若是換別人，同樣的情況，家裏並不是那麼乾淨，妳反而給予讚許。

病　人：我自己從未這樣子想！

治療師：好的，如果妳不反對的話，我們可以做的是，妳把在生病之前，日常生活會做的事情條列下來，妳可以寫下妳每天都是怎麼過的，我們可以再決定看看是否可以做任何的調整。妳能否這週末試著寫寫看，以便在週三或週五的討論中，我們來一同看看。這會有助於在週五出院後，妳會怎麼在家裏過日子。

　　治療師的策略是爲了病人離院之後的準備，現在珍妮弗在醫院內已經不再那麼憂鬱了，但她若待在家裏，則有明顯的困難，如果她的問題可以在現實中處理掉，她在自己生活的環境中應有很快的進展，珍妮弗在家中的問題是，除開她與先生的關係外，似乎有過重的工作時間安排和過高的自我要求。

　　最後，在這次會談的尾聲，回家後可能會重見親友的問題也加以討論，這種狀況對一般精神病患而言常會遇到，因爲他們會對他們的生病感到羞愧，也會想像如果親友知道他／她住院的事情，可能會看不起他／她。

治療師：如果下次妳回教會的話，妳想會發生什麼事？

病　人：很多人都認識我，因爲我曾爲他們服務。在那裏，他們會想要和我說話，瞭解我的近況。

治療師：那爲什麼會是個問題。

病　　人：他們會想知道我是不是感覺比較好，也會想問我的問題，我沒法子忍受那些，我會感到相當羞愧。

治療師：妳羞愧什麼，妳有做錯事嗎？

病　　人：不會的，但是他們會瞧不起我，把我看成是病人。

治療師：所以如果某些人把妳當作是憂鬱症病人，貶低妳時，妳會這樣子想。

病　　人：當然不是這樣。

治療師：所以，妳不會這樣，但他們會這樣子，他們和妳又有何不同？

病　　人：是的，我想我又跑出兩個標準，一個是對別人，另一個是對自己，但是，我應該是有能力的，我總是能幫助他人，但現在我連自己也沒法幫助。

治療師：這意味妳是相當軟弱而無助的，而每個來找精神科醫師或臨床心理師的人都是軟弱無力的，同時也都有病態。

病　　人：不，我並不這麼認為，但我聽到有些人是這麼說的。

治療師：是的，也許有些人是這麼想的，我想這些人是缺少經驗，他們可能完全忽略了心理問題，如果是這樣，那這是誰的問題，是妳的還是他們的呢？如果這是因為他人的忽視，那這又是誰該感到羞愧，是妳還是他們呢？

病　　人：真的，也許我也應該這樣告訴他們不要在意這個病的。

治療師：是的，也許妳做了錯誤的預測，大部分的人都知道憂鬱症，他們可能從他們自身、朋友或親戚之間經驗到，而焦慮症，這是最普遍的情緒障礙，因此，

在這種情形下，妳需要詳細去和他們解釋妳的病
嗎？

病　人：是的，但是如果他們問起為什麼變得這麼糟？

治療師和病人隨即進行角色扮演，治療師扮演病人，病人扮
演想追根究底的朋友，然後再角色互換。這個過程如同一場活潑
的遊戲，珍妮弗也發現挺好玩的，她不禁大笑了起來。

治療師：好的，珍妮弗，我們今天在此結束，妳能不能摘述
今天的主要發現是什麼？

回饋：她的雙重標準阻礙了她，她對自己的要求強過對他人
的要求，也許整潔本身並非是「非黑即白」的問題，某種程度的
乾淨與不乾淨也並不意味就是失去了條理與混亂，同樣的，她也
並非是唯一不瞭解憂鬱症的人，如果某些人不懂，那些人是需要
瞭解的。

家庭作業：(1)持續注意自己的自動化想法並回答看看；(2)
開始準備說明在病發之後，每日的生活作息。

四、第五次會談

病房的護士認為珍妮弗現在氣色比較好，同時也比較安定，
她對病房內的每個人甚至自己都表現出愉快的樣子，但她的睡眠
仍然不正常。

在接下來的會談中，她帶來她寫下的自動化想法樣本，並做
自我想法的挑戰，她也完成了病發前每日的生活表。這次會談流
程的安排是：(1)把一些時間放在家庭作業上，特別是檢視她病
發前日常活動安排的量；(2)開始學習一些技巧去改善其睡眠型

態。

所有她所記載的自動化想法皆與她的先生和婚姻有關。

· 情境：在病房中，會想到吉米。
· 情緒：傷心（100％）。
· 自動化想法：我害怕被他傷害（100％）。
· 她的合理反應是：我必須學習去接受傷害並且承受下來
  （100％）。
· 結果是：自動化想法下的信念（50％）；傷心（35％）。

對治療師而言，合理的反應也未必是恰當的。珍妮弗如此認定，未掌握自己自動化想法的真正意義，並修正其可能的偏誤。在詢問中，她提到所謂被先生「傷害」的意思是指他有時會變得沒耐性，或忽視她，或指使她去做其他的事。

治療師：所以，當他沒耐性或不太注意妳，或指揮妳做事時，妳感到受了傷害。

病　人：是的，我記得在住院之前沒幾天，他要我幫他把報紙拿來，這份報紙我以為他早已看完，因此我收了起來。我告訴他說我不要幫他拿，他應該自己去拿，他卻說是我整理好的，所以應該是我去拿！

治療師：然後發生了什麼事？

病　人：我只好去拿給他，但之後就走進房間，我感覺受了他的傷害。

治療師：妳受到怎樣的傷害？

病　人：他的生氣。

治療師：妳感覺害怕嗎？妳在想他會打妳嗎？

病　人：不會，他絕不會做這種事。我只是害怕受傷——
　　　　我沒法子忍受也不能面對它。

治療師：我懂，但為什麼他生氣妳會覺得受傷？對妳的意義
　　　　是什麼？

病　人：我不知道，也許這意味他不再愛我，他不想再要我
　　　　了！

治療師：妳真的相信嗎？當妳自己生氣時妳會怎樣？我們以
　　　　前談過呀！當妳對妳的孩子或父母生氣的時候，妳
　　　　會不再愛他們嗎？

病　人：喔！我只是感到挫敗，這想法一閃即過。

治療師：那吉米的生氣呢，他持續了很久嗎？

病　人：沒有，並沒有，是我的受傷感持續，我持續好多天
　　　　都感到這樣。

治療師：這就是妳所害怕的嗎？妳在傷害中做些什麼？首
　　　　先，如果妳不把他的行為做那麼嚴重的解釋時，妳
　　　　會這麼受傷？他是生氣或是煩躁——生氣不就是
　　　　一種正常的情緒，不是嗎？每個人都有這種感覺，
　　　　孩子、成人，甚至動物。吉米是因為對一些事感到
　　　　挫折而生氣，他並不想大叫，不想責備妳！

病　人：是的，這樣我就不覺得那麼受傷了。

治療師：對的，第二，也許妳的反應也是個問題，妳在前幾
　　　　次曾提過，生氣，對妳而言是個問題，由於妳的父
　　　　母親並不能容忍表達生氣，因此，妳並沒有什麼榜
　　　　樣來教妳。我們將在未來花更多的時間來討論這個
　　　　問題，看看如何處理生氣。妳自己是不是也發現到
　　　　有這個問題？

病　人：我認為一個人不應該表現出生氣。

治療師：這是一個很重要的行為法則，我們必須在另一個時間中再來評估，這正可解釋為何妳對妳先生的生氣會有這種受傷的感覺，並且又加以自我壓抑。然而，每個人都會生氣，妳曾對吉米提過妳對他生氣的感覺嗎？

病　人：不，絕不，我不能這樣子說。

治療師：也許某些事妳是可以做的。妳可以試著告訴他妳的感受，並討論看看是什麼讓他生氣。我們可以花一些時間來練習看看。現在，讓我們回到這張表上，在合理想法的欄位上，妳是否可把我們的討論摘述在這上面！

　　生氣是一項一再重複的主題，治療師抓住此焦點，發現「應該」反映了病人基本的信念，在此情境中病人產生強烈的情緒，並引發其潛藏的意義，對生氣的解釋導致了受傷害的感受，對處理該情境之技巧上的窘迫，也引發害怕的感受。

　　珍妮弗在不良功能認知記錄表處記下她先生的生氣是對挫折的正常反應，並非是指失去了他的愛。失去愛是件長而持久的狀態，但丈夫的生氣很快就會過去。她在欄位上的最後一部分寫下10％的受傷感，她並記下她的害怕是因不知如何處理面對生氣的應對技巧，她需要有不同方法來練習，以去除這種陰霾的心情，害怕感於是降到25％。角色扮演又開始進行，由治療師扮演病人，包括解釋為什麼把報紙收好，對他道歉，並詢問吉米為什麼這麼小的事要發那麼大的脾氣。扮演的結果發現吉米的生氣與珍妮弗過分的潔淨感有關。珍妮弗同意她的潔淨感是太高了，如同過去討論過的。

　　其他記下來的想法與對她先生的感覺有關，珍妮弗和治療師

都同意把這個主題留到待會兒的會談中討論，這可把它當成一個特定的治療目標，也就是做妻子的角色。

會談接下來是檢視珍妮弗在病前每日的生活作息，看來這樣的生活表實在有些可怕，珍妮弗也同意，當她這樣寫完時，她相當訝異她怎麼會想做那麼多事。簡單而言，她每天六點半起床，也包括週末假日，她準備早餐，並叫小孩們起床準備去上學，當她先生帶著孩子們去公車站搭車後，先生也順道去工作了，她則開始「嚴謹的」家務工作了。這包括清掃所有使用過的地板，除塵、磨光、清洗，再用吸塵器清潔房內所有的角落。之後，她到托兒所去接她最小的女兒，送她到保姆家，順路去做她兼職的護理工作，時間是中午十二點到下午五點半。結束後她回家準備晚飯（她先生和孩子們已經在家），吃完飯她又開始清理廚房和客廳。晚間，她通常也外出，不是去參加媽媽團體的聚會，就是拜訪教區中的老人。唯一休息的時間是週六晚上，她會與先生共享一段平靜的時刻。

討論下來，珍妮弗也同意她並未留下足夠的休閒時間給自己，在將來這可試著加以修正，這樣對她的婚姻、孩子們都會帶來些好處的，在她下週回家之後，一方面可逐漸增加她擔任家管的角色，一方面也可發展更多的休閒生活。

最後，由於時間的限制，沒有辦法在這次會談中練習放鬆的技巧。治療師給珍妮弗一卷肌肉放鬆錄音帶，要求她在睡前放來聽，主要的理由是協助她能有更好的睡眠品質。

最後摘述並進行回饋，這次的家庭作業包括：(1)持續填寫自動化想法記錄表；(2)並做放鬆練習。

五、第六次會談

重新評估個案的心理狀態，在BDI=18，HRSD=13，都顯示

了明顯的進步，珍妮弗也宣稱她不再有自殺的想法，她也對這項進展感到開心，對將來也懷抱希望。

會談流程安排包括有：(1)回顧家庭作業；(2)準備出院及提醒可能的問題。

家庭作業回饋：放鬆的練習做得還不錯，她已經能跟著錄音帶做練習，並在帶子結束前感到想睡，當她早上四點醒來時，她仍能再做練習，並再維持兩小時的睡眠。聆聽錄音帶並跟隨帶中的指示，不僅能協助放鬆，也使她免於表現出過多煩亂的念頭和情緒。

有兩項自動化想法與回家有關。

- 情境：想到明天要回家。
- 情緒：憂心（80％）。
- 自動化想法：我將破壞一個快樂的家（100％）。
- 反應：無。
- 情境：同上。
- 情緒：非常傷心（100％）。
- 自動化想法：吉米不要我回家，他不再愛我了。
- 反應：我直接跳到結論卻並沒有證據，他不是才說了，他愛我，也想念我，就如同我和Ｂ醫師所討論的。他感到挫折，但並不意味著他不再愛我。當我回家了，我會多和他說話，試著把事情做好（100％）。
- 結果：自動化想法的信念（10％）；傷心（20％）。

此處看得出來珍妮弗已能自我挑戰她第二個自動化想法，能較有技巧的檢視她思考上的偏誤並修正其負向解釋，然而，在此階段，她仍在學習中，她並未都能處理並回答可能的想法。

治療師：是怎樣會影響妳這美滿的家庭？

病　人：目前家裏樣樣事情都已經上軌道了，孩子們也已熟悉我朋友瑪格麗特的照顧，吉米也回去工作了，並未再對我有些什麼擔心。

治療師：家裏現在一切都安定下來不是件好事嗎？那不是讓妳不用那麼掛心嗎？

病　人：這是事實，但這同時也讓我感覺到自己是多餘的！

治療師：是多餘而且也是打擾的，妳是這麼寫的。當妳回去後，瑪格麗特會持續在家幫忙嗎？

病　人：我想是的。

治療師：回去後，妳是不是要從她手上接回一些家務上的責任呢？

病　人：是的，我是這麼計畫著的。

治療師：妳是不是也在想，她也將多留些時間給自己，去擔待她自己的角色了？

病　人：是的，我想她是會的！

治療師：很好，至少有一個人會高興妳回去了！那孩子們呢？他們雖然被妳先生和瑪格麗特照顧，但他們一點兒也不想妳嗎？

病　人：對呀，上週末和週日我回去時他們看到我都十分開心，當我離開回去時，最小的孩子開始哭，我最大的女孩凱倫還問我：「媽媽，妳一定要回去嗎？」我看著她也強抑著眼淚。

治療師：好的，這是不是表示他們將非常樂意看到妳回去，或至少對他們來說，妳並非多餘也非打擾。

病　人：我想是的，妳總是讓我看到事情的另一面，但在這裏都沒問題，一旦只有我一個人時，所有灰暗的想

法又會再襲來。

治療師：我都瞭解，這對妳仍然需要一些時間，用眞實的眼
　　　　光來看待妳自己和妳的環境，這也是治療所要做的
　　　　部分。好的，孩子們會高興看到妳回去，妳的朋友
　　　　會開心知道可以卸下擔子了，妳先生也會想念妳，
　　　　妳在這裏寫下這第三個自動化想法，這樣妳的感覺
　　　　如何？妳還會那麼擔心回家嗎？

病　人：不，我現在感覺比較好了！

　　接下來幾天中，在家中活動計畫的細節也寫下來，只安排少
數幾樣活動，主要的理由是，若病人過度期望自己能表現如同病
前的程度，這將會脫離現實。

　　家庭作業：(1)填寫活動時間表，並評量可達成和帶來的愉
快感；(2)在睡前持續做放鬆練習；(3)填寫不良功能認知記錄
表。

六、第七至十四次會談

　　珍妮弗現在已出院，在接下來的四週中，她每週來會談兩
次。她總是能執行每次的家庭作業，也從未錯過任何一次會談，
她的進展雖然緩慢，但尚稱穩定。

　　目前討論的主題包括最初治療的目標，她的自動化想法記
錄，和家務、整潔上相關的問題，另有額外的主題，雖在第一次
會談中未能深入，但在幾次會談中逐漸顯現出來，也就是說珍妮
弗對他人需求的過度反應，以及不會和人說「不」。這個結果導
致她身上有過多來自他人的要求，也因此產生生氣和低落的情
緒。

　　在出院後的接下來幾週，她有許多在婚姻中不安的想法。她

擔心她會因先生慢性的病症（先生從小就有氣喘，同時他的一腳殘廢，不能開車），或已與別的女人有染而離開她，她也擔心她不能與先生一同分享心情。典型的自動化想法是：

· 我不能告訴吉米我對他的感受，因為我不知道。
· 我在想是否我是憎恨他的無能。
· 當其他的女人過於接近吉米時，我感到不安。
· 他待我如同瑪格麗特或海倫，我在他心中也沒什麼特別的。
· 他總是有些不修邊幅，不夠乾淨，我沒法子忍受，他應該多去洗洗澡。
· 我不能對他表示任何的情緒。

伴隨的情緒主要是傷心和／或生氣。

這些想法皆被仔細地檢視，主要的目的在於協助病人去澄清對先生的想法和感受，及如何改善他們的婚姻關係。對一般憂鬱症的病人來說，認知偏誤是相當普遍的思考現象，這導致她目前的心情，並以扭曲的方式看待她的先生，並信以為真。對治療師來說，這是真正的問題所在，必須與個案一同討論。

一種技巧是要珍妮弗重新思考她心目中先生的優點為何？治療師要她條列先生的優點，是怎樣的特質導致她選擇他為丈夫？她寫下了一長串的支持證據，他是一個體恤的、慷慨的、有能力的、有幽默感的、努力工作的，對孩子和善，同時也有用不完的力氣似的。此外，他的健康並沒有她描述的那麼糟。事實上，自從他們結了婚，她甚至不記得他曾有一天休息過。她唯一能為他做的事，是偶爾開車載他去工作。不過，通常，他是相當開心地自己走路或搭大眾交通工具。他的先生每週也花了大半的時間投

入工作，如同她一般，奔波於各地教會活動。

利用角色扮演的練習，可以改善她對先生的想法和感覺，他不修邊幅的問題，珍妮弗決定要去直接告訴他，這件事她從未做過，她總是間接的嘮叨或生氣而已。藉由角色扮演，也能促發相關的自動化想法和溝通方法。

治療師和病人都同意他們必須要花更多的時間來討論，如何減少部分教會的工作，如何把家務的工作經營得更好，以便有多一些時間與先生共處。

珍妮弗對其他女人所產生的不安全感，部分是基於現實因素，她特別恨她的先生平時把時間花在幫助她朋友，瑪格麗特以及她妹妹海倫身上，這兩個女人長久以來一直非常仰賴吉米的協助與支持。看來，病人和她的先生都共同有強迫性的需求去幫忙他人。

上述的問題在過去的會談中雖然提過幾次，但都未深入，在她出院的第二週（治療後的第四個禮拜），她提到與瑪格麗特之間的危機感，因為她一直待在珍妮弗家，花了很多時間在料理家事。

病　人：我是忍無可忍了！吉米也騎在我頭上了，他在家不
　　　　做任何的事，所以我叫她回去，我沒法子忍受她還
　　　　待在家裏，吉米聽了非常地生氣！
治療師：那妳的感覺如何？
病　人：我感覺非常有罪惡感！
治療師：妳感覺到妳什麼地方做錯了，是嗎？在這個情形下
　　　　妳做錯了什麼？
病　人：我感覺我非常糟糕，我沒法子應付我先生要我應付
　　　　的局面！

治療師：妳告訴瑪格麗特為什麼妳要她走嗎？

病　人：喔，……不完全！我告訴她我非常謝謝她過去幾個月來對我所做的，但現在，重要的是，我應該去學習去面對自己了！

治療師：這不盡然吧！

病　人：同時，我也認為她已經對吉米有些好感，同時，吉米也有這個意思。

治療師：這樣想對嗎？是否有其他人也和妳抱持同樣看法？

病　人：是的，至少瑪格麗特這個例子，我母親曾這麼提過，吉米的父母親也這麼提過，我知道他們也和吉米談過這件事，她挪開自己所有的時間，就像個妓女一樣滿足他所有的需求。

治療師：好，那這種狀況對任何人都好嗎？

病　人：對我是不好的。

治療師：對妳先生呢？

病　人：不好，事實上，他幾個月前也告訴過我，他要她離開他的生活，他感覺到已被她的問題所困，但並不知道如何避掉她。

治療師：那瑪格麗特呢？這對她是好的嗎？

病　人：我也不這麼想，長期來說，這對她並不好，她應該有她自己的生活，有一份工作並和別人發展親密關係，她也正為了她的憂鬱症在就醫中，這也是吉米勸她這麼做的。我記得瑪格麗特是這麼告訴我的。

治療師：所以，珍妮弗，也許這件事是妳做對了，而不是錯呢！

病　人：也許吧，但為什麼吉米自己不這麼做呢？他現在看起來很生氣。

治療師：是的，此刻他是相當生氣的，但當一個人被告知做
　　　　錯事時，有時他們會感到生氣的，不是嗎？但他也
　　　　許也正感謝妳呢！

病　人：是的，也許吧！他是說過他過度介入瑪格麗特的事
　　　　情，是一種錯誤，但現在卻顯得難以脫身。

治療師：好的，那現在妳還有罪惡感嗎？

病　人：沒有，只是有一點兒不高興。

治療師：當然會的，我可以瞭解，目前對妳而言，這是相當
　　　　微妙的情形，也許妳可以一步步地和瑪格麗特接
　　　　觸，但不需要完全不與她來往。

病　人：喔，對的！這正是我所說的，我們已經邀她下週一
　　　　同吃晚飯，因為她與孩子們的關係非常好，她也能
　　　　擔當孩子們的保姆。

治療師：很好，妳這樣做也帶給妳另一個好處。

病　人：是什麼？我倒沒有想到！

治療師：是的，我們過去曾討論過妳的自信問題，妳想這是
　　　　不是個肯定自我的行為！

病　人：是的，當我不把它當做個大問題時，我是能辦得
　　　　到！

治療師：這就對了！現在妳可以對另一個情境設定自我肯定
　　　　的實驗——例如，對妳的父母和妹妹設下界限？
　　　　我想這樣做會帶給妳另一個好處。

病　人：妳能嗎！（微笑）

治療師：我也在想，妳這樣做是在同時告訴妳先生和妳自
　　　　己，妳可以做決定，這將有助於妳回去擔當一位妻
　　　　子和母親的角色。

病　人：也許吧！吉米對我生氣，但從長久來看，這反而幫

了他忙。

治療師：我很高興聽到妳比較長期和短期效果的差別，那妳
　　　　現在感覺如何？

病　人：很好。

治療師：不錯，我們必須很快地回顧今天會談流程的安排
　　　　上，妳是如何應用妳已學習到的，應用到妳和父母
　　　　與妹妹的關係上去，在妳出院以後，妳記錄很多想
　　　　法都與這有關，同樣的，包含了罪惡和生氣的感
　　　　覺。

　　治療師運用這件在家中發生的危機事件為例，與病人一同整
理她主要的幾項問題——自責、自我肯定、在先生面前的家務處
理和關係維繫的角色。

　　除了處理珍妮弗在各種角色上對自己負向觀點自動化想法之
外，第八次的會談也討論一些可改變的行為作業和與此有關的想
法，這花了四個禮拜才達成目標。雖然每個禮拜與治療師共同決
定改變目標，但她也發現相當難改變她對整潔的要求，這種強迫
性的潔淨感會伴隨有「我不能應付」，和「為什麼他們不能把這
些弄乾淨？」的想法，並且也有生氣、憎恨以及憂鬱的感覺。

　　治療的策略上則是重複潔淨的效率所帶來的好處，試著找出
新的方法去規劃她的時間，並檢視對她本人和家庭所帶來的結
果。在詢問下，浮現出來的好處包括有：

・她有更多的時間可以投入愉快的活動——例如閱讀和聆
　聽音樂，這對她而言是種享受和放鬆。
・她會有更多的時間和孩子們在一起，感受到更稱職的母
　親角色。

．她不至於那麼累，也比較不會焦躁。

．她的先生也會少發脾氣，因為他抱怨當他疲憊地回到家後，還得面對她不斷地打掃和清潔。

．在符合現實的清潔標準下，她也能感到成功，能控制情緒，也能感到滿足。

在第四週的治療後，也就是在十次的治療之後，BDI=10，HRSD=9，兩項結果都顯示她已有進展，憂鬱的程度亦減輕許多。

治療師和病人此時開始回顧父母和妹妹間相處的方法，並摘述她們之間的關係，她害怕她將會再度照顧他們。他們常來看她，並與她一同料理家務，或是，他們也會期待她能盡可能地常去探望他們，她妹妹的問題則是在她沒法過好自己的生活，會期望珍妮弗的協助，讓她住在珍妮弗家中，並為她做一些事。

要解決這些問題，必須對珍妮弗訓練新的行為：自我肯定、情緒控制和對他人過多的要求說「不」，治療的策略包括促進相關的想法和預測，解釋建立新行為對長期生活的好處，並能做現實感評估。接下來是討論有時對人說「不」的對話摘要。

治療師：讓我簡單說明我所瞭解的部分：妳通常很容易為別人做事，即使是那些很干擾妳的事情，包括讓別人待在妳家很長的時間、為他們做一些事，也回應他們的各種需求，包括妳妹妹和瑪格麗特。對妳的父母親，妳未告訴他們妳沒法子那麼常去拜訪他們，或妳只能偶爾去拜訪他們；當妳母親踏進妳家門，告訴妳應如何教導孩子們時，妳也一直不能對她說：「不，謝謝妳。我比較喜歡用別的方法來教。」

也因此，妳通常感覺到挫折、生氣，進而責備妳的
生氣而沮喪下來。我這樣說對嗎？

病　人：對極了！

治療師：好的，我也在想是什麼讓妳會這樣子，如果這樣子
讓妳那麼煩惱，那妳如果偶爾說「不」，會怎樣
呢？

病　人：我在想我會覺得糟透了，我會覺得自私和不關心別
人。

治療師：所以這就如同妳不能站在任一方。讓我來看看妳的
解釋是否是對的，這好像是個是非題一樣，似乎妳
是說：若不做到別人所要的，不去反應別人的需
求，就是自私和不在意別人，一個人不該是自私和
不在意別人的，因此，妳絕不能說不，也不能拒絕
他人的需要，這樣說反映了妳的信念嗎？

病　人：我認為是的，當妳這樣子說，我倒覺得有一點兒極
端。（病人微笑）

治療師：對了：這是相當極端的，妳似乎為妳自己設下了規
則，這是相當嚴厲的，並未有助於妳，這種法則如
同妳在小時候學到的，雖然妳已經是成年人了！但
妳一直用到現在，讓我們看看是否我們可以改變些
什麼，以致沒有人會受傷害──妳不會，別人也不
會，為什麼每次不對他人的要求做回應就表示自
私，難道不能偶爾說不嗎？

病　人：我認為一個人應該把自己放在別人後面。

治療師：應該，難道聖經上曾寫過，或在哪裏寫過嗎？

病　人：我不清楚。

治療師：好的，就舉妳的父母和妹妹的例子來說，我們知道

妳嚴謹的規則讓妳大半的時間都感覺到不好，那其他人呢？妳這樣做幫助了他們嗎？

病　人：我想沒有，妳知道目前在我父母、妹妹和瑪格麗特身上都發生了什麼。那如同一支最後的稻草，我破壞了它，一切都砸了！

治療師：我不確定是否事情是這麼弄砸了，但確定的是這種關係是亂了，妳必須花很多的力氣去修補它，如果妳在開始的時候就設下規則、界限，那反倒對妳有利，妳認為這些問題的嚴重度還會更高嗎？

病　人：可能不會。

治療師：那每個人可能還會高興些呢！

病　人：可能吧！

治療師：那妳以為這種可能有多高，百分之百？

病　人：嗯……嗯……

治療師：是的，妳在將來是可以來測試看看的，看看結果如何！來看看妳這新的行為會產生什麼結果？這是否會平衡妳自己和他人的希望？

病　人：也許可以平衡吧！

治療師：那樣不會自私了吧？！

治療師用詢問的形式想測試病人最初的信念？在這樣的回饋下是否有所改變。

病　人：是的，因為這樣子對每個人都會有好處的。

治療師：太好了，所以決定對他人做事並判斷對錯，妳必須同時考量自己與別人的需求和意見。

病　人：對的，我已經懂了！

治療師：妳寫下來會有幫助的，今天我們所討論到的理由，
　　　　就當作妳下週的家庭作業吧！在紙的上端寫下最初
　　　　的規則——我不該對他人的要求說不，否則我就是
　　　　自私，不關心別人。在紙的中間部分寫下這樣子想
　　　　所帶來的好處和壞處，這可能會讓妳想到其他我們
　　　　今天所沒有談到的想法，下次我們的會談中可以再
　　　　詳細來看看。這樣子好嗎？這樣子清楚嗎？

　　這部分是呈現即使在治療早期，也有必要去處理病人的基本
規條，促進行為的改變，並改變自動化想法，這次的治療是在治
療後的第五週（第十二次會談）。

　　在治療的第六週後（第十四次會談），評估的分數BDI=8，
HRSD=5。

七、第十五至二十次會談

　　病人現在每週會談一次，治療的目標在整理過去的經驗，並
修正其基本假設（規則或基模）。

　　第十五次的會談主題包括家庭作業的討論，並回顧治療中已
達到的成效。治療到此時，重新回顧第一次會談所設定過的目
標，並檢視進展，是相當重要的，對病人而言，這不僅能協助她
真實地評估其進展而有成就感，對治療師來說，也可以讓他保持
方向，並產生對於病人的一般性看法。

　　治療師因掌握了更多的訊息，對個案最初建立的概念架構有
所省思，使其得到可能的修正或改變。

　　相對於在第五章所提到的治療目標，目前回顧後的整理是這
樣的：

．病人的症狀已大幅改善，大部分的症狀和徵兆都已消失。珍妮弗不再有自殺意圖，她過得有活力、享受許多事物並能做決定，她的睡眠飲食問題已恢復正常，她在性方面的興趣亦已回復，只是由於與先生的關係並不理想，她的性生活仍然困擾著她。

．她不再認為她做為女兒、朋友和姊姊的角色是失敗的。

．與先生和孩子們之間的問題仍偶爾存在，主要原因仍是她的潔癖，也包括她那種不能完全控制環境的感覺。

．她不再懷疑她的婚姻，她相信她的婚姻是對的，而追求傳道的生涯未必是完美無瑕的，對她，也未必是對的。

．生氣的頻率對珍妮弗而言已經降低，珍妮弗已能自我肯定，用恰當的方式表達她的生氣。

治療師在回顧後，提到目前剩下的問題是：婚姻關係以及需要潔淨與完美的控制感，治療師接著提到目前的治療已進行了四分之三，還剩下四至五次會談的時間，治療師也詢問病人對治療的意見與回饋。

治療師：妳覺得到目前為止，治療的感受如何？妳是否認為目前的治療走對了方向，我們是不是能處理對妳而言重要的事？

這樣的詢問是希望病人能有一般性的回應，並得到是否方向不對的訊息，治療師也開始為結束會談做準備，使得會談的結束能保持平順。

八、重新的概念架構

最初的概念架構是重視控制的需求，這種看法是部分正確的，對自動化想法的討論和記錄也顯示一種特別的控制需求——珍妮弗感覺到她的需求和價值極為重要，同時她必須擁有她想要的部分，這種想法再結合她僵化的道德觀，在家中的角色上，就不可避免的會產生許多問題，這些問題混雜了缺乏自信，並相信生氣是不對的，她的因應行為則在自責和憂鬱中，對情境中的衝突加以逃避、退縮。

九、第十六至十九次會談

接下來的四次會談與上述的概念架構有關，其焦點在於改善婚姻關係，並促發與修正病人的基本假設。經由討論和計畫，在合理的範圍內，目前努力擴展病人的日常活動。

珍妮弗在記錄中有關婚姻的想法樣本，包括有：

· 我感覺對吉米傳達我的感覺，不管在身體上、口語上和情緒上都是失敗的。
· 他和我保持距離；他不再對我那麼熱情。
· 他對我的感受根本不在乎。

安排一次同時與珍妮弗和吉米的會談也順利地展開了。吉米說他試著去與珍妮弗同步，但卻發現樣樣事似乎都干擾了她，他也試著協助她，卻仍做得不夠，這樣下來有時也責怪自己對她的瞭解不夠；據他說，他總是有很大的壓力去面對珍妮弗無時無刻的潔癖，例如在晚餐時，他總是小心翼翼地把刀叉放在盤上就食，不然盤子極可能就被拿走而洗掉！這使得他們兩人都笑了起

來——對他們來說，這是件正向的指標，因為他們能以幽默的方式分享。話題也觸及確定珍妮弗憂鬱症方面的進展，這些是過去單獨與珍妮弗也討論過的事。不過兩人也都認為自責和生悶氣，對兩人的關係並沒有好處，這倒不如讓兩人都能彼此知道對方的感受，對方的行為為何導致另一方生氣，並留下一些時間讓兩人能共同做些事等。吉米非常高興能有這個機會讓他分享他的感受，因為他總擔心珍妮弗會在他背後對他貼上標籤。事實上，珍妮弗相當訝異他為了失去了她而非常難過，而吉米也同樣驚奇地發現如果珍妮弗失去了他，竟會如此傷心。

治療師之所以安排這次夫妻治療，主要的理由是病人有婚姻問題，從定義上來看，當夫妻雙方能同時接受治療安排，會有助打開彼此之間的溝通問題，如果單靠處理一方的自動化想法及產生不同的行為法則來因應，這不足以形成真正的解決，治療師也懷疑許多的問題，可能在病人憂鬱症產生之前即已出現。

基本規則和假設，對病人來說，要說出這些並不困難，誠如病人過去所談到的部分和她在自動化想法記錄中所提過的，下面，就是她在記錄單上寫下的記載：

・我不能應付任何事，因為每一件事都相當混亂。
・我沒法忍受混亂。
・我害怕無法控制自己。
・自從結婚後，在家裏我從未感受到能操控的感覺。
・媽媽來了，帶來了控制，隨後妹妹來了，也操控了家，再來則是我的朋友，也是如此。
・我沒法忍受家裏的事沒法子做。
・如果事情沒法子在表面上和情緒上做到完美，我就受不了，事情必須完全如我想要的模樣，否則我沒法忍受。

‧我必須做到完美，事情在我的控制下必須能完美。

治療師：過去，我們花了兩個月的時間來檢視妳對妳自己、
　　　　對生活及未來的負向解釋，我們也同樣在那些會困
　　　　擾妳的狀況下做演練和討論，例如如何表達生氣、
　　　　如何在人前更有自信，以及如何掌控妳的家事而非
　　　　受制於它等，我們也討論過妳曾依循的諸多信念或
　　　　法則中之一，妳記得嗎？妳的道德感還在意不能自
　　　　私？妳也做了一些調整，現在我想討論的是會引發
　　　　妳問題的其他想法，我要摘要地唸一些妳曾在記錄
　　　　單上的例子，我們來一同找找看是否有一般性的原
　　　　則，好嗎？

治療師隨即讀了上述中的例子，並詢問其一般性規則。

病　人：是的，我想我知道妳的意思，我是想讓每一件事都
　　　　完美，我也要感覺在控制中，如果不能，我就會受
　　　　不了。
治療師：對了，似乎事情都必須是在妳定義中的完美才行？
病　人：嗯……這是非常自私的，不是嗎？
治療師：是的，我倒不認為事情要賦予這種具傷害性的道德
　　　　判斷，這種基本的假設對妳來說一定已經沿用很久
　　　　了，我想這絕非妳本質上的道德判斷，不是嗎？
病　人：是的，我從未想過為何我會經年累月地這樣反應？
治療師：這就是為什麼我們稱這種基本態度為「靜默的假設」
　　　　——它們是一些行為法則和信念系統，可以在不覺
　　　　察的情形下影響我們對某些情境的解釋，並又加以

反應。

病　人：但是我能怎麼辦呢？這一定是我的個性使然，我現在是改不了了！

治療師：好的，妳並不需要完全地改變它，也不需要改變妳的人格，我們只是談及一兩個妳的態度，並非妳人格的每一部分，同時，妳也不需要改變所有的態度，只是讓它變得比較有彈性些。我想，每個人都想要把事情做對和感覺能有所控制，我們也會希望事情能如我們所願，然而，如妳所知，生活絕非如此，特別是當妳和四或五個人同住一起，妳也已發現到，每件事總是未能樣樣如我們所願，所以，讓我們來看看妳如何能做一些改變。

這個技巧是用來改變第四章中提過的態度：「我需要有操控感，我需要每一件發生在我面前的事都能完美—— 包括他人的情緒、我的情緒和每一個太陽照得到的地方。如果不能，我就是無法忍受！」這些技巧包括有：列出加權後的好處和壞處，成功滿足需求和預先反應的可能性。

這段期間，最後的兩次評估結果顯示：BDI=8，HRSD=3；BDI=5，HRSD=1

珍妮弗又開始找工作，在第三個面試的地方，她錄用為兼職的護理工作，這是一家私人護理之家，每週必須工作兩個晚上。

十、第二十次會談

最後的會談集中在若再有問題時，如何有效因應，這些包括重述在治療中對她最有用的部分，如活動計畫、安排休閒時段和娛樂活動、註記和修正負向的自動化想法、與先生討論問題、重

新修正對他人要求的反應，並重新省察她本身對控制感和完美主義上的需求。

十一、後續追蹤

間隔六週的後續追蹤發現個案未再發作憂鬱症，某些先前的問題仍以輕微的形式發生，特別是在父母面前的自信，對家裏不乾淨與工作勞累表達生氣。然而，珍妮弗能夠採用治療中已學會的技巧加以實施，她的輕鬱症狀只是暫時性發生。

摘　要

並非所有的憂鬱症患者都要二十次的認知治療，對這個病人來說，由於她開始治療的時間是在住院期間，她接受會談的次數高於一般這類病人。我們發現對住院病人來說，一週至少要接受三次的認知治療，對病人和病房醫療人員來說，這種積極的治療的確已經開始推展。在臨床上，其他住院的病人則接受藥物治療，一般認為治療也在進行。此外，治療師必須從病房護理人員的回饋中知道病人行為表現，以瞭解治療的進展。

憂鬱症病人一般會在治療中討論到具代表性的問題有：憂鬱症狀本身，如睡眠障礙、活動量、喪失生活興趣和不能做決定等；認知的成分如對自己、世界和未來的負向觀點，對訊息傳遞的認知偏誤；因應型態，如對生氣的管理和自我肯定；最後，基本基模，如控制的需求、完美的需求與過高的道德標準。

治療的歷程指出在修正自動化想法、行為和情緒上，行為與認知的技巧相當有用，基本基模的修正是治療尾聲時才加以修正，其實仍有必要將這些正改變的基模做更進一步的修正。

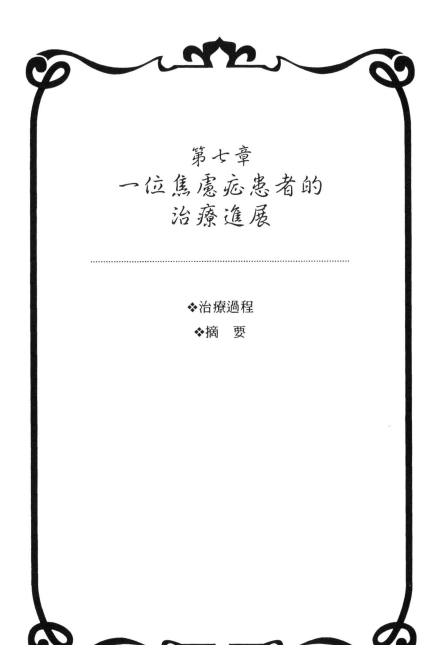

第七章
一位焦慮症患者的
治療進展

❖治療過程

❖摘　要

在這一章，如同第六章，將陳述在第五章介紹過的焦慮症病人的治療進展。

治療過程

整個治療在三個月中共進行八次，並在四個月後再追蹤一次。病人的家庭醫師在過去二個月中亦配合而降低病人服用 Valium 的劑量。

一、第二次會談

在初次認知治療式的會談之後一週。

治療師：嗨！雪莉，上次我們見面到現在有一個禮拜了，我很想知道過去這一週妳過得如何？我們有五十分鐘。

治療師開始這次的會談，首先詢問病人的近況和家庭作業，並提出會談流程的安排，這包括有多少時間可以分配來做有效討論。

病　人：是的，我知道。

治療師：所以，最近過得如何？

病　人：喔，和平常一樣，大部分的時間都相當地緊張，沒法好好睡覺，所以我感覺非常疲倦。

治療師：這會比平常的睡眠還困難嗎？

病　人：是的，相當地不好。

治療師：也許等會兒我們再來看看這個問題，這週還有其他的問題嗎？

病　人：是的，我非常地不安，當我這麼焦慮時我真不知做什麼好？這週在學校相當地糟。

治療師：妳有沒有記錄妳自己的焦慮狀態？

病　人：是！我做了。在這裏。（給治療師記錄紙）

治療師：很好，我們來看看妳的焦慮狀態。

病　人：我發現在學校要這樣子一小時一小時記相當難，因為我一直在教書。

治療師：沒關係，記錄的主要目的是在瞭解妳焦慮狀態的波動情形，以及在什麼情境中，讓妳會更焦慮。看起來妳感受到的焦躁是有些變化，我們可以更仔細地來討論看看。妳認為這對妳有幫助嗎？

病　人：喔，有的。（略有不知所措樣）

治療師：妳看起來有些困頓的樣子，妳心裏在想什麼？

治療師注意到雪莉心情的變化，並用此機會來瞭解其自動化想法。

病　人：我感覺我這個禮拜都過得很糟，雖然有些時候我的狀況好一點，但整個來說，真的很不好！

治療師：所以，這週妳整個的印象就只有「糟」這個字，但當我們看看這裏妳所寫下的，妳的印象是事實嗎？

病　人：不是的，我不認為真是這樣的，這只是我這週的感受而已！

治療師：好的，讓我們很快地來看看這裏，這週妳的心情是有一些落差的，並非都是「糟」這個字，我這樣說

還算是對嗎？

病　人：是的，我瞭解妳的意思。

治療師：但在我們討論之前，我還是想說說那本《面對焦慮》的書，妳讀過嗎？

病　人：是，我讀過，它啓發了我很多！

治療師：我也想知道哪些部分是妳最想討論的，哪些是次要的，還有哪些妳也想討論。

病　人：我想要減少服用Valium的量，我感覺我相當依賴這個藥，我是相當擔心的。

治療師：好的，還有其他嗎？

病　人：沒什麼了，不過我想還有學校的事。

治療師：在學校，這禮拜有沒有發生什麼事？

病　人：這禮拜在學校我還是擔心會突然發生恐慌狀態。

治療師：好的，所以我們也必須來討論這一部分，我想我們都同意來討論妳的恐慌狀態，是吧？（病人點頭）所以，讓我們來試試看，我們得討論對Valium減藥、睡眠問題、妳這一週的焦慮狀態、妳在學校發生的事、妳的恐慌狀態，以及妳讀這本書的心得。那真的有很多！我不知道我們是否有足夠的時間來討論這些，也許我們該集中去注意其中部分問題，哪一件事妳想是最重要呢？

病　人：我不太確定，其實一件事已經有很多部分要談的了。

治療師：問題之間是息息相關的，如果從妳的家庭作業開始討論如何？那會包括很多的問題，我也想知道上一次妳的感覺如何？

治療師設定會談流程，這次會談選擇家庭作業來當作主要的目標，因為這有助於澄清這週的種種資料，也可為治療設下某些特定的問題。

病　人：好的，上次會談其實還好，它幫我去談許多事，我過去並沒有對別人談起每一件事，其實一直以來就沒有人可以讓我來談。

治療師：是的，告訴別人妳的感受對妳有些助益，那說出來是否讓妳輕鬆些？

病　人：是的。

治療師：很好，我很高興妳也這樣覺得。上次談完妳有沒有不清楚的部分，或有沒有事情令你沮喪？

病　人：是的，我瞭解到我真的過得很寂寞，我也想念我的妹妹，如果她還在這裏，我可以和她說說話！

治療師：是的，妳告訴過我，妹妹對妳是相當重要的，和她說話是相當自在的。在某些時候，若周圍有人在身邊，而妳可以和他說說，那真是相當好的！

病　人：我不知道誰會在那裏，但我知道我需要和人有互動，我實在太離群索居了！

治療師：所以，我想我們可以在另一次會談中討論這個問題。現在，我想和妳討論妳的焦慮，妳在書上都讀到什麼？

治療師維持會談的流程，她相信此刻和雪莉討論缺少自信的問題，尚不適合。

病　人：這讓我的收穫很多。

治療師：書中的哪一個部分特別能幫忙妳？

病　人：第一部分，這一部分（病人看著書頁）談到焦慮症的本質。我很喜歡它的觀點，我瞭解到焦慮是十分可怕的，我越害怕它，情形反而越糟，你能知道我的意思嗎？

治療師：是的，我可以瞭解，這樣不好的循環也造成了問題，不是嗎？

病　人：是呀！它影響了所有的生活，我沒法子做到我想做的，我非常恨這種感覺，它卻這樣如影隨形。

治療師：我們能不能從妳的記錄中來看看這個禮拜過得如何？我們也好知道妳的焦慮已影響到了什麼程度，這樣子好嗎？（病人點頭）

　　治療師與病人一同核視每週活動記錄，每一小時焦慮程度皆以0～10分來標記，經驗到的特殊情境亦被記下。記錄中顯示雪莉在學校中的焦慮程度相當地高，不過焦慮的程度仍有波動（評分在4～7分之間）。6分和7分是發生在辦公室中（有一些同事在場），以及教某些課。低分則是發生在一個人在改作業與準備教材。高的焦慮分數亦發生在一週中的幾個晚上和週日的下午。治療師決定去挑戰病人認為「一週都糟透了」的解釋，並協助她釐清想法與情緒。

治療師：在這次會談之初，妳告訴我這整個禮拜都過得很糟，妳這樣想時的感受如何？

病　人：喔，這讓我感覺相當地低沉。

治療師：現在，妳自己看看妳所記下的部分，妳仍然認為糟透了嗎？

病　人：不是，是有些波動，有時候，我是相當焦慮的，但並非總是如此。

治療師：所以，這裏的證據是妳並非一直都感覺到焦慮，那妳現在感覺如何？

病　人：我想並沒有那麼糟，記錄是相當準確的。

治療師：妳能不能從這個例子來看看我們上週討論過的——也就是我們的想法會影響我們的感覺。

病　人：我瞭解了。

治療師從病人自身的經驗中，來強調想法和情緒之間的關係，同時還進一步討論病人經歷到最強焦慮程度的伴隨情境。在週日的午後，病人經驗到很高的焦慮，其焦點似乎與擔心隔天到學校去，可能又會出現前一週的問題有關。

治療師：一般來說，週日的午後妳的感覺都是最糟的嗎？

病　人：糟透了，那天我真是糟透了！

治療師：那天下午妳在家，打掃屋子，看看電視，發生了什麼事？

病　人：我沒法確實地做事情，我沒法專心地看影片，也沒法確實地清掃房子。

治療師：妳感覺如何？

病　人：緊繃的，在我開始打掃後就發生了，我的許多念頭一直纏繞腦際，我想我又快出現恐慌感了，我不能坐著，到了五點，我已經精疲力竭了。電話響了，我父親問我何時會到他那兒去，我就在電話裏大哭了起來。我實在不知道該如何控制自己？

治療師：妳回憶看看，整個下午妳的腦際都有些什麼念頭？

病　　人：大部分是有關學校的事，也有其他的事。

治療師：想到學校，妳心中的念頭為何？

病　　人：我想到隔天我必須去學校，那會非常地糟，我沒法子應付，我就是在這個狀況中。

治療師：所以那時候妳在想：「明天我必須去學校」、「那一定會糟透了」、「我沒辦法應付」，這樣說對嗎？（病人同意）妳能不能再想想看還有什麼念頭在妳腦際？那時妳正在打掃屋子，看看電視，還有什麼想法浮現出來？

　　治療師嘗試捕捉那天下午病人心中的景象，以增加她對想法和情緒的覺察能力。

病　　人：我想我只希望能逃脫而不去學校，上週二在辦公室裏我有一個自己的影像經驗，我正坐在那裏不斷流汗，非常地焦慮。那時，約翰正與瑪麗安在辦公室的另一角落談話，而其他的老師，他們在辦公室內到處看看。我只是努力使自己不要看他們，但卻又辦不到，我自己是暴露在他們面前了，我想他們知道我在焦慮不安。

治療師：所以，那時妳正在想著上週二在辦公室發生的事，妳在心中重演了一次，變得非常焦慮，妳還有沒有想到其他的？

病　　人：我好像被黏住了，妳知道的，我根本沒法走出辦公室，我就是僵直在座位上，讓別人來看我出醜，即使在星期日，我也在想可能還會再發生的。

治療師：那當妳這樣想的感覺如何？

病　人：很慘的，我無計可施，我只是在想這週我會再掉入這樣的圈套中。

治療師：所以主要的情緒是相當焦慮，想法的部分則與上週四在辦公室內發生的事有關，妳想到瑪麗安與約翰都在看著妳，並且認為妳處於焦慮。在週日，妳又對這件事感到焦慮，因為妳在想這可能會再發生一次。我說的對嗎？

治療師簡述關於週日焦慮程度上揚的主要想法與情緒，她把這些想法寫在一張不良功能認知記錄表上，並解釋每一欄位的意義為何？她並思考著該用什麼方法來協助病人去應付這種擔心著未來會發生的狀況。

治療師可以選擇以下不同的方向：

· 修正其自動化想法。
· 教導其行為技巧以應付焦慮症狀。
· 教導其行為策略去應付不同卻類似的情境，治療師決定先修正其自動化想法，因為這些想法在週日困擾了病人大半天。

治療師：（把寫好的記錄表拿給病人看，單子上有情境、情緒和自動化想法）妳看，這些都是一些妳在週日焦慮不安時的想法與想像。事實上，妳腦中所想的大半都是週四在辦公室裏發生的事，妳擔心會在下週再一次發生，這樣對嗎？

病　人：是的，整個下午都充斥在腦際。

治療師：讓我們先來看看在週四都發生了些什麼？因為這影

響到妳週日的狀況。想法上是有關於「瑪麗安與約翰在談論我」，是什麼讓妳想到這些？

病　　人：是他們正看著我！

治療師：那對妳的意義是什麼？（使用引導發現的方式來取得進一步的自動化想法）

病　　人：他們正惡意地在數落我！

治療師：那妳聽到他們說了什麼？

病　　人：沒有，我沒聽到。

治療師：所以妳只是假設，或一下子就跳到「他們在談論你」的結論上？

病　　人：是的，我的確是這樣的。

治療師：所以，在週四，妳並未聽到他們說了妳什麼，就認為他們說了什麼對妳不利的話，而這讓妳相當焦慮。他們有瞪妳或做某些事，讓妳以為他們確實在談論妳？

病　　人：沒有，他們只是看了我一眼。

治療師：妳能否舉出另一個他們看了妳一眼的解釋？

病　　人：喔，也許他們只是在談話中不經意地看了我一眼。

治療師：所以可能只是看了一眼，如同我們平常和人說話會看人一樣。他們的行為是否就可以這樣解釋呢？

病　　人：是的，應該可以吧！

治療師：所以，妳在沒有足夠證據的情形下，跳躍式地下了結論：他們正在談論妳。

病　　人：是的，我可以瞭解。

治療師接著用相似的方法修正其不同的想法，病人發現到，雖然她為此狀況所困，但瑪麗安與約翰或許並未特別注意到她，

同時，他們也可能並不知道她舉止不安。

治療師：所以，在週日，妳假設對週四所以為的解釋是對
　　　　的，這讓妳相當不安，因此妳認為這週妳會不知如
　　　　何過，那妳事實上過得如何？

病　人：喔，比想像的好一些。

治療師：所以，妳週日預測妳會過得不好，事實上也並未得
　　　　到證明，這樣說對嗎？

病　人：對的，我是假設同樣的事會發生，但並沒有。

治療師：所以妳的預測都對嗎？

病　人：不是。

治療師：如果妳能將許多的想法都用週日這例子的方式來加
　　　　以檢視，妳想妳是否會感覺不同？

病　人：大概我就比較不會一而再再而三地想它了。我會變
　　　　得比較不那麼焦慮，不過這真是我的問題所在，我
　　　　不確定我是否能產生這種想法！

治療師：喔，我倒並不期待妳現在就能百分百地做到，重要
　　　　的是妳能瞭解在一個情境中的自動化想法，會讓妳
　　　　變得焦慮不安，若能進一步挑戰此想法，會使妳比
　　　　較能因應，變得不那麼焦慮。也許妳需要把這個當
　　　　作下週的家庭作業，寫下妳所處的情境、情緒及自
　　　　動化想法，如果妳寫下前三個欄位，我們可以在下
　　　　週一起來挑戰妳的想法，不知妳覺得如何？

病　人：好，我想我可以試試看。

治療師：妳必須清楚區分想法和情緒的差別，有時候我們說
　　　　感覺，但事實上是想法，舉例來說，我想妳剛才說
　　　　感覺到這個狀況真是個問題，事實上是妳正在想這

個狀況讓妳感到很糟，其實我們的討論是發現當改變了想法，而非去改變感覺，並不困難，而正如妳已發現的，當改變解釋方式時，感覺也就跟著有了變化。所以有必要區分這兩個部分，我相信如果妳試著做做看時，是挺容易的，這樣說妳能瞭解嗎？

病　人：是的，我知道妳的意思。

治療師要求病人跟著這次討論的內容來做家庭作業，她也再次強調情緒與想法的不同，以協助病人瞭解彼此的關係，以利家庭作業的執行。

治療師：所以今天花了很多時間討論在學校裏讓妳焦慮的想法，我想我們應該簡要回顧一下我們所發現的，妳要不要來試試看。

病　人：我焦慮的原因似乎大部分是我對事情的想法所造成，要拒絕約翰其實並不困難，但我想我不能應付，就把事情弄困難了。於是我開始焦慮，以致事情變得難以處理。

治療師：很好的整理，接下來的十五分鐘裏，我將教妳一些放鬆的技巧，它能協助妳去處理妳的焦慮症狀，這些在家中也必須要練習的，這樣子好嗎？（病人點頭）

治療師隨後指導病人一套簡易的放鬆程序（參見第四章），在數分鐘的沉默後。

治療師：好的，妳感覺怎樣？

病　人：很好，我感覺有些想睡。

治療師：是否感到比較輕鬆一些？

病　人：是，有一些改變，不過剛開始時會覺得比較不容易放鬆。

　　治療師給病人一卷指導放鬆的錄音帶，讓她在家能每天練習，以降低緊張，並協助睡眠。之後，治療師引導病人回饋，並再告知家庭作業的重要性，這次的家庭作業包括對出現不良功能認知的情境、情緒及想法，並進行放鬆的練習，此外，**繼續使用每週活動表**，來記錄每小時的焦慮程度。在會談的尾聲，病人和治療師都同意去看家庭醫師，詢問Valium的藥量是否應降低下來。

　　治療師再次瞭解病人對這次會談的回饋，雪莉認為治療對她相當有用，雖然近來她並未出現恐慌狀態，但她希望知道如何處理。對恐慌狀態的處理，留待下次會談中進行。

二、第三次會談

　　此次會談與前次會談的間隔為一週，治療師先詢問雪莉過去一週來她的感覺如何？她回答說這一週的感覺有些兩極，有些時間是高焦慮，有些時間又相當平順。治療師也詢問上週會談的感受，雪莉稱一切都相當好，不過她也表示大多時候，她為自己的焦慮感到相當憂心，也發現她相當難以應付許多事情。治療師也詢問病人家庭作業的實施狀況，病人皆能做好。接著，雙方都同意這次會談流程是討論家庭作業及面對恐慌狀態的方法，後者是上次會談時雪莉所要求過的。

　　治療師：（在檢視過病人的每週活動表和不良功能認知記錄

後）看起來妳大半的焦慮仍在學校辦公室，特別是在午餐時間，以及教室裏學生自習時間、妳批改作業時出現。不過上週末比起前一週末要有些進展，妳同意嗎？

病　　人：是，上週末是好一點。我能處理許多事情，我父親的狀況也比較好了，這幫助我很多，我並未因他而變得暴躁！

治療師：那卷放鬆錄音帶聽得怎樣？

病　　人：很好，我很喜歡聽，它可以讓我暫時放下其他的事。

治療師：妳是否用它來放鬆自己？

病　　人：有的，在家裏，有幾個晚上它能幫助我入睡，但我不確定在其他時候該怎麼用它？

治療師：好，我們可以在其他時間來討論，今天我們有一些事要做，但妳應該在家裏持續練習，讓妳的技巧能更好些。（病人同意）

治療師：妳在每週活動表上記了某些想法的焦慮程度為7分，這樣對嗎？

病　　人：大部分的想法都寫在這兒了。我常發現相同的想法一而再、再而三的出現，所以寫下這些倒不難。

相同的想法常出現在焦慮症病人身上，當然也包括憂鬱症的病人身上，治療師重視這個現象，並告知病人必須注意她想法的樣本為何？

治療師：通常是這樣的，若相同的想法重複出現，倒不需要把每一個想法都寫下來。想法有關的情境大部分是

與學校有關──多半是在辦公室，讓妳焦慮的想法包括有：

「我沒法子變得更好。」

「我沒法忍受這些。」

「我沒法處理與約翰的事。」

「我沒法子想得很直接。」

這些想法大半與預測未來與思考某些方法有關，妳沒法去應付，妳是不是也這樣以為呢？

病　人：是的，我就是這樣經驗著，我沒法子應付。

治療師：是妳不能應付，或是妳相信妳將來不能應付？

病　人：是我將來不能應付。

治療師：所以想法大多與未來有關，妳看到自己沒法子應付，我們可以現在先選取這些想法中的一種，看看我們是否可以發現一些方法來處理妳的恐慌狀態，雪莉，妳認為哪一個想法我們可以先來處理？

病　人：「我沒法子變得更好」。每次我的焦慮浮上時，我就會這麼想，在夜晚，這種想法就這麼纏繞著我，這讓我感覺到煩透了。

治療師：所以昨天妳在紙上寫下這個想法，例如，當妳在學校時，妳一個人在教室裏改作業？

病　人：是的，我無法專注去做我要做的事，我處於不由自主的狀態，在改作業。

治療師：妳心裏都想些什麼？

病　人：我在焦慮狀態，我剛教完今天的書，相當地累，在回家之前有那麼多的作業要趕完，壓力很大，我感到自己變得更緊繃，我在想「我沒法子忍受這個學校，我正被束縛在此，我沒法變好，這種狀況是揮

　　　　之不去的。」

治療師：這些想法讓妳感覺怎樣？

病　人：喔，焦慮，同時相當低沉且無望。

治療師：所以不只一種想法，且這些想法讓妳感到焦慮且低
　　　　沉。

　　治療師促發病人描述其完整的心情和相關想法，因而在展開
修正想法之前，能對病人的狀況有充分的認識。

治療師：讓我們來看看這個想法：「我沒法子變得好些，這
　　　　種狀況是揮之不去的！」

　　治療師試著建立這個想法真實的可能性，以挑戰此想法。

治療師：妳想妳自己會永遠困在焦慮的狀態嗎？

病　人：當我這樣感覺，我是這麼認為的。

治療師：何以見得？妳是怎麼評估妳會一輩子都處於焦慮的
　　　　可能呢？

病　人：是的，我感覺已達90％，那讓我感覺到相當無望！

治療師：所以當妳非常焦慮時，妳想妳會有90％的機會一直
　　　　持續，那妳是否曾一直在此焦慮狀態，或這種狀態
　　　　在一天當中一直維持？

病　人：喔，它會改變的。

治療師：妳昨天的高焦慮持續了多久？

病　人：大概二十分鐘。

治療師：所以證據是妳持續了一天的焦慮而沒改變嗎？

病　人：好，我懂妳的意思了，這是會改變的。

治療師：那妳認為這種想法反映了現實，還是反映了當時的感受？

病　人：只是當時的感受。

治療師：所以是否有其他種看法來看待當時的情緒與想法？

病　人：我想我並沒有一直在很糟的感受中，事實上一天當中情緒的起伏是很大的，更確實地說，我應該只有那二十分鐘是很焦慮的。

治療師：所以當妳焦慮時，妳也不清楚真正不好的感覺有多久？這樣說對嗎？

病　人：情形確是如此！

治療師：所以來看看妳的想法：「我沒法子變得好些！」妳有多少證據支持？

病　人：我一直覺得我自己長期以來都很糟，但我並不覺得我每一刻都那麼糟。我實在沒法子確定我會變好些。

治療師：好的，至少我們有證據知道妳並非總是那麼糟，這是一項好的訊息，沒有證據說妳不會變好些，因為沒有人能預測未來，不是嗎？我是不知道妳怎麼想，但我是不擅此道的！（病人笑）

治療師嘗試用一些幽默的語詞來引發病人的認可，病人亦同意。

治療師：所以我們只能說：變得更好些是件實證性質的問題，我們必須拭目以待，過去許多研究的資料已支持某些技術能協助人們面對、甚至克服焦慮，我想相信這些技術也將使妳受惠，我找不到什麼理由說

為什麼不能幫助妳。

　　治療師再次使用幽默的口吻與學術研究的證據來激發病人對治療的信心，並摘述以下的方法來修正病人的自動化想法。

　　治療師：所以，雪莉，我們可以問以下幾個問題，來面對妳
　　　　　　的一些想法，像是：
　　　　　　1.那項想法的證據為何？
　　　　　　2.我是否昧於事實的感覺？
　　　　　　3.一項特殊事件發生的可能性為何？
　　　　　　4.我有否作跳躍式的結論？
　　　　　　5.我正在預測未來嗎？
　　　　　　這些也許有助於妳來挑戰妳的想法，也許妳該對妳
　　　　　　的自動化想法，問自己一些問題，寫下來當作下一
　　　　　　次的討論。

　　病人同意這項作業的安排，治療師隨即跳到第二項主題，也就是雪莉所在意的恐慌狀態，如何因應？治療師詢問她最近一天的恐慌狀態。

　　病　　人：是的，就在數週之前，整個狀況是相當糟糕的。

　　治療師嘗試挑戰病人在恐慌狀態中的想法。

　　治療師：那時候妳在做什麼？妳在哪裏？
　　病　　人：在家裏，我從學校回來。不過當天中午我去我的家
　　　　　　庭醫師那兒就診，因此當天相當忙碌。回家時，我

已經相當疲憊且緊繃，我在餐桌前坐下來，開始感
到恐慌！

治療師：在妳恐慌狀態出現前，妳記得妳的心中在想些什
　　　　麼？

病　人：我知道當醫師告訴我Valium不再開給我之後，我感
　　　　覺到相當地低沉，我真不知如何以對，也不知能做
　　　　什麼，我已經依賴這個藥很長的時間了。我開始擔
　　　　心隔日在辦公室主持的會議，會議中只有三個人，
　　　　但我知道約翰是相當難應付的，會議中我會要求老
　　　　師們開始擬訂新的考題，我也知道一定有人會反
　　　　彈，這會把我弄得很狼狽。

治療師：所以許多想法又再縈繞妳的腦際，妳也感到低落和
　　　　焦慮。那妳想想，是否妳的恐慌狀態與妳的這些想
　　　　法和焦慮有關？

　雪莉恐慌感的產生，可歸因於鎮日的忙碌與被情境引發的焦
慮所致。

病　人：我以為恐慌的狀態就是這麼突然襲來，但也許並不
　　　　是的，那天我真是相當地煩躁的！

治療師：我的想法是，我以為與妳想到將停止服用Valium有
　　　　關。從妳停用Valium以來有更多的恐慌狀態嗎？

病　人：是的，在那時這個狀態就出現，為什麼？

治療師：可能妳的恐慌狀態導源於Valium的停用。

病　人：我並未那麼想，當然啦，只要我服用固定量的
　　　　Valium時，我並沒有那麼多的恐慌狀態。

治療師要求雪莉描述她上一次所經驗到的恐慌狀態，是發生在認知治療開始之前。

病　人：喔，我的心跳得非常快，多汗且熱，我感到快昏過去，也難以呼吸，我感到吸不進足夠的空氣，幾乎要窒息了！

治療師接著探索在恐慌狀態中的想法。

病　人：我感覺完全不能控制自己，糟透了。我想我快要崩潰了。我也想到可能將有極糟的狀況將要發生，真是太可怕了！

治療師：妳想最糟的可能會是什麼結果？

病　人：我想我應該會死，我沒法吸入心臟所需的空氣量。

治療師：當妳有這種恐慌時，妳多相信妳的這個想法？

病　人：喔，很相信。

治療師：從0～100中，有多少百分比？

病　人：約80％。

治療師：那現在呢？當妳沒有這麼焦慮呢？

病　人：也許20％吧！

治療師隨即與病人討論她當時的恐慌與現在在內在想法上的差異。

治療師：所以，妳認為妳一旦有些焦慮時，妳對自己感受的解釋和衍生的想法，讓妳更容易變得恐慌？

病　人：是的，我想確實如此。

治療師：那是什麼讓妳在恐慌中會覺得好像要昏過去了？

病　人：喔，我就是感覺到要昏過去，不能控制自己。

治療師：那又是什麼讓妳感到心臟不能負荷，要死去了？

病　人：喔，當我發現我心跳是那麼快，又感到燠熱多汗時，我想我真是快崩潰，心臟要停止跳動了。

治療師：那當妳無法吸進足夠空氣時，妳想會發生什麼事？

病　人：同樣的事，我沒法子呼吸，我會死。

治療師：在恐慌狀態中，是否有什麼事真會發生？

病　人：沒有吧！只是在那時，我相信會發生事情的！

治療師：對我來說，妳對恐慌狀態的誤解會進入一個災難性的結果，這會讓妳的恐慌狀態更強化下去。妳能瞭解我的意思嗎？雪莉。

病　人：是，我想這對我是很好的提醒，但我該如何應付？因為在當時，我確實覺得會如此，而且那麼可怕，我害怕會再出現一次！

　　雖然病人能瞭解她在恐慌中對其症狀作災難式的解釋並未出現，但她仍需要持續克服面對另一次可能出現的恐慌所產生的害怕。因此，治療師設計一項行為實驗，去發現對症狀作不同解釋的歷程。治療師決定測試看看病人的恐慌症可能因為過度吸氣的結果（見第四章，討論呼吸控制的部分，頁91）。

治療師：讓我們來做個實驗，我將要求妳過度地從妳的口鼻吸入二分鐘的空氣，讓妳的肺能充滿空氣，要做得快而深入（治療師示範呼吸的方法幾秒鐘）。好，現在暫時先不要做，因為我也要告訴妳當妳有不舒服的感覺時，如何用紙袋來幫助妳免除這種感覺。

我將用紙袋包在我的口鼻處,讓我從袋中呼吸,我
就能自然呼吸(治療師示範,也要求病人試試看)

治療師:所以讓我們來一起很快、很深地吸氣,讓妳瞭解正
確的頻率。大概每二秒要呼吸一次,我會先停下
來,而妳必須持續下去八十秒鐘,這樣好嗎?

病　人:好的。

　　治療師與病人同時深且快地呼吸,治療師先停下來,再鼓勵
病人持續下去,一分鐘後病人感到相當不舒服,治療師告訴她停
止過度的吸氣。

治療師:做得很好,現在停下來,我要妳閉上眼睛,並注意
妳的感覺。

　　病人仍然很難回到正常的呼吸頻率,一再地喘息。

治療師:現在,雪莉,我想妳應該使用紙袋,試著去做正常
的呼吸(病人使用紙袋)。很好,妳會很好的,就
保持對紙袋呼吸(一分鐘之後),這樣很好。現
在,我要妳馬上填填這張症狀檢核表,某些人會經
驗到恐慌感。

　　病人填好此表,並與治療師討論這種自主性的過度吸氣與真
正的恐慌症之間的相似性,整體來看,兩者所產生的症狀相當接
近,只是病人評量在真實的恐慌症中的嚴重性比實驗中高,唯一
的例外是喘息的感覺,在實驗中尤甚,得到這樣的結果,治療師
決定把過度吸氣的事件當作是在恐慌狀態中,並非是災難性解釋

的例證。

> 治療師：上面的實驗，主要是想看看是否在妳的恐慌症和過
> 　　　　度吸氣之間有相似性，對妳來說，似乎是成立的。
> 　　　　然而，除了喘息感之外，主要的差別是大部分的症
> 　　　　狀比較沒有那麼嚴重，這樣說對嗎？
>
> 病　人：嗯，對的，我感覺呼吸非常困難。
>
> 治療師：現在，感受上是類似的，只是喘息感除外，其餘來
> 　　　　說，是比較輕微！那剛才妳有像在恐慌症中那麼焦
> 　　　　慮嗎？
>
> 病　人：沒有，最初我沒有這麼焦慮，但當我發現難以吸入
> 　　　　足夠空氣時，我就有些害怕。雖然我知道一切都還
> 　　　　好！
>
> 治療師：為何妳覺得一切都還好？
>
> 病　人：因為我在妳這裏。
>
> 治療師：如果只有妳一個人，那會怎樣？
>
> 病　人：我想我又會進入恐慌，我想我將會死掉！
>
> 治療師：所以，妳想想看，妳認為「我將會死掉」，是否把
> 　　　　狀況弄得更糟？
>
> 病　人：是的，我想是的！
>
> 治療師：妳想當妳有些焦慮時，妳會加速妳的呼吸量，而妳
> 　　　　毫不覺察？
>
> 病　人：事實上，我想我是吸得不夠，我通常感覺到我很熱
> 　　　　也很難過，我真感覺到我吸不進空氣了！

治療師告知病人有關恐慌發作的症狀。

治療師：某些人會感受到沒法呼吸，然而事實上他們已經過
　　　　度吸氣了！這其實很正常，我注意到妳在過量吸氣
　　　　之後的喘氣狀態。讓我回過來與妳解釋，在妳的恐
　　　　慌症中妳發生了什麼狀態。首先，妳已經先有一些
　　　　不安，如同大部分的人一般，妳會提高呼吸頻率與
　　　　深度，這意味著妳已經過量吸氣了，換句話說，妳
　　　　吸了多於妳當時所需的量，當人們在壓力中，是相
　　　　當自然的事，現在，任何人，只要他過度地吸入身
　　　　體所需之空氣，身體上都會經驗到類似的恐慌狀
　　　　態，這是因為過多的氧氣充斥在妳的肺和血液中，
　　　　但卻有比較低的二氧化碳濃度，這也是為什麼當妳
　　　　從紙袋中吸入空氣，會迅速重新平衡，而避免那種
　　　　恐慌症狀，這些感受其實是無害的！妳經驗到無法
　　　　呼吸，事實上，是妳吸入了過多的空氣了！因此，
　　　　雪莉，當妳處於焦慮中，很有可能妳吸入過多的空
　　　　氣，這可能就導致妳出現恐慌症狀，某些在焦慮中
　　　　妳所出現的感覺，其實很像妳在恐慌狀態中的感
　　　　受，不是嗎？

病　人：是的，但如果我不這麼想，就不會覺得那麼糟了！

治療師：那妳想妳的恐慌發作是否有某種循環呢？當妳越焦
　　　　慮時，妳就會吸入更多的空氣，妳將妳感受的經驗
　　　　解釋成具災難性的，進而妳的焦慮又再攀升而導致
　　　　恐慌，妳瞭解這個意思嗎？

病　人：我想妳是對的，我知道在恐慌中我害怕要死了，或
　　　　至少因不能呼吸而害怕失去意識，這使我變得更焦
　　　　慮。不過我不明白的是，我有這種恐慌發作的念
　　　　頭，這讓我非常擔心，但為何它們常發生呢？只是

因爲我非常焦慮嗎？

治療師：我想這其中的原因很多，例如，有時妳非常疲憊，
　　　　妳的血糖很低，焦慮會出現，而這會提高妳出現恐
　　　　慌發作的可能，呼吸上些微改變所產生的症狀，妳
　　　　會解釋成恐慌發作的徵兆，妳想像的結果相當地
　　　　糟，反而更加深妳的焦慮感，而導致恐慌發作，妳
　　　　想這有可能嗎？也或許妳先前所描述的恐慌發作只
　　　　是前述的某些原因——妳只是很累，在中午時分去
　　　　見妳的醫師，沒有進食，妳很擔心隔天會發生什麼
　　　　事？

　　治療師給予病人更多有關恐慌發作的訊息，協助病人對其恐
慌發作有一個合理的解釋。

病　人：我瞭解妳的意思，我想我可能是有這些狀況的。
治療師：妳可曾想過妳出現的想法都是具災難性的想法，妳
　　　　說：「我快要失去控制了！我快死了！」這些話？
病　人：是的，當我只是剛開始吸入大量空氣時我不會這樣
　　　　子想，我也未覺察到這麼糟！
治療師：那妳能否試著整理看看我們所談到的，在恐慌發作
　　　　中，妳都發現了什麼？

　　病人在本次會談的第二個段落摘述她所整理出的內容，她強
調她很高興解釋她的恐慌發作，其實不如先前所以爲的可怕。她
也接受當增加她對恐慌狀態的想法，就會更加深恐慌出現的可
能，這是相當可怕的循環。治療師接著開始與病人討論對其恐慌
發作可能的控制方式，這部分宜透過詢問來達成。

治療師：所以妳也在想當恐慌症狀出現時，妳會形成一個可
怕的循環，那妳想妳是否可以在發生這種狀態時，
做些什麼來控制呢？

病　人：是的，如果這是因為我的過度呼吸所造成，那我會
停止這個行動。

治療師：是的，這是正確的，這樣將會停止這可怕的循環，
確實也有一些支持這項做法的證據，如果妳學會能
拮抗過度呼吸的呼吸法，妳就能停止在妳恐慌時變
得更焦慮，一項最好的方法是妳吸入二秒空氣再吐
出二秒（治療師邊說「吸入」和「吐出」，並保持
一定的呼吸速度）。這是相當和緩的呼吸速度，妳
不要做得太快。我給妳練習用的錄音帶在家聽，它
會有所幫助的。我們現在就先來聽聽好嗎？

治療師播放她自行錄製的帶子，帶中傳出每二秒「吸入」和
「吐出」的聲音指示。

治療師：（在幾分鐘之後）其實錄音帶只是一種輔助，妳需
要多練習才能熟悉這些技巧，讓我們再來試試看，
坐好，我們一同把眼睛閉上，專注地聽這個帶子，
這樣我們才能進入它的節奏。

在練習後，治療師做了一個額外的建議，她建議病人可把手
放在胸前去注意呼吸，她也建議病人，當她嘗試做一些深又有聲
音的呼吸時，不要吸得太多，這種呼氣方式要在一次會談中熟
練，其實是相當困難的。當會談接近尾聲時，治療師對病人提
出，當她在家不那麼累，在一個溫暖、安靜的房間時，最好能每

天做，整個練習的目標是：控制呼吸，使吸入的氣是淺、慢且平緩，使與過度的呼吸相斥。接著，治療師要病人對這次的會談做回饋，病人對做到錄音帶的要求感到為難，治療師則強調雖然這是一份困難的功課，但認真做做看是會有所幫助的，病人同意試試看，家庭作業也再簡短回顧一次。

> 治療師：所以下一次，妳將要用錄音帶的速度來練習看看，這是一個能面對恐慌發作的應對方法。還有什麼我們在家庭作業中要完成的？
>
> 病　人：我要持續做放鬆的練習，我也將檢測我的焦慮程度與想法，並看看我能否挑戰它們？
>
> 治療師：很好，那妳想有任何的困難嗎？
>
> 病　人：沒有，一切都很好。
>
> 治療師：好的，讓我們下週再見，看看妳做得如何？

三、第四次會談

會談開始，治療師詢問雪莉「從上次見面至今一切如何？」

雪莉稱上週至今的狀況比過去幾週的感覺要好許多。她未出現任何的恐慌發作，但在學校裏仍有一些困難，讓她感到沮喪與焦慮，這些困難是雪莉家庭作業的一部分。在拜訪她的家庭醫師後，他們共同決議將Valium的藥量減低10毫克，她可以在晚上服用20毫克，但在白天，只要她認為有需要時，仍可服用10毫克。治療師接下來詢問上週雪莉對會談的感想，雪莉認為相當地好，只是由於教了許多新的技巧，她不確定她自己是否真的都瞭解了，雪莉特別希望能複習有關控制恐慌發作的慢式呼吸法，治療師將這項主題納入會談流程中（屬於家庭作業討論的部分）。治療師也詢問是否還想討論其他主題，雪莉要求討論她和同事約翰

之間的關係，這項主題也一併納入。治療師隨即建議這次會談的主要部分可先從家庭作業的討論開始，這包括在練習控制呼吸試驗上的進展。

> 治療師：所以，用錄音帶來協助妳控制呼吸的節奏做得如何？
>
> 病　　人：還好，但我發現保持帶子的速度來練習仍有困難。
>
> 治療師：這會是個問題，倒是妳認為妳在做時，哪部分讓妳感到困難？
>
> 病　　人：我不太確定，但我變得沒法呼吸。
>
> 治療師：那上次會談時，當我們用帶子練習時，妳感覺如何？
>
> 病　　人：只要練習時間越長，情形就越不好。
>
> 治療師：在上次會談中，我記得妳似乎做了過深的呼吸，這仍是個問題嗎？
>
> 病　　人：是的，是很難改變的。
>
> 治療師：那我們再做一次看看，這次一手放在腹部，一手放在胸部，看看妳是否能掌握住呼吸的節奏。記得要進行較淺的呼吸。

錄音帶再播放一遍，病人一手放在腹部，另一手放在胸部，病人仍感到不舒服，於是建議把呼吸的速率再次放慢（治療長度由二秒增到三秒）。病人對這樣的速度感到舒服，不再感到不能呼吸，對病人來說，當呼吸的速度加快，她會感到「不能吸入足夠的空氣」，但當速度放慢，則沒有這樣的困難。治療師也解釋，事實上不能吸入足夠的空氣是不可能的，因為身體會增加呼吸的速率，這種因應的方法的再次嘗試可降低病人對恐慌發作的

愛心。新的實驗設計也證實這種呼吸速率的適用性。病人拷貝了一卷慢速度的帶子。

> 治療師：現在在這種速度中妳感到舒適，那是否妳可以試著用這種方法來應付恐慌的症狀？我要妳做的就是這種，試著過度呼吸一分鐘半，再用上述的速度來呼吸，看看是否妳能緩解這些症狀？

病人隨即過度呼吸一段時間，之後治療師要求她停下並轉換呼吸速度，在二十秒內，病人就感覺舒適許多。

> 病　人：居然好了，我很訝異，我不認為我可以做到！
> 治療師：所以，事實上，用這種妳會的呼吸方式，是能降低因過度呼吸所產生的症狀，這事實上只需二十秒，就能讓妳感到好多了。也許妳還想再試一遍？

病人又再一次過度呼吸，這次的時間有二分鐘之久，隨即調整呼吸速度來改善症狀。

> 治療師：做得很好，妳想妳是否在家也能做做看？
> 病　人：是的，我想可以，我已經掌握方法了！
> 治療師：妳想當妳感覺到要出現恐慌感時，妳是否能使用這些技巧？
> 病　人：我可以試試。
> 治療師：一定要的，若下次有這種狀況時，妳要試試的，當然，妳也得記得這些恐慌的症狀並不危險，妳還記得上週我們讀過的嗎？

病　人：是的，我記得，但我還要再提醒自己！

　　治療師複述病人上週對其恐慌發作所提到的自動化想法，並要求病人加以反駁，病人能輕易做到，並對其能力有信心，現在她不再相信在恐慌時會陷入失控、窒息甚至死亡。治療師也詢問病人是否耽心下一次的發作。

病　人：是的，我倒並不那麼耽心，我想我可以打破這種錯誤的循環，至少能做到一些。

治療師：雪莉，很好，現在，我們還有半個小時，我們是否回到這張記錄紙上，妳正試著去發現造成妳焦慮的某些自動化想法的事實性，對嗎？

病　人：是的，妳看到大部分的問題仍出在學校。約翰仍是主要問題。（嘆息）（治療師注意到病人心情的改變）

治療師：妳又嘆息了！不知妳腦海浮現了什麼想法？

病　人：我真不知如何面對約翰，我不知能否處理？我真害怕與他有關的接觸。

治療師：他的什麼讓妳這麼害怕？

病　人：他就是讓我覺得沒有能力，相當笨！

治療師：他怎麼做到的？

病　人：我總感覺到他正試著比我更好，就好像他總是在我之前一步，我想他總是在別人面前表現出自己。

治療師：那讓妳有何感覺？

病　人：笨，可笑！一個笨蛋——一個沒有主見的人！

治療師：所以他讓妳認為妳就是笨且蠢。那雪莉，妳是否把這想法寫在這裏？

病　人：有的，這裏大半都是。

治療師：好的，讓我們來看看讓妳有此感覺的狀況。

注意，此時治療師尚未挑戰此想法，她讓雪莉能充分表達對約翰的看法，也從中清楚知道帶來這些想法與感受的情境。這樣做，她希望能澄清雪莉問題的焦點，可能的假設——是這個男人的行為實際上缺少理性，病人在低自尊的情形下缺少應付的技巧。治療師要病人提出與約翰一同經驗的事，及在此情形下病人的想法。

病　人：我當時正要離開學校，步下走廊，身邊有一些學生及老師，我看到他朝我走來，他叫了我的名字——我撇開不想看他——我感覺到相當緊張，我在想「他要什麼？我希望他放過我！」但他走過來，問我在主管會議中討論了些什麼？我告訴他「沒什麼新的看法」，他就笑了，這實在把我弄混了！

治療師：為什麼弄混呢？

病　人：好的，我想他知道一些我所不知的，這讓我感到相當笨！

治療師：那然後呢？

病　人：我知道我回答得有些蠢，但我對他說「約翰，我現在必須要走，不然我會遲到」或類似的話，我就離開了！我只是不知要如何對他反應。

治療師：妳都是這樣想，並對他反應？

病　人：是的，我就是不知如何對他反應？

治療師：那然後呢？

病　人：沒什麼，我就走了。很快的回家並感到焦慮，認為

自己很笨！

治療師：從妳的記錄來看，這件事看來相當的平常。

從雪莉對此事件的描述看來，約翰的行為並未有何不合理之處，她的行為看來才不太合理。因此，治療師決定用指導式的發現（guided discovery）與再歸因（re-attribution）去檢視雪莉對約翰行為的反應。

治療師：雪莉，讓我們來更仔細看看，約翰在走廊上走向妳，並叫妳的名字，他問妳有關會議的問題，妳能否說出約翰行為上其他的解釋？

病　人：我想他應該知道在會議中發生什麼事？

治療師：好，這就對了，那他的微笑呢？有沒有其他的解釋？妳想「他知道一些我所不知道的」。

病　人：是的，我想他是因高興知道這次會議沒有和我們系上有關的事而大笑。

治療師：為什麼這會讓他高興？

病　人：是的，我們系上在學校從來不是個有問題的系。在主任生病時，確實有陣子不太好，但現在則否，而另一些比較大的系經常出現問題，也早不是什麼新聞，所以這次的會議如往常一般，沒什麼與我們系有關的問題。

治療師：那為何他聽了會笑呢？

病　人：因為他開心，他為這件事高興。

治療師：妳現在對他的行為有不同的解釋，若妳是這麼想的話，妳還會覺得自己笨嗎？

病　人：沒有。

治療師：妳想妳是誤解了他的行為？妳只是很快的下了結論，在沒有證據的情形下認為他在嘲弄妳？

病　人：我想妳可能是對的。

治療師：我是這麼想的，然而，我也想是否妳有其他的證據，讓妳感受到約翰的行為眞有這個意思？

病　人：自從他到我們系上後，我一直認為他是相當有勇氣的，同時也是一個能超越他人及早到達頂峰的人，他充滿自信的認為自己不需四十歲，就能當上系主任位置。

治療師：那妳以為如何？

病　人：這讓我想他眞是毫不留情！

治療師：那對妳個人的意義為何？

病　人：讓我感到害怕，他會越過我得到他想要的。

治療師：若他眞做到了，對妳的意義為何？

病　人：我沒法接受，我感到一點力量都沒有，我沒法叫他停下。

治療師決定檢視是否對約翰的想法是特定或一般性假設。

治療師：當妳看到他是這麼有勇氣或能量時，妳是否感到受傷？

病　人：我不知道，我並沒有這樣想（停頓），我以前是曾有這種反應。

治療師做了記錄但並未再追問下去，計畫下次會談時再提出，不過雪莉很可能在遇到強有力的他人時，就容易受傷。

治療師：讓我們回到約翰的舉止上，他曾否表現出要凌駕妳的行為？

病　人：他有時對我是相當嘲諷的，我知道當我為擔任主任時，他相當受創。我想是因為如此，讓我感到他的危險性。

治療師：他是怎麼危險呢？

病　人：非常害怕，他要把我拽倒！

治療師：妳怎麼知道妳的升官對他是侮辱？

病　人：另一位老師，也是我的朋友，告訴我說他相當失望於知道學校當局在屬意我時並未考慮到他。

治療師：那是否還有其他證據是表示他被侮辱？

病　人：他並沒有對我表示恭喜，幾個禮拜中他也都沒有和我說話。

治療師：除了沒有對妳說話，他對妳的行為有任何改變？

病　人：沒有，他說話總是尖酸刻薄！喔，也不盡然，我想我總是發現他相當難以接近。

治療師：好像他自己非常失望他沒有升官，更甚於被侮辱吧？

病　人：也許吧！

治療師：所以，他可能沮喪比被侮辱多一點，如果妳想他被侮辱，那他會有何感受與行動？

病　人：喔，他會非常生氣，想要把我拽倒！

治療師：如果他相當沮喪，他是否會稍稍避開妳？

病　人：是的，我想是的。

治療師：那妳真正知道他的感受嗎？

病　人：沒有，我只想他被侮辱了，對我的升官感到非常生氣！

治療師：所以，妳現在對他的行為有了不同的解釋。他逃避妳是因為他非常沮喪，他失望於未能得到這份工作，那這意味非常危險嗎？

病　人：不是的，我總只看到事情的某一面，他是一位我認為相當難以應付的人，我想是這麼想才讓我覺得相當困難的。

治療師：好的，似乎約翰一直是位讓妳窘於面對的人，妳預期在妳的驅使下他會做出令妳難堪的行為，但事實上並非如此，他的表現方式一向讓妳難以處理。這算是一個合理的解釋嗎？

病　人：是的。

治療師：讓我們來看看，他的哪些行為讓妳感到困難，妳該怎麼做會比較好？這個建議如何？

病　人：是的，我很想能忍受得了他，若能做出來，我會感覺很好。

　　治療師隨即仔細詢問約翰的行為與雪莉的反應，看來約翰在雪莉徵詢或敘述意見時，說話總是辛辣，在他這麼做時，雪莉總是不作聲，通常是草草結束會議而離去。面對其他同事時，她認為他們都顯得和善與合作，因此就不會顯現出困難。當問及是否其他同事也抱怨很難和約翰相處時，雪莉卻稱她並不知道。似乎有必要弄清楚其他同事對約翰的看法。雪莉也同意可詢問先前提過的那位同事，因為她是一個朋友，問問她的意見會讓雪莉感到很舒服的。這就當作是一項家庭作業。這樣做的基本理念是雪莉並非是那麼孤單地在經驗與約翰相處上的困難，若結果為真，這意味某些人也有相同的困難，她並不是孤單地在面對約翰的嘲諷，同時，雪莉認為恰可藉此機會和他人討論和約翰的相處之

道。這可協助她發展新的因應之道,她也可藉此學習別人的方法。治療師相當支持這項想法,並鼓勵她可以嘗試做做看,用實驗的方法來集取這些訊息。

治療師亦詢問雪莉練習肌肉放鬆的進展,雪莉說她做得不錯,她大半在睡前練習,這有助於她的睡眠。治療師建議她應該繼續練習下去,同時,也可以開始不用錄音帶來練習看看,此外,雙方對持續的記錄有共識,修正自動化想法已對個案有所助益。在會談中,練習呼吸速度亦在進行,以對照病人過去過度呼吸的經驗。會談在相互回饋下結束。

四、第五與第六次會談

這兩次會談將一併陳述,第五次會談在第四次會談之後一週進行,在一開始,雪莉在STAI-S與BDI的分數,分別是41分與8分。第六次會談是在第五次會談兩週後進行。

在第五次會談中,治療師設定會談流程為對治療做一個回顧,在過去這段時間,病人的焦慮分數已隨著時間而逐漸降低,事實上在過去幾天中,病人的焦慮分數甚至趨近於零。治療師詢問雪莉:「她認為治療的成效為何?」雪莉認為檢視自己的想法最為有效。她已能檢視自己的自動化想法,並明瞭在沒有什麼證據的情形下,她容易對自己的處境妄下結論,她也發現到她的恐慌狀態並非危及生命,同時這樣的認知也使得她能對此害怕的處遇加以破解。當治療開始後,她不再有那麼糟的恐慌發作,當發生時,藉由呼吸,她也更有信心能加以控制。雪莉和治療師都同意在症狀的控制下,目前已有所進展,後續的任務在解決:面對約翰的困難、如何在學校扮演好主管的工作、與男人的關係、與父親的相處,以及重建自信。

第五次會談就討論有關與約翰的關係及扮演好主管的角色。

在前一次的會談中，雪莉同意她會詢問學校裏另一位同事對約翰的看法。

治療師：妳的作業之一，是問問妳同事對約翰的看法。
病　人：是的，我問過瑪麗安，她並不意外我這麼問她，因為每一個人都覺得約翰這個人很麻煩。我們之間談了很久，一致認為約翰是個憤世嫉俗的人。瑪麗安說，當她看到約翰一付不可一世的樣子，她才不在意，反而會嘲笑他。不過他們之間倒處得還不錯。她說當我升官時，約翰確實相當失望，但這是他自己的問題。他有兩個孩子，其中一個因急性肺炎而住院，這使他也忙病了。我感到相當內疚，我竟對這事一無所知，他一定認為我很糟，竟不關心他的孩子如何？

治療師決定在此點上，應用方法來降低雪莉的罪惡感與不切實際的自我要求。技巧上即詢問她怎麼知道是這樣的。

治療師：假使沒有人告訴妳他的小孩住院了，妳怎麼知道？
病　人：我瞭解，但他不告訴我是因為我升官了。我實在太糟了，也太自我中心了！
治療師：如果妳知道他小孩的狀況，妳會怎麼做？
病　人：我會去找他，問問孩子的狀況，我會試著支持他，也許重新排排他的課，讓他可以到醫院照料孩子。
治療師：所以，如果妳知道，妳會相當和善地提供協助。但問題是妳根本不知道。事實上，妳在想他之所以忽略妳，是因為他羨慕妳現在的位置，妳是否又妄下

結論，是否還有其他讓妳感到歉疚的理由？妳又做錯了什麼？

病　人：沒有，我並沒有做錯什麼？我並沒有瞭解實際的狀況，我的確對他的行為又做了假設。

治療師：所以，妳唯一做錯的事是妳又做了不當的假設，妳能為此責怪妳自己嗎？

病　人：不，不是的！

治療師：這只是一種誤解罷了。

病　人：**事實上**，當我從瑪麗安處得知他的處境，我也和約翰談了一下他孩子目前的狀況，我說我並不知道他孩子生病的事，他說他非常憂心他孩子的狀況，但他自己目前倒還好。

治療師：所以妳已找約翰談了，妳通常不會這樣的，這讓妳有何感覺？

病　人：我感覺相當好，他相當地好，我也很訝異能與他聊聊。

治療師：這是否改變妳和他之間的關係？

病　人：總有那麼一點，但他仍然是相當諷刺的，但我已不認為他有那麼駭人了！

治療師決定雪莉需要學習一些策略，以改變她對約翰的行為。

治療師：那怎樣做會使妳覺得更能應付約翰？

病　人：當他又在冷嘲熱諷時，找些方法來對付他。

治療師：不是不說什麼，也不是離開現場？

病　人：是的，我已經想這麼來嘗試了，不是嗎？

治療師：也許吧！妳認為他對妳造成了一些恐懼，而妳的表
現也正反映了這種感覺。妳想妳能改變對他的方
式？

病　人：是很難，但我願意試試看。

治療師：很好，妳可以試試。妳能否給我一個妳認為約翰在
嘲諷的例子。

病人描述幾天前發生的例子，當時她與同事一同在辦公室用
早餐，當時非常擁擠，約翰正坐在冰箱旁，牛奶正在裏面。她請
約翰幫她拿些牛奶，以便加到咖啡裏，不過約翰卻說：「雪莉妳
太胖了，妳應該喝純咖啡。」她裝著微笑，並重複她的要求。而
她其實相當地焦慮，且認為她必定已面紅耳赤。約翰隨即放大音
量，用相當誇大的聲音對著其他人說：「現在她要我為她服務，
我現在是系主任的僕人，也是奴隸！」她只是站在那邊，在他從
冰箱拿給她牛奶時什麼也沒說，其他人只是吃吃地笑！

治療師：所以這讓妳感覺如何？

病　人：我感到非常困擾！面紅耳赤得非常焦慮，什麼也沒
做地站在那兒。

治療師：那妳希望做什麼呢？

病　人：喔，我想他的確相當好笑，我應該做適當的回應，
但我想我不全然說得出來，我的聲音已經有些顫抖
了！

治療師與病人討論回應約翰嘲諷的說法，雪莉決定，至少她
該告知約翰一個事實，他這麼做是相當諷刺性的，如「約翰，你
今天相當厚臉皮喔！」或是「你今早起床是不是走錯方向了？」

當此說法在會談中一再複誦，雪莉仍然感到不太舒服，只稱這讓她感到不太自然！

治療師：我不指望妳現在就能感到自然，妳能否想想其他種應付約翰的方法？

病　人：沒有，眞的沒有！

治療師：如果妳能說點別的，如用說笑話的方式，妳想妳是否會比較自在些，即使那也並不自然！

病　人：我會覺得比較能控制情境，不那麼笨拙。

治療師：用這個方法是否帶來某些好處或壞處？

病　人：我會弄得一團糟的。

治療師：如果眞是那樣，妳想什麼事會發生？

病　人：沒什麼，我只是感覺我就和平常一樣的愚笨。

治療師：所以，最糟的是，妳還是感覺一樣。那從好的一面來看，妳會學到面對約翰的新方法，或有更多經驗去思考新方法能否派上用場！它是否值得一試——實驗看看呢？

治療師：我想妳也不會失去什麼！

雪莉同意下次碰到約翰嘲弄她時，試著練習回應。治療師也強調雪莉已能開口對約翰談及他孩子的事實，而且她做得還不錯。

治療師：現在，上週妳確實與約翰對話，他並沒有嘲諷妳，妳想這個經驗是否有助於這週和他說更多的話？

病　人：我並不想這麼做，我只是習慣於不和他說話。

治療師：有什麼壞處？

病　　人：就是他嘲笑我。

治療師：好，現在妳有了一個應付他的方法了，當又發生
　　　　時，妳可以試試看。

治療師鼓勵雪莉想想與約翰互動的情境，並藉此機會加以練
習，她也鼓勵雪莉多對約翰說話；她也強調，若對約翰更爲瞭
解，她將不會對他有那麼強烈的害怕。

第五次會談剩下的時間則花在檢視雪莉填寫的不良功能認知
記錄表，大半的記錄仍與約翰有關，但某些則與雪莉擔心不能勝
任主管有關。

治療師：所以，雪莉，讓我們看看這些做主管的典型想法，
　　　　「我沒法在明天把事情做好，我會弄得一團糟──
　　　　把每件事都弄落後了；我沒法把進度趕上！」這些
　　　　想法讓妳感覺到有60％的焦慮，妳還有80％是相信
　　　　的。我注意到在面對這些想法時，告訴自己「妳能
　　　　克服它，不致產生恐慌。」這樣使妳的焦慮降到50
　　　　％，相信的程度也是50％。我們再仔細來看看這些
　　　　想法爲何發生這麼頻繁。

治療師注意到儘管雪莉嘗試修正她的想法，但她的相信與焦
慮指數並未明顯降低，因此，決定用詢問的方式再探索其想法。

治療師：情境是妳在家裏處理學校的事，已忙到深夜了，妳
　　　　很焦慮，也想著：「我沒法子在明天把這些事做
　　　　完，我弄得一團糟──總是把事情延宕了，我沒
　　　　法趕上進度！」這樣想的結果是什麼？

病　人：我變得更焦慮，把一堆壓力都放在自己身上了。

治療師：想想這樣的結果讓妳有更大的壓力與焦慮，所以妳的想法並不能幫忙妳完成必須的工作，這樣對嗎？

病　人：完全正確。

治療師：如果妳換個方向問自己：「我能否在今夜真正做完？」這是否較有幫助？

病　人：是的，應該會，我應該做些事情，而非變得焦慮。

治療師：如果妳做了計畫，算算當夜妳沒法把每件事做完，妳會怎麼去決定？

病　人：我就會很機械式地工作，不去想些什麼，若是那樣，我也會感覺比較好些，因為我能做些事情，這會讓我覺得能在控制之中。

　　在雪莉的合作下，治療師要雪莉說出她期待做為主管應完成的工作內容，並加以事前計畫。事前計畫的優缺點亦加以討論。雪莉發現到計畫的明確優點，在計畫中她能掌握進度，唯一的壞處是當一些意外的事情發生時，她得改變計畫。這項缺點也再加以討論，雪莉決定她將會彈性的來計畫，這項技巧對她是相當有用的。第五次會談在家庭作業回饋下結束。

　　第六次會談是接續前一次的主題。在此階段，雪莉已相當能修正其自動化想法，不再那麼焦慮，同時也能有效使用放鬆的技巧。回顧家庭作業，顯示與約翰的對話，也有了令人驚訝的結果。

治療師：所以，和約翰的狀況如何？

病　人：我採取了妳的建議對他說了，但我不知道我將會再對他說些什麼，但這確實有助於我，瑪麗安早也告

訴過我，她對約翰的冷言冷語已不太在乎，不管怎樣，我不再那麼怕他了。有一天晚上我們一同離開學校，我們談到了年齡，我告訴他很訝異他怎會那麼晚走，我發現他正在找另一份較高職位的工作，他想換到另一學校。做為一名數學老師，他的抉擇是相當好的，他也告訴我他太太因為孩子的病辭去工作，對他們來說，最近的收入確有些短缺，不過跡象看來，孩子目前身體狀態已經好轉，他們也瞭解到孩子對他們的重要性，他太太也決定不再工作，寧可多花些時間和孩子在一起。

治療師：妳知道更多有關約翰的事了，妳還那麼怕他嗎？

病　人：不會，不會了，當和他談他自己時，他變得相當不同，我倒以為他還挺不錯的！

治療師：所以這些瞭解確有助益，人們在團體中有時是相當不一樣的！妳想想為何他在其他人在場時會那麼尖酸刻薄？

病　人：我不清楚，但我想他在許多方面的姿態都很高。

治療師：這有助於妳去面對他的冷嘲熱諷了？

病　人：是的，我能瞭解是什麼意思，我不會再把這個問題想得太個人化，我現在也能和他開玩笑，我已經更認識他了。

治療師：所以，現在妳對約翰有更多的訊息，妳比較能瞭解他的行為，而不再對他害怕，同時，瞭解其他人對他的看法後，也讓妳不再視他的行為在針對妳，以至於妳已不再對他的冷言冷語妄下結論，這樣說妳覺得合理嗎？

病　人：我想是的！我過去的確太執著於對他的看法，現在

改變了，目前我已不再怕他，也知道怎麼應付。

　　治療師隨即與雪莉討論在主管工作規劃上的進展，事實上，她不僅做得不錯，也應用到其他的事情上。整體來看，雪莉對每件事已經感到更為平靜了。

　　在這點上，治療師決定引入更基本的問題，如她的缺乏信心，目前的孤獨，與男人間的關係，以及父親長期的依賴。在過去五次的會談中，雪莉極少討論到她的父親，在她的家庭作業上，父親的部分也極少出現。因此，治療師相信，在此階段，她與父親的關係應已有些改善，不需急著討論，治療師提出這樣的看法，並取得雪莉的認可，可以挪到將來的會談中進行。目前倒可談談她與男人間的關係。

治療師：所以，在過去半行幾週裏，我們並未談到妳與男人的關係，但在治療之初，妳提過這對妳而言十分重要。我知道我們已談過妳與同事之間的關係，但我不知道這樣的關係裏，是否有某些成分亦發生在妳的親密關係中？也許我們應該來說說，妳以為如何？

病　人：我是想討論這部分。如妳所知，我已經四十四歲了，但在親密關係上卻一片亂，妳知道的，我是想結婚的，但似乎一直做不好！

治療師：妳曾告訴過我妳曾訂過一次婚，但後來吹了！在大學時妳也曾交過另一男友，是嗎？那次的關係如何？

病　人：那是亞倫，他到非洲去工作了，我那時相當年輕，也不認為我們可以在一起很久，他真的很好，但我

總感覺他仰賴我太多，在學校裏，他總是要確定我
是否在他身邊——在晚上他要我和他一同上圖書
館讀書，所有的週末他也都和我在一起，我覺得他
是害怕幽閉。

治療師：我倒好奇，既然他那麼依賴妳，為何他會隻身去非
　　　　洲？我倒預期他應會邀妳一同前往？

病　人：那是因我促成，我希望他能離開我，我在廣告上看
　　　　到非洲的工作，想他可以去應徵，我還為他寫應徵
　　　　信。

治療師：為何妳這麼做？

病　人：我想要逃避他，這是結束關係的好方法，妳知道，
　　　　當他離開後，我一點也不會覺得不安，反而相當平
　　　　靜。

治療師：為何妳要結束這段關係？

病　人：我感覺到被這種情感束縛住，沒有足夠的自由空
　　　　間，他太依賴我了！

治療師：所以妳不喜歡亞倫依賴妳，那其他的親密關係呢？
　　　　對妳來說，問題又出在哪裏？

病　人：問題就比較複雜，安祖已經結婚，我知道我母親不
　　　　會支持的，所以我根本也沒有告知她，那確實是相
　　　　當棘手的，總讓人感覺到有一個很大的秘密，後來
　　　　在他離婚前，我們決定結婚，不過他妻子卻非常生
　　　　氣，決定以通姦為理由和他離婚，我為此喪失信
　　　　心，發現不能忍受周遭人對我婚姻的否定態度。我
　　　　的朋友與他們熟識，也站在他們一邊，我感覺我是
　　　　不對的。

治療師：為什麼不對？

病　　人：因為別人並不支持我？

治療師：是否有其他理由也讓妳覺得不對？

病　　人：有的，我花了不少時間在想，我實在不確定有多想
　　　　　要這個關係，過去幾年中，我們維持了不錯的關係
　　　　　——他有太太，我們不常在一起，但當他離開他妻
　　　　　子後，這種特別的相處關係就破滅了，這不太好，
　　　　　我必須忍受他整天在我身邊，我真的不喜歡他侵犯
　　　　　了我的時間和空間。

　　治療師假設雪莉對親密關係的感受是模糊不清的，她只享受
於與安祖之間半調子的關係，如他仍在婚，與妻子同住。同時，
她也發現亞倫的依賴性讓她不耐，這使她把他送去非洲了。

治療師：雪莉，就妳所示，我在想，是否妳所討論的關係是
　　　　　這樣特別？例如，我在想是否妳認為所謂的親密關
　　　　　係就是別人會過度依賴妳。

病　　人：我不確定，但我確實有這種感受，每次關係不錯
　　　　　時，我就感到非常不自在——有種失控感。這讓我
　　　　　發現不易做自己。

治療師：是發生了什麼讓妳有失控感？

病　　人：我不能做我自己，我總覺得必須去滿足別人的需
　　　　　求。

　　治療師接著找尋個案背後的假設。

治療師：對妳的意義是什麼？

病　　人：這意味我不再能做我想做的，我總是要照顧他們，

他們都不夠堅強。

治療師：所以，妳對親密關係有種基本的想法是：如果我嫁了某人，我就沒法做我自己。

病　人：基本上的確如此。

治療師：這個信念是什麼？是妳個人的法則嗎？

病　人：如果我真與人建立親密關係，我自己的需求就得放棄。我總是對此不滿。

治療師：好的，現在妳對親密關係的基本假設是這樣，倘若真是這樣發生，那都適用於亞倫與安祖嗎？

病　人：我必須這麼想，不過我想這是解釋了某些我的感受。

治療師：是不是在下次我們見面前再多想想？這種想法未必那麼合理，也不該總是霸占妳過去關係中的全部。也或許對妳言，這種想法對過去的妳有用，但未必適用於未來，也許就是這樣妳停下來不再與他人建立親密關係，我們是不是下次再好好談談，妳再好好想想好嗎？

病　人：我想這是個好意見，但我不確知我能想多少？

治療師：好，讓我們來想想，也許妳應該定義一下在親密關係中妳的要求為何？妳可以條例一下，這是否是一比較好的開始方式？

病　人：是的，我可以試試看。

　　病人與治療師隨即回顧此次會談，雪莉發現這次會談對她幫助很大，第七次會談中的家庭作業亦在討論，除了有關雪莉個人在親密關係的需求，雪莉也希望再修正其自動化想法，並做放鬆練習。治療師同時詢問雪莉目前服藥減量的狀況，雪莉稱她目前

每天Valium的量降到10毫克，家庭醫師認為她目前的藥量應再維持一到兩週。雪莉相當有信心可以停用此藥。

五、重新架構

最新的討論是雪莉母親對她的態度是相當重要。顯然的和她母親關係上的經驗，讓她產生非理性想法，即與人建立親密關係就意味個人需求的喪失，她的想法很快的形成一種阻抗，對她而言並不自然。親密關係被視為嚇人的事，因為這使她必須因應他人的要求，她實有困難去肯定這些，因此，放下限制。

六、第七與第八次會談

第七次會談是在二週後進行，第八次會談則調在第七次之後的一個月。雪莉持續的在進展，現在只是偶爾有些焦慮。她在學校過得不錯，與約翰的相處亦有進步，第七次的會談流程安排是包括與男人的親密關係，以及與父親的相處之道。第八次會談則對治療做一回顧，並計畫未來。

有關雪莉與男人的問題，她寫下了她所謂的需求究竟為何？她發現這項練習對她相當有意義。

病　　人：所以，我對自己的需求列了一些項目，但我實際上應有更多要列下，不過這的確幫我看到為何亞倫與安祖皆讓我有不確定感。為何這兩個人皆非我所想要。

治療師：我可不可以看看妳的這張清單？（病人給治療師看）所以妳在此寫下了妳需求的清單？

「愛（感情與性）

自己獨有的時間

　　　　自己的房間

　　　　自己的朋友

　　　　一起慶祝節日

　　　　可以談任何事

　　　　信任與誠實」

　　　當妳寫完時，妳自己有何特別感受，雪莉？

病　　人：是的（笑），我更知道我所想要的。

治療師：（治療師笑）我瞭解妳的意思。妳要有妳自己的房
　　　　　間、朋友和時間；妳也要有感情、性，在很多方面
　　　　　都是個好朋友，一個妳能誠實以對、傾訴，且能一
　　　　　同過節。妳能瞭解我的意思？

病　　人：是的，我知道，我錯過去交一位好朋友。

　　　治療師隨即與雪莉討論爲何難以與男人兼顧性與愛的關係？
雪莉認爲性關係像是權力關係，壓制她或利用她使她在這種互動
中難以分清界限。治療師同意雪莉所提關係中，因更親密而界限
不清，不過爲何它是「利用」？

病　　人：是的，我過去的經驗是像這樣，當別人和我那麼親
　　　　　近時，我感到相當不自在。這種親近令人窒息。

治療師：是誰讓妳如此認爲？是妳母親、亞倫和安祖嗎？

病　　人：是亞倫與安祖，也包括我母親。

治療師：是她做了什麼讓妳如此感覺？

病　　人：她非常支配的，妳給她一分，她要拿走十分。

治療師：妳能給我一個例子嗎？

病　　人：當我還是青少年時，她總是會問我在做什麼，若我
　　　　　告訴她一點，她會想知道更多，她妨礙了我的人

生，她不讓我一個人，總是對我有不好的看法，讓我感覺我做錯事，我不夠好，沒法達到她的標準。

治療師：雪莉，那對妳一定相當困擾！妳怎麼應付？

治療師並不直接要雪莉列舉她母親真正如此的支持證據，反而注意到她對母親的感受與態度，以及因應方式。同時，雪莉也已是個大人了，儘管這個態度在今天來說並不恰當。這需要更進一步的討論。

病　人：我適應得很差，我要過自己的生活——就得斬斷情絲，讓她不致傷害到我。

治療師：在這種處境中，那確實是個正確且健康的反應，妳想若沒有斬斷與母親的情感關係，會發生什麼？

病　人：我將不會有屬於我自己的生活，她會更進一步操控我，我想我會崩潰，也不會和其他男人發生關係。

治療師：所以這種反應是對妳有益。

治療師隨即與雪莉討論她的基本假設如何影響她現在的生活。雪莉瞭解她在獨立方面的價值觀，會帶來自由，能追尋她個人的生涯發展，讓她享受生命。當然，她也希望擁有親密關係。治療師詢問這是否要男性或女性，還是無所謂？這導入另一主題，即雪莉的孤單、缺少朋友和自信心。治療師也問雪莉是否認為在性關係中也能滿足自己的需求？

病　人：這個男人必須相當特別！我知道，很明顯的這個男人必須相當獨立，一個情緒穩定，不每件事依賴我的人！

治療師：這意味著此人必須夠成熟，也能將生活智慧分享給妳？（開玩笑的樣子）一個如妳這般年紀，或年紀更大的人？

病　人：是的，這樣說很理想性！

治療師：是呀！但妳仍會有機會遇上這樣的男人，不過，不可否認的是在親密關係中的一方有時是會有些依賴的，妳能應付嗎？

病　人：我不知道，但這絕非都如此，我不覺得討厭時，我應該還能應付。

治療師：為何當別人靠著妳會讓妳那麼討厭？我不完全懂為何會如此？

病　人：我想這是我自動化的反應，我其實相當害怕這種想法一再浮現，我也自私的希望我的需求應要兼顧。

治療師：我不認為滿足妳的需求就意味是自私，若妳的需求得不到滿足時，任何的關係其實皆不令人滿意的，但妳所有的需求隨時都必須得到滿足嗎？

病　人：不是的，我不這麼想，畢竟，目前並未發生，我正在感覺我自己一切都還不錯。

　　治療師與雪莉討論是否她能在親密關係上冒一點險？雪莉覺得倒可一試，他們都同意她可能第一次未必能得到她想要的經驗，但這種想法仍可一試。之後，話題討論到雪莉的孤單與缺少朋友。她想念她的妹妹，過去幾年來她未與她來往，大半是因為她的生活焦慮，在母親離開後，她必須照顧父親，她也瞭解到她們彼此熟稔，近來只是缺少互動，治療師建議她應該增加這些互動，雪莉也同意，認為她相當樂於知道他們的近況。至於與男友約會，雪莉倒是沒什麼特別想法，治療師建議雪莉可以自在地增

加她的社交圈，藉此可認識一些男性。會談流程的安排亦被討論，雪莉認為藉此來進行討論是相當有效率的。會談結束前，她與父親目前的關係也被提及。

病　人：比過去好多了，我很少對他發怒，他也不像以前那樣使喚我，我想我對他的態度也有些改變。他害怕會得重病，我是能瞭解的，有時他會在深夜打電話來，但我實不知如何回應。

治療師：在夜裏，他打電話來會希望什麼？

病　人：大半是要一種保證，但我實在不知道他的病究竟如何？

治療師：那妳父親自己又如何自處？

病　人：我不知道。

治療師：我在想妳應建議他去看看醫師，確定這病是大病還是小毛病。

病　人：是的，我應該要他去看看，我可以和他一同去看醫師，而我也會知道他倒底說些什麼。

治療師：是否還有其他可做的呢？

病　人：我可以在睡前打電話給他，那會讓他感覺安全些，他也不會在夜裏打電話給我，我想他一個人在夜裏，會感到特別焦慮不安的。

這次會談在回顧雪莉的進展下結束，雪莉現在有信心去維持她目前的進展，她要求下一次的會談可排在一個月之後，治療師亦同意（認知到雪莉需要獨立與自主），不過也指出在這段日子，她應完全停止服用Valium，雪莉認為她比較喜歡用自己的方式來用此藥，這會讓她更有信心。這樣做的好處與壞處都加以討

論，明顯的好處是多於壞處的。雪莉也提到如果她有解決不了的困難，會打電話給治療師。

七、最後的會談

這次會談是安排在第七次會談的一個月之後，也就是在初次會談的九週之後，在過去一個月裏，雪莉不再服藥，也較少經驗到焦慮症狀。這次會談集中於複習面對未來的因應策略，這些包括持續做肌肉放鬆練習，並將此應用在出現焦慮的情境中，並察覺正常與焦慮狀態的差距。她區辨這些差異的主要技巧是檢視並挑戰引發焦慮的想法。過去一個月中，雪莉藉邀請他人到家中晚餐來提高她的社交接觸，這做得不錯，也使她得到他人兩次的回請。她也和同事瑪麗安一同去看電影。

雙方都同意結束會談，在會談的尾聲，她在STAI-S的分數為34分，BDI為6分。

四個月後的追蹤，雪莉仍然維持她的進展，焦慮症狀降得非常低，她也維持使用行為與認知技巧於生活上。在學校裏和約翰的相處困境，隨著他的離開而不再存在。她仍在擔任系主任，現在扮演得還不錯。她的社交生活也有改善，現在她和瑪麗安處得不錯，兩人還計畫暑假裏能拜訪住在澳洲的妹妹。她父親的身體狀況又再退化，現在在醫院，她關心他的病情，但並不焦慮，會希望父親早些往生不再受罪，不過她相信她能應付這個變故的。

摘　要

此病患接受了八次的認知治療，對焦慮症病人來說，是較為平常，不過相對於憂鬱症患者言，需要的時間明顯是較多的。病

人對Valium的依賴與退怯現象，在家庭醫師的配合下得以有效處理，這使得在認知治療的方向能更集中。

第六章所討論的是憂鬱症病患的例子，此章則呈現了典型焦慮症病患的狀態，治療中會觸及：焦慮症狀、認知成分及因應策略。在此案例中，病人自主性的特質也構成治療中重要的因素。

治療的過程中，行為與認知技巧都已用於修正其自動化想法、情緒狀態及行為。基本的認知基模在治療的後期亦在討論，這些與病人本身的自主性格有直接的關係。

第八章
治療中的特殊問題與
困難

在最後這一章，我們將討論可能伴隨著焦慮症與憂鬱症出現的一些心理病理特徵。然後，提供一些小技巧，來幫助我們克服這些會妨礙認知治療進展的困境。

病患呈現多樣性的問題

一、混合焦慮與憂鬱

為求簡便的緣故，前述章節舉例的兩位病患，均是不複雜的焦慮和憂鬱病患。然而，大部分病患通常會呈現多樣化的問題，最常見的就是混合焦慮與憂鬱。在這些案例，治療師必須依據此些問題對病患的重要程度，以及他對病患問題的瞭解與假設，來形成階層性的治療目標。如果憂鬱症狀的生成，明顯的指出是因為先前存在的焦慮狀態，則先處理焦慮症狀通常對憂鬱症狀的舒緩有療效，反過來亦是如此。所以一個詳細的病史，包括最初發病的症狀、症狀的持續時間等，將有助於治療師對病患問題的形構與治療目標的選擇。

二、強迫性症狀

焦慮與憂鬱的病患時常會同時發生強迫症的症狀，這會讓病患感受到無力和不愉快的情緒，並會降低自尊與自信。

這是一位已發生十二個月憂鬱症的女性病患，逐漸地產生嚴重的強迫性症狀，初始的問題是「思考和做事的強迫症狀」，她開始一天檢查四次胸部來確定自己沒有胸部的腫塊。接著開始做廣泛的檢查，包括淋巴結的脹大、血管功能

障礙的徵兆，以及其他疾病的徵兆，特別是癌症。她已經完全被她將生病的想法所占據，並且無法抗拒檢查自己身體的強迫性行為。她身為醫療從事人員，瞭解這些檢查是不合邏輯的。當這些強迫症狀加重時，她因為無法將強迫性思考從心裡排除而感到困擾，包括不斷重複一些對話或她讀過的一些事情。她變成害怕聽到對話、看電視或閱讀報紙和書，因為害怕從中拾取句子不斷地反覆思考。禱告也變得困難，在夜晚她必須完成二小時的禱告儀式，如果處理得不好那她將在早晨重複一次。在過去的四個月，她變成過度關心個人清潔，出現許多的強迫性儀式行為，包括時常洗手、清洗飲水器和洗臉盆。她也必須檢查一些東西，例如，確定她胸罩的肩帶沒有捲起來，檢查床單有沒有任何縐摺，所以整理床鋪通常要花上數個小時。

強迫症狀發生的同時，情緒逐漸地低落，病患每天情緒的變化非常明顯，尤其是早上特別糟糕。而且通常伴隨著對過去與未來反覆的罪惡思考、自殺思考、睡眠與食慾的困擾。

病患的診斷是重鬱症伴隨明顯的強迫特性，對抗憂鬱劑治療與電痙攣療法沒有反應，因此使用認知治療結合抗憂鬱劑（clomipramine）來加以處理。

認知治療可同時處理憂鬱與強迫性症狀，暴露法與反應抑制的行為技巧通常用來處理強迫性儀式行為。例如，除了在特定時間外不讓病患洗手；故意保持胸罩的肩帶是捲起來的狀況；在閱讀報紙或書時不去檢查；以及制止她去檢查身體是否有癌症的徵兆。漸進式暴露法與分心技巧則用來幫助她可以順利的洗澡，因為洗澡已經變為冗長且讓人焦慮。首先，她僅能在黑暗中洗澡，因為此時她將無法檢查身體。之後，她可在有限時間內，開燈洗

澡，並且打開收音機，如此才有其他事物可讓她集中注意力。關
於不斷地反覆思考聖經的句子或他人溝通對話的意義，可經由自
我教導（self-instruction）來減輕，例如：「停止，這是無意義的
活動，它只會困擾我而已。」且緊接著轉移注意力到有意義的活
動。使用行為技巧的同時，可伴隨利用先前介紹的認知技巧來矯
正強迫性行為的自動化思考與不適當的信念。Salkovskis（1985）
與Salkovskis和Warwick（1988）就曾經介紹過治療強迫症的認知
技巧。

以下是與強迫症有關的自動化思考：

· 我必須將床單的縐摺都弄直，如果不這樣將會有不好的事
　情發生。
· 我剛想「天啊」——這是褻瀆神的，我應該被懲罰。
· 我無法因應，無法合理的思考。
· 我做家事必須依照固定的次序。
· 當我祈禱時，一定不可以想其他事。

這些自動化思考與某些「應該」的信念有關，必須同時處
理。

· 人們應該隨時保持清潔。
· 人們應該完全瞭解任何讀過東西的意義。
· 沒有經歷苦痛的人們，便不應該享樂。

治療時強調「應該」信念的絕斷特性，並將其缺點表列，其
方法請參閱第四章。

治療結束時，病患已完全克服憂鬱症和強迫性症狀，僅在情

緒低落時會短暫發生。之後再追蹤時，病患已能工作且不再出現憂鬱與強迫性症狀。

三、暴食症狀

年輕的女性憂鬱症病患有時會出現暴食症狀，它可能在以往就偶爾發生，但在罹患憂鬱症後益發嚴重。基本上，暴食症狀與強迫性症狀均具有自我相斥（ego-dystonic）的特性，亦即病患並不想暴飲暴食，但她感受到被迫去做，之後則再從事補償性的行為，例如嘔吐、腹瀉等。這些病患已深為低自尊所苦，而暴食症狀更加降低她們的自尊，因為暴食讓她們更加厭惡自己，更凸顯自己缺乏自我控制的覺察。深受罪惡與羞恥感的牽制，病患變成很難與他人一起討論她的症狀，因此讓此類型的病患變成隱密不現。

一位二十歲的護校學生因一次嚴重的自殺企圖後被送至門診，她出現典型的憂鬱症狀，因而被診斷為重鬱症（DSM-IV的分類），經過六次的認知治療之後，病患才開始討論她的飲食問題，相對於標準身高和體重，她稍微過重，但她認為自己嚴重超重且需要再減二十四公斤，她嘗試限制飲食並在某些特定日子不吃任何食物。當出現人際問題或情緒低落時，病患一天內便會出現一至兩次的暴飲暴食，之後再將食物吐出。另外，她也規律的使用通便劑。

在使用認知治療處理憂鬱症的同時，參考Fairburn（1981, 1985）的原則為暴食症制定一項認知行為的治療計畫。醫院的營養師為病患解說，暴飲暴食、自我催吐以及濫用通便劑的危險性，而後兩種也不是有效控制體重的方法。營養師也準備每日飲

食的細目單，包括每項食物的熱量、鼓勵正常且規律的飲食型態、每週進行認知治療時均會為病患稱重。

　　在治療過程中，找出暴飲暴食行為的引發情境，瞭解相關的思考和信念，並利用第四章介紹的技巧加以矯正。鼓勵病患嘗試採用不同方式來處理壓力情境和低落的情緒。一般的原理是：暴飲暴食是用來減緩不好感受的方式（例如憂鬱、生氣和焦慮），但它不是有效的策略，因為它僅有短暫的效果，之後反而會帶來更糟的情緒，因為它與下列的自動化思考有關：

　　　・我是令人厭惡的。
　　　・我又再次失敗。
　　　・能怎麼做？我無法控制我自己。
　　　・我無法與朋友外出，因為我可能會暴飲暴食。
　　　・我無法與家人共餐，因為我無法與他們分享食物。
　　　・我的體重會增加且越來越醜。

　　需要挑戰和調整的信念系統是：

　　　・我做任何事都失敗，至少我應該能控制我的體重。
　　　・人們看輕胖子，而我太胖了。
　　　・我無法尊重自己除非變瘦。
　　　・除了我之外任何人都很瘦且成功。

　　關於身材胖瘦的基本假設是負向自我觀點的一部分，它顯現兩種基本的基模（basic schemata）：

　　　・我的價值依賴他人怎麼看我。

・因為我完全沒價值，達成較高的標準是迎頭趕上的唯一辦法。

根據治療師的觀點，當兩種症候群相互交雜時，若一開始僅處理憂鬱症狀，然後再處理暴食症狀，治療效果明顯不彰。同時平行處理兩種症候群的治療方式帶來明顯的進展。治療結束後病患從憂鬱中復甦，然而關於飲食的問題依舊。所以與營養師的會談持續進行，病患體重逐漸減輕且維持在自己滿意的重量，因此暴食症狀也就不見了。

四、自傷行為

焦慮和憂鬱情緒的病患有時會出現自我傷害的行為。這些病患通常符合DSM-III-R第二軸診斷的性格違常，以及第一軸診斷的重鬱症。常見的是邊緣型性格違常與戲劇型性格違常，前者呈現出一再重複的衝動與身體的自傷行為。後者則是一種戲劇化與操弄他人的自殺姿態。

個案是十九歲的大學生，DSM-III-R的診斷是輕鬱症，因為情緒低落、嗜睡、自尊低、疲倦及注意力差而接受認知治療已有二年。沒有任何證據可證明他罹患重鬱症或其他任何心理疾病。除此之外，他一再地利用剃刀切割自己的手臂和腹部；時常表現出強烈且不適當的生氣；無法忍受自己獨處；表現出衝動的行為，例如莽撞的騎機車；以及經常感到空虛和無聊。他從肩膀到手腕的整條手臂，以及胸部和腹部，交織著剃刀切割後的新、舊疤痕。

開始時，病患對自己的自傷行為無法解釋，甚至感到不好意

思，在認知治療的會談中，治療師利用引導新發現的提問方式，病患逐漸能夠將自傷行為、自動化思考以及情緒做清楚的連結：

- ·情境：有些事像是錯了——也許是感到被朋友丟下不理。
- ·自動化思考：我無法忍受這樣。
- ·情緒：低落。
- ·行為：用剃刀割自己身體。

- ·情境：他的報告得到不好的評量成績。
- ·自動化思考：沒人瞭解我。沒人知道我的感覺有多糟。
- ·情緒：生氣。
- ·行為：用剃刀割自己身體。

- ·情境：獨自一人在住處。
- ·情緒：感到空虛。
- ·自動化思考：我根本就不像一個人，我再也無法忍受任何事情了。
- ·行為：用剃刀割自己身體。

　　經由上述的分析方式，此種衝動性的自傷行為，就可以使用認知治療的技巧來加以矯正。關於自動化思考的矯正技術請參閱第四章。探知用「剃刀割自己的行為」的意義是：「因此人們將會知道我的感覺有多麼糟。」「可以去除緊張。」「可以感受些什麼。」可能的替代行為必須能帶來相同的效果，但它沒有自傷行為帶來的毀滅性與羞愧、厭惡感。然後讓病患實驗嘗試。有效的替代行為，包括：參加會帶來愉快的活動、分心術、寫下相關的自動化思考並回應它。

與衝動性的自傷行為有關的自我基模（self-schemata）有：

· 我是位脆弱且沒有自我控制力的人。
· 我是位沒有價值的人，需要被懲罰。

　　這些信念不僅是衝動行為的基礎，通常它也會引發憂鬱。因此處理方式與治療憂鬱相似，可利用不同於缺乏自我控制的行為來替代，以及檢驗相關的自動化思考。

　　依據DSM-IV的定義，性格違常是知覺、思考以及行為的不適應與缺乏彈性，而且它會出現在多種社會與人際情境（American Psychiatric Association, 1994）。認知治療已被用來矯正性格違常的病患（Beck et al., 1990; Linehan, 1993; Young, 1990）。雖然這些取向在細節與概念上有些不同，但他們均強調長期的處置，利用一起合作工作，來增強病患配合治療的意願，以及治療關係的重要性。除此之外，使用適切的認知和行為技巧，來減少不良功能的行為、改善人際關係以及矯正不適應的信念。當處理沒有性格違常的病患時，治療師則只是基於對病患困境的概念分析。對於各種性格違常，認知治療是否有效，現在仍在發展階段，但研究已顯示對於畏避型、邊緣型以及反社會型性格違常，認知行為的介入確有其效益（Pretzer, 1994）。

自殺行為

　　相對於其他的心理病理疾患，憂鬱症患者較容易出現自殺意念、作態自殺以及自殺行為（Tsuang & Woolson, 1977）。長期處於焦慮狀態的病患，自殺的危險性亦增加（Gersh & Fowles,

1979）。雖然發展了新的安全措施，例如，無毒的家庭瓦斯、毒性較低的抗憂鬱劑，但是自殺率依然居高不下。對於自殺患者最常使用的治療方法就是住院（hospitalization），住院時在緊密的護理觀護中，危機時段逐漸過去，藥物治療逐漸產生效果，自殺的危險性便大幅降低。然而住院僅能處理較嚴重的病患，治療師還是必須掌握特殊的技巧和策略，有效的降低自殺危機。認知治療就可以提供此種技巧。

一、一般策略

認知治療師採取直接、細緻的方法來處理企圖自殺的動機。治療師假設每一位病患均有其自殺的動機，而且他得到一項結論：「面對生活困境最佳的解決方法就是自殺。」治療師必須矯正此種結論，讓病患願意活下去，亦即治療師必須證明死並不是最佳的解決辦法。為達成此項目標，治療師需要比往常更加指導性、溫暖以及同理。在必要的時候，治療師甚至可以採取自我揭露或舉其他病患的例子，來擴展病患的觀點，並找出其他可行的解決方法。

二、問題的評估

治療師為評估病患自殺企圖的強度，會直接且敏銳地詢問一系列的問題。包括：多常想到自殺？都想些什麼？是否已考慮到特殊的自殺方式？已經開始準備了嗎？是否與任何人談過想自殺？是否獨居？選擇的自殺方式其成功機會有多大？他有哪些社會支援？

三、探索自殺的動機

通常包括三項類別：

1. 客觀原因，長期的困境或發生嚴重的負向事件（失業、配偶或朋友死亡）。

2. 操弄他人的渴望，例如為了證明他的感覺是多麼糟糕、為了獲取親密他人的關注、為了懲罰某人、為了試煉某人對他的愛。

3. 全然的無望感，此時病患深陷在負向的認知系統中——對自我、世界與未來的負向觀點，這種情況經常發生在長期憂鬱或不斷再發憂鬱期的病患身上。這些病患因為他的憂鬱而感到憂鬱。

四、治療技巧

四十五歲的會計師，已婚，有二個小孩，在過去五年中發生了三次憂鬱期，最後一次已經持續了六個月。做了六年的高級主管職位，也已經停職。他自殺的動機是無望感，伴隨著對自己、現今生活情境以及未來遠景的負向觀點。

下述的例子是治療師檢驗並調整病患與無望感相關的自動化思考。

治療師：你說如果沒有你，你的家人會更好，你是怎樣得到這個結論的？

病　人：我害大家都那麼慘，我的妻子看起來已經累壞了，而孩子們一點也不快樂。

治療師：你做了什麼讓你的妻子累壞又那麼悲慘？

病　人：她必須靠自己做任何事，而我只能坐在那裏。

治療師：那孩子們呢？

病　人：我不再與他們做些什麼。以往，早上我會送他們上

學，例假日我們則會一起去看足球賽或電影等等。

治療師：好，自從六個月前你開始憂鬱之後，你就不曾再做
　　　　這些事情。事實上，這是我們可以一起討論的。有
　　　　時候，從事一點活動反而會讓你感到比較有力氣，
　　　　這有助於你重新開始做這些事情。在家裏你曾經是
　　　　比較主動的角色，但現今不再是如此，關於這種情
　　　　形你的妻子和孩子們怎麼說？他們爲此而感到悲慘
　　　　嗎？

病　人：沒有，他們太仁慈了。

治療師：他們對你太仁慈？

病　人：是的，他們總是爲我做些事情，問我感覺怎樣。

治療師：這是否意味著他們關心你、愛你？

病　人：是的……（病患哭泣）

治療師：如果他們愛你，那麼失去你他們是否會更悲慘？

病　人：時間久了他們對我就會厭煩。

治療師：你的意思是你的憂鬱將永遠持續下去，那三年前那
　　　　一次憂鬱，你恢復了嗎？

病　人：是的，之後六個月我回去工作。

治療師：而且你情緒保持得很好，直到六個月前才又開始憂
　　　　鬱，這次花費的時間好像長一些，但你認爲你能像
　　　　上次一樣恢復過來嗎？

病　人：但這一次我已經沒有工作可以回去做了，我已經把
　　　　我的家庭毀了。

治療師：你是一位非常適任的會計師，曾經擔任非常重要的
　　　　職位。現在會計師找工作會很困難嗎？我在報紙的
　　　　求職欄上還是看到徵求會計師的廣告。

病　人：誰會想要僱用一位持續憂鬱的人？

治療師：我不知道——但這是一個機會吧？畢竟，你曾經
　　　　二年內保持得很好，誰知道你會不會再生病？而且
　　　　你這次做了不一樣的治療，許多的研究均顯示認知
　　　　治療可以有效降低憂鬱症再發的機會。

　　治療師提供研究的資訊，增強病患對恢復健康與減低再發病
的希望。

病　人：事實上，我認為我無法應對這些高壓力的工作。因
　　　　為上一次升職我就變得憂鬱。
治療師：那有沒有什麼是你可以做的？你有沒有想過私底下
　　　　接案件來做呢？
病　人：嗯……，先前我曾經接過，這也許是我可以發展的
　　　　方向。
治療師：你喜歡這樣嗎？
病　人：是的，我蠻喜歡自己做的。
治療師：很好，你有這樣的想法很不錯。所以現在你認為自
　　　　己變好的機會有多大？依然是0％嗎？
病　人：嗯，也許高一點吧。（微笑）
治療師：現在，讓我們來看看你想自殺的意願。要做的是，
　　　　讓我們一起來檢驗，對你來說，活著和死去的好處
　　　　與壞處分別是什麼？這樣如何？

　　表列活著與死去的優缺點：經由詢問的方式，治療師幫助病
患表列其優缺點。這種方法協助治療師瞭解與尊重病患為何想這
麼做的原因，然後逐漸的調整到願意活下去。想死的原因通常就
是要找的自動化思考，例如，上述的病患就完成下列的列表。

死去的好處	活著的好處
1.我將不再是家人的負擔。	1.我至少將有一絲機會變好。
2.我將不再憂鬱。	2.我可以嘗試能讓我好好活著的方式——做不同的工作，嘗試認知治療。
3.我將不再需要痛苦的掙扎。	3.看到我在嘗試，家人將會很快樂。
	4.我將可以看到兩個孩子長大成人。
	5.如果我好起來，我可以再享有很多事物，如果我死去，雖然我將不再痛苦的掙扎，但我將無法再享有任何事物。

死去的壞處	活著的壞處
1.這將是一個無法挽回的決定。	1.憂鬱是痛苦的。
2.我將無法給自己變好的機會。	2.它會造成我的妻子和孩子們的痛苦。
3.對家人而言，這將是可怕的經驗。	3.我是醫師的負擔。
4.我的家庭將處在非常不穩定的財務狀況。	4.我會為憂鬱而感到羞愧。
5.加上上述活著的好處	

　　當病患很容易找到死去的原因時，治療師需要協助他尋求活下去的原因。每一項優缺點均需要討論並且謹慎地給予加權，不可以視它為理所當然或者像列購物清單一樣。

　　治療契約：上述仔細的討論，治療師最終的目標是讓病患暫

緩決定生死，直到憂鬱的症狀減輕。而病患可以留下如何回應自動化思考與優缺點列表的影印本，如此病患可以在遭遇困境時拿出來複習。最後要達成的是病患願意活下去，但治療師仍要照常評估病患的自殺意願，直到完全消逝為止。

猶豫不決：處理猶豫不決的問題，可利用相同的方式，找出自動化思考與列出每種可能方式的優缺點。猶豫不決的困難經常出現在憂鬱症和焦慮症的病患。其基本的基模與完美主義、害怕犯錯以及害怕自己像呆瓜一樣有關。使用優缺點列表，並依據重要性給每種決定加權值，似乎對病患特別有用（參見Blackburn, 1987, pp.97-98有詳細的例子）。

治療中可能遭遇的困境

一、不思考的病患

有些病患當他感到憂鬱或焦慮時，會堅持腦中並未想到什麼，認為情緒過去就好了。例如，他們會說清晨醒來一睜開眼睛，在想到任何事之前就感到情緒很差。

這些個案的問題是對「自動化思考」意涵的誤解，將它與針對特殊事物所做的意識思考產生混淆，治療師需要利用病患的例子來說明兩者間的差異。例如，在治療中討論到特殊的問題時，治療師可以立即停止討論，直接詢問病患：「現在閃過你腦中的是什麼念頭？」個案將會報告出一些與討論主題沒有直接相關的想法，然後治療師可以藉著它來說明，自動化思考與意識的精緻思考之間的差異。治療過程可以不斷地重複此種練習，甚至可以將它當做家庭作業加以練習。任何糟糕的情緒都是一項線索，讓

我們可以深入探究自動化思考,因此病患需要練習立即將它記錄下來。經由不斷地練習,這些病患將會越來越能察覺情緒感受下的自動化思考。

二、不感受的病患

另外,有些病患傾向於將問題理智化,他們會非常詳盡地描述他們的反應,但沒有考慮到自己或其他人的感受。此時治療師必須打斷他們的談話,立即詢問:「此時你的感受是什麼?」或「現在你有什麼情緒感受?」認為認知治療過分重視認知因素,是常見的錯誤信念。事實上,在任何時刻若不考慮情緒因素,認知治療是無法帶來治療進展。如果病患無法評量自己的情緒困擾,那他與治療師將無法找到需要處理的負向思考。簡言之,不先確認相關的情緒反應,認知治療是無法進行。因此,治療師必須確定病患有能力填寫不良功能認知記錄表中的情緒欄位,而且在治療過程可以談論自己的情緒反應。有可能是某個基本信念假設在影響情緒的表達,例如,「表達情緒是脆弱的表現」或「情緒是不重要的」。這些信念假設在治療初期需要將它找出來並加以矯正。

三、「全部瞭解」與一次治療即復原的病患

偶爾有些病患特別具有自主性(autonomous,參見第二章)。經歷幾個月的憂鬱或焦慮,卻在一次的治療後,他就認為:「這樣的治療真的很有用,這一週來我感覺很好,我應該不用再來接受治療,我可以把機會讓給其他人,使他受益。」這些病患也許是害怕隱私被侵犯,或他們感到需要幫忙是一種恥辱。治療師如果直接挑戰病患這樣的觀點或不相信這種奇蹟式的復原,都是不智的處理方式。最佳的策略是重新回顧上一次治療的

會談，以及回顧從第一次治療會談所列舉的困擾問題。它將很明顯的看到有些困難依舊存在。治療師可以溫和地指出這樣的觀點，並建議病患安排一次二週後的治療會談，一起來回顧治療的進展。為病患兩週後可能的失望預先做準備，治療師可以指出憂鬱與焦慮常會有不規則的高低潮。治療師與病患討論遭遇的困境，並開始練習某些應對技巧，問題將會逐漸緩解，生活也較有希望。在病患可以完全依靠自己之前，治療師在幾次會談後協助病患整理已有的收穫和進展，這將有助於治療的進行和效率。因此隨時敞開門戶接受病患，以及用建議而非要求病患接受更多次的治療，自主型的病患將可維持自主的感受與面子。

四、不願停止治療的病患

相對於自主型的病患，社會依賴型的病患（sociotropic，參見第二章）會變為更加依賴治療師，經常會出現很難結案的困境。認知治療師若能堅持治療的結構，就可以避免這樣的問題。首先，在治療初期，治療師要解釋認知治療是一種短期的治療方式，而其目標是教導病患可以運用在生活上的因應技巧。治療師甚至會實際估計所需的治療次數。第二，治療過程中，一次又一次回顧治療的進展，彼此溝通回饋，病患才能清楚明瞭治療的目標，並隨時察覺已完成的有哪些，又有哪些尚未做到。第三，治療師隨時提醒病患，認知治療的本質是短期的治療取向，例如：「現在治療已進行了一半。」或「我估計我們僅需要再進行四或五次晤談。」第四，在最後一次晤談中回顧整個治療歷程，以及想像未來可能遭遇的問題並練習因應技巧。如此可以減輕病患的焦慮並強化其自我效能的信心。最後，在追蹤時期，可以慢慢增長見面的時間距離，逐漸達成完整的結案程序。一般是四次，時間是三週、一個月、六週以及二個月。然後可以告知病患，如果

問題再現而自己處理有困難，他應該毫不猶豫的與我們聯繫。經驗告訴我們，大部分病患對於持續聯繫的保證，會感到高興但並不會過分濫用它。

五、無法完成家庭作業的病患

讀者應該很清楚家庭作業的指派是認知治療很重要的一個環結。它通常包括記錄自動化思考、列舉不同選擇的優缺點、寫下真實生活情境實驗的結果，以及挑戰基本信念假設等等。有些病患害怕出錯，因而無法完成作業，甚至為此感到困窘；有些病患則認為自己的想法太愚蠢，所以不敢將它記錄下來。治療師必須敏銳地去瞭解病患無法完成家庭作業的原因，千萬不要讓病患感到你像個內心不快的老師。而與之相關的自動化思考必須找出並加以矯正；可在治療初期的每次會談中，治療師要求病患寫下自動化思考並練習如何回應，再透過家庭作業不斷地得到強化。治療師也必須謹慎地解釋為何需要做家庭作業的理念，並真確地瞭解病患給予的回饋。

若病患的困難持續地出現，堅持要他們做家庭作業反而會有反效果。替代的方式是指派行為作業，要求病患記憶下思考內容以及在晤談中仔細地記錄討論。

六、認知治療與藥物治療

在第二章我們回顧以往不同治療取向的比較研究，很清楚的指出結合認知治療與藥物治療的方式，比單獨使用任何一種治療取向均來得有效，尤其是針對嚴重憂鬱的住院病患。然而對此種結果的解釋，必須格外謹慎，以免造成病患的困惑。治療師可以說明因為憂鬱（或焦慮）並不是由單一因素造成的，而且心智和大腦是同一回事，所以同時使用心理和生理（藥物）的治療方式

將會有最好的效果。治療師可以利用「圓」來做類比，亦即一個圓不管你從哪一點開始，你都會在同一點結束。大部分的病患在進行認知治療之前，可能已經接受很多種藥物的處置，有時候他們會因而發展出生理觀點來瞭解憂鬱和焦慮，並且抗拒認知治療的處理。他們可能會說：「我的困擾是一種生理疾病，它並沒有任何心理的毛病，所以我需要的只是藥物治療。」此時，治療師可以將憂鬱與／或焦慮的症狀列舉出來，證實其中同時具有生理與心理的症狀。並詢問病患：「再加做認知治療對你有任何損失嗎？已經有許多的病患從中獲得幫助，那它值不值得你嘗試呢？」

結合認知治療與藥物治療不僅會造成病患的困擾，有時候也會造成治療師的困難。可能造成病患對兩種治療都缺乏動機而不夠努力投入，或者讓病患感到自己一定是很糟糕的個案，所以才需要兩種治療方式。而治療師則會對自己開藥的能力感到懷疑。

因此，對這兩種情緒困擾，其生理、心理特徵和原因的完善瞭解，將有助於治療師結合兩種治療方式，並清晰地為病患解釋其理念。

結　語

憂鬱和焦慮是精神科醫師與臨床心理師在臨床上最常遭遇的狀況，在本書中我們嘗試介紹認知治療對憂鬱和焦慮的治療理念、策略和技巧。我們認為處理這些疾病，不論是單獨使用或結合精神藥物治療，認知治療均被證實為有效的一種治療方式。這讓我們在扮演助人者時更具信心，不管是處理或預防這些讓很多人都深為困擾的心理障礙。

我們的目標是希望讓認知治療看起來簡便而且有用，因此有興趣的讀者，我們希望你能多利用這些技巧和方法，並鼓勵你多加練習。

從理論的觀點，我們必須再次說明，處置情緒困擾，認知治療只是提供某種層次的瞭解和一整套的治療方法，但它並不排斥其他層次的瞭解或任何理論。

References

American Psychiatric Association (1994). Diagnostic and Statistical Manual of Mental Disorders, 4th edn. Washington DC.

Beck, A. T., Freeman, A. & Associates (1990). *Cognitive therapy of the personality disorders*. International Universities Press, New York.

Blackburn, I. M. (1987). *Coping with Depression*. Chambers, Edinburgh.

Fairburn, C. G. (1981). A cognitive-behavioural approach to the treatment of bulimia. *Psychological Medicine*, **11**, 707-11.

Fairburn, C. G. (1985). Cognitive-behaviour treatment for bulimia. In Garner, D. M. & Garfinkel, P. E. (eds) *Handbook of Psychotherapy for Anorexia Nervosa and Bulimia*, pp. 169-192. Guildford, New York.

Freeman, A. (1988). Cognitive therapy of personality disorders: general treatment consideration. In Perris, C., Blackburn, I. M. & Perris. H. (eds) *Cognitive Psychotherapy: Theory and Practice*, pp. 223-52. Springer-Verlag, Berlin.

Gersh, F. S. & Fowles, D. C. (1979). Neurotic depression. The concept of anxious depression. In Depue, R. A. (ed) *The Psychobiology of Depressive Disorders*, pp. 81-104. Academic Press, New York.

Linehan, M. M. (1993). *Cognitive-behavioral treatment of borderline personality disorder*. Guilford Press, New York.

Pretzer, J. (1994). Cognitive therapy of personality disorders: the state of the art. *Clinical Psychology and Psychotherapy*, **1**, 257-66.

Salkovskis, P. M. (1985). Obsessional–compulsive problems: a cognitive-behavioural analysis. *Behaviour Research and Therapy*, **23**, 571-83.

Salkovskis, P. M. & Warwick, H. M. C. (1988). Cognitive therapy of obsessive-compulsive disorder. In Perris, C., Blackburn, I. M. & Perris. H. (eds) *Cognitive Psychotherapy: Theory and Practice*, pp. 376-95. Springer-Verlag, Berlin.

Tsuang, M. T. & Woolson, R. F. (1977). Mortality in patients with schizophrenia, mania, depression and surgical conditions. A comparison with general population mortality. *British Journal of Psychiatry*, **130**, 162-6.

Young, J. (1990). *Cognitive therapy for personality disorders: a schema-focussed approach*. Professional Resource Exchange, Sarasota, Florida.

附　錄

附錄1 不良功能態度量表 （Dysfunctional Attitude Scale, DAS）

請評量每個題目，分數從1至7，7代表最「不良功能」的答案，請看下列的例句。

	完全同意	非常同意	有點同意	持平	有點不同意	非常不同意	完全不同意
1.除非一個人是漂亮、聰明、有錢且有創造力的，否則他很難快樂得起來	7	6	5	4	3	2	1
2.快樂源自於自己而不是源自於他人	1	2	3	4	5	6	7

第295至297頁是已發表的A式DAS，包括如何完成的指導語。B式DAS則是較少使用的平行格式。

A 式 DAS *

這個量表列出人們時常會有的一些態度或信念，請仔細地閱讀每一個句子，並決定你同意或不同意它的程度。

針對每個敘述句，在你認為最能描述你的狀況的欄位上打√，並請確認每一題是不是只勾選一項回答。因為每個人的狀況都不一樣，所以每一題都沒有所謂的正確答案或錯誤答案。

請用你最典型看事情的態度來回答，只要記住大部分時間你是怎麼想的即可。

例句

	完全同意	非常同意	有點同意	持平	有點不同意	非常不同意	完全不同意
1.一旦你瞭解他們，你會發現大部分人都不錯			√				

請看上述的例句，你可以從「完全同意」到「完全不同意」選擇最符合你的態度的評量。上述的例句，打√出現在「有點同意」，表示填寫人對此敘述句的態度與例句的觀點是有點相同。

記住！你的回答必須反應大部時間你所認為的。

現在請翻至下一頁並開始作答。

態度	完全同意	非常同意	有點同意	持平	有點不同意	非常不同意	完全不同意
1.除非一個人是漂亮、聰明、有錢且有創造力的，否則他很難快樂得起來							
2.快樂源自於自己而不是源自於他人							
3.如果我做錯事，大家會看不起我							
4.如果我總是做不好，大家將不會尊重我							
5.不論做什麼事，即使是小小的冒險，那都是不明智的，因為所造成的損失可能難以估計							
6.即使沒有任何特殊的才藝，還是有可能得到他人的尊重							
7.除非大部分我認識的人都讚美我，否則我很難快樂起來							
8.如果一個人還要別人來幫忙他，那表示他滿遜的							
9.如果我不能做得跟別人一樣好，那表示我是一個滿差的人							
10.如果我把事情搞砸了，那表示我是個失敗的人							
11.如果你沒辦法把某件事做好，那你根本就不用去做							
12.做錯事沒有關係，因為我能從錯誤中學習							
13.如果有人不同意我的看法，那可能表示他不喜歡我							
14.即使只錯了一小部分，那和全錯一樣糟糕							
15.如果讓大家看清了你是怎麼樣的一個人，那麼大家將會看輕你							
16.如果我所愛的人不愛我，那就表示我一無是處							
17.無論後果如何，人們可以從活動過程中得到樂趣							
18.在著手進行一件事之前，人們應該合理的估算做這件事成功的可能性							

態度	完全同意	非常同意	有點同意	持平	有點不同意	非常不同意	完全不同意
19.我認為做為一個人的價值，主要是來自於別人怎麼看待我							
20.如果我不替自己設下最高標準，那麼我可能成為第二等的人							
21.如果我想成為有價值的人，那我至少要在某個領域有很傑出的表現							
22.有好點子的人，要比沒有點子的人要來得有價值							
23.如果我做錯事，我的心情會很糟糕							
24.我對於自己的看法要比別人對我的看法還重要							
25.為了成為一個善良、品行端正、有價值的人，我必須要幫助那些需要幫助的人							
26.如果我發問的話，會讓我看起來比別人差							
27.那些對你而言很重要的人，如果不同意你的所作所為，那是很糟糕的事							
28.如果你沒有可以依靠的人，那注定會變得很可悲							
29.我可以絲毫不逼迫自己，而達到重要的目標							
30.人們有可能遭受責罵而不會感到生氣							
31.我不能信任別人，因為他們可能會對我很殘酷							
32.如果別人不喜歡你，你是很難快樂起來的							
33.為了取悅他人，你最好放棄對你有利的事							
34.我的快樂來自於別人的比來自於自己的多							
35.我的快樂並不需要來自於他人的讚賞							
36.如果一個人逃避問題，那問題就有可能消失							
37.即使在生活中我錯過許多美好的事情，我還是能快樂起來							
38.別人對我的看法，對我而言相當重要							
39.被人群孤立在外的人，必定會不快樂							
40.即使沒有其他人愛我，我仍然能夠自得其樂							

附錄2　認知治療量表（Cognitive Therapy Scale, CTS）

這個量表可用來評量治療師從事認知治療時，所需技巧的能力。量表與手冊可從the Center for Cognitive Therapy獲得（住址附於量表最後一頁）。

認知治療量表*

治療師：＿＿＿＿＿＿　病　患：＿＿＿＿＿＿　接案日期：＿＿＿＿＿＿

編　號：＿＿＿＿＿＿　評量者：＿＿＿＿＿＿　評量日期：＿＿＿＿＿＿

第＿＿＿＿＿次會談　（　）錄影帶　（　）錄音帶　（　）現場觀察

指導語：

　　請針對每個題目評量治療師的狀況，分數從0至6，並將評量分數填寫於方格內，然後再進入下一題。每個題目的偶數選項均有說明，如果你認為治療師的狀況落在兩個說明之間，那請你選擇兩者之間的奇數（1，3，5）。例如，如果治療師設定不錯的會談流程，但未排定優先次序，則分數可評量為5而不是4或6。

　　如果每個題目的選項說明，似乎無法用於此次會談狀況的評量，那請你不必理會它，用以下較一般性的評量方式：

0	1	2	3	4	5	6
極差	不適當	普通	尚可	很好	非常好	特優

*設計此量表是為了對認知治療師提供部分的評量。還有其他的工具可用來做更仔細的評量，尤其是治療師概念化與策略使用的品質，這些評估是以治療師對個案的整理與分析為部分基礎。另外，這個量表不在初次會談或最後一次會談時使用。

請務必每題都要填答，針對每個題目，注重治療師的技巧性，並考慮處理此病患的困難度。

第一部分　一般性的治療技巧

1. 會談流程　☐

0 治療師未設定會談流程。

2 治療師設定的會談流程太模糊或不完整。

4 治療師與病患一起設定彼此均滿意的會談流程，包含特定的目標問題（例：工作上的焦慮、婚姻關係的不滿意）。

6 治療師與病患一起設定適合目標問題的會談流程，時間安排恰當，排定優先順序，然後依序完成。

2. 回饋　☐

0 治療師未曾詢問病患對此次會談的回饋，以便瞭解病患對此次會談的反應。

2 治療師引發病患的一些回饋，但未詢問足夠的問題，來確定病患是否瞭解會談中治療師的推理歷程，或病患是否滿意整個會談。

4 治療師詢問足夠的問題，確定病患瞭解會談中治療師的推理歷程，與病患對整個會談的反應。治療師並依據回饋做適當的調整。

6 整個會談歷程，治療師非常精通於對病患語言與非語言回饋的引發與反應（例：引發對會談的反應，規律地檢視病患是否瞭解，在會談結束前協助整理此次會談的重點）。

3. 瞭解　☐

0 治療師一再錯失瞭解病患明確表達的話語，因此遺漏了重要訊息。同理技巧極差。

2 治療師通常可以反映或重述病患明確表達的話語，但一再錯失更敏感話題的溝通。傾聽與同理的能力有限。

4 治療師似乎總是能抓住病患的「內在現況」，且同時可以對病患的話語與潛在更複雜的溝通作適切的反應。傾聽與同理的能力很不錯。

6 治療師似乎瞭解病患的「內在現況」，且可以經由語言與非語言的反應，精熟地傳達他的瞭解（例：治療師反應的聲調傳達了對病患同理的瞭解）。傾聽與同理的技巧非常優秀。

4.人際的效能　☐

　　0 治療師的人際技巧很差。似乎是具敵意、貶低自己或其他有傷病患的方式。

　　2 治療師的人際技巧似乎不會傷害病患，但明顯地有人際問題。會談時，治療師出現不必要的失去耐心、冷淡與無誠意或傳達信心與能力有困難。

　　4 治療師表現溫暖、關懷、信心、真誠以及專業能力的程度尚稱滿意，沒有明顯的人際問題。

　　6 治療師表現理想程度的溫暖、關懷、信心、真誠以及專業能力，且適合此次會談的特別病患。

5.合作性　☐

　　0 治療師並未企圖與病患一起合作。

　　2 治療師嘗試與病患合作，但不論是對病患認為重要問題的界定或建立良好的治療關係都有困難。

　　4 治療師可以與病患合作，聚焦於病患與治療師均認為重要的問題，以及建立良好的治療關係。

　　6 兩人的合作非常地好；治療師鼓勵病患在會談中儘可能採取主動的角色（例：提供選擇的機會），所以他們可以像一個團隊一般地工作。

6時間使用的調整與效率　☐

　　0 治療師並未嘗試結構化治療時間，會談中似乎沒有特定目標。

　　2 會談有一些方向，但治療師在時間的結構與調整明顯的有困難（例：結構化太少、結構化沒彈性、步調太慢、步調太快）。

　　4 治療師使用時間的效率很合理也很成功。治療師掌握討論的步調也很適當。

　　6 治療師使用時間非常有效率，巧妙地避免外圍與沒建設性的討論，且步調的掌握也非常適合此位病患。

第二部分　概念化、策略與技巧

7.引導新發現　☐

　　0 治療師太依賴爭辯、說服或訓斥。治療師似乎是在「交叉檢證」病患，認為都是病患的防衛，或強制病患接受他的觀點。

2 治療師太依賴爭辯與說服而非引導新發現。然而，治療師尚稱支持性，所以病患似乎不會感到被攻擊或防衛。

4 大部分時間，治療師經由引導新發現的技巧協助病患發現新觀點（例：檢視證據、考慮其他可能性、對優缺點給予加權）。使用詢問法時很適當。

6 會談時，治療師特別精通於引導新發現的技巧，來探索問題與協助病患得到自己的結論。在技巧性詢問與其他治療介入形式之間達到非常好的均衡。

8.聚焦於關鍵認知或行為 ☐

0 治療師並未嘗試引發特殊的想法、假設、意象、意義或行為。

2 治療師使用適當的技巧來引發認知或行為。然而，治療師聚焦有困難或聚焦在與病患主要問題無關的認知／行為。

4 治療師聚焦於與目標問題相關的特殊認知或行為。然而，治療師必須聚焦在更核心的認知或行為，這是治療進展的希望所在。

6 治療師非常有技巧的聚焦於關鍵認知、假設和行為等，這些均是與病患的問題最有關連，而且是治療進步的希望。

9.改變的策略 ☐（註：對此題，焦點是治療師改變策略的品質，而不是完成此策略的效率或改變是否確實發生。）

0 治療師並未選用認知行為技巧。

2 治療師選用認知行為技巧，然而，整體改變策略模糊，或似乎未帶給病患治療的希望。

4 治療師似乎有連貫的改變策略，展現合理的治療前景且加入認知行為技巧。

6 治療師有一致的改變策略，非常有治療前景且加入最適當的認知行為技巧。

10.認知行為技巧的應用 ☐（註：對此題，焦點是技巧運用是否精熟，並非在檢驗處理目標問題的適切性或改變是否真實發生。）

0 治療師並未使用任何認知行為技巧。

2 治療師使用認知行為技巧，但使用上有明顯的瑕疵。

4 治療師使用認知行為技巧，還算是精熟。

6 治療師有很多認知行為技巧可運用，而且非常精熟。

11. 家庭作業 ☐

0 治療師並未嘗試加入與認知治療相關的家庭作業。

2 加入家庭作業治療師明顯地有困難（例：未回顧前一次的家庭作業，未充分詳細的解釋家庭作業、分派不適當的家庭作業）。

4 治療師回顧先前的家庭作業，且分派與此次會談主題相關的家庭作業，也符合認知治療的標準。家庭作業也做充分詳細的解釋。

6 治療師回顧先前的家庭作業，且謹慎地為未來一週分派認知治療的家庭作業。似乎是訂製來協助病患加入新觀點、做假設考驗、實驗新行為等等。

第三部分　其他的考量

12. 問題 ☐

(a)是否有任何特殊問題在此次會談中出現（例：未完成家庭作業、治療師與病患之間的人際議題、對持續治療的無望感、再發病）？

　　　　　　　　是　　　　　　　　　否

(b)如果「是」：

0 治療師對此次會談出現的特殊問題處理不當。

2 治療師適當地處理此項特殊問題，但使用的策略或概念與認知治療不同調。

4 治療師嘗試使用認知治療的框架來處理此項特殊問題，而使用的技巧還算熟練。

6 治療師使用認知治療的框架且非常熟練的處理此項特殊問題。

13. 特殊的因素

會談中是否有任何明顯的特殊因素，讓治療師遠離此量表所測量的標準取向，而你必須為其辯解的？

　　　是（請在下面解釋）　　　　　　　　否

第四部分　整體評量與意見

14.整體評量 ☐

做爲認知治療師，你認爲這位治療師在此次會談的整體表現如何？

0	1	2	3	4	5	6
極差	不適當	普通	尚可	很好	非常好	特優

15.結果研究 ☐

如果你正在進行認知治療結果的研究，你認爲這位治療師此時適不適合

加入呢？（假設此次會談是他的典型）

0	1	2	3	4
明確不行	可能不行	不確定	可能可以	明確可以
		—邊緣		

16.病患 ☐

你感覺這位病患有多困難？

0	1	2	3	4	5	6
沒有困難			中度困難			極度困難
非常容易理解						

17.對治療師個人進步情況的評論與建議

*此量表的使用說明，請參見Young, J.E. & Beck, A.T.（1980）*The Cognitive Therapy Scale: Rating Manual*。如果你想使用這個量表或想要評量手冊，請寫信到：

Center for Cognitive Therapy

University of Pennsylvania

Room 602, 133 South 36th Street,

Philadelphia, Pennsylvania 19104.

附錄3　每週活動流程表

日 期 時 間	星期一	星期二	星期三	星期四	星期五	星期六	星期日
9－10							
10－11							
11－12							
12－1							
1－2							
2－3							
3－4							
4－5							
5－6							
6－7							
7－8							
8－12							

註：請評量每個時間點，對當下活動的控制感（mastery）與樂趣感受
　　（pleasure）

附錄4 不良功能認知記錄表

日 期	情境	情緒	自動化思考	合理反應	結果
	請描述 1.導致不愉快情緒的真實事件 或 2.導致不愉快情緒的思考流、白日夢或回憶	1.請區分是悲傷／焦慮／生氣等等 2.評量情緒的嚴重程度，1－100	1.請寫下在情緒感受前的自動化思考 2.評量自動化思考的相信程度，0－100%	1.請寫下對自動化思考的合理反應 2.評量合理反應的相信程度，0－100%	1.再評量自動化思考的相信程度，0－100% 2.區分、評量後續的情緒，0－100%

註解：當你經驗不愉快情緒時，請記錄當下的引發情境（如果情緒是思考或白日夢所引發亦請註明），然後請記錄與情緒相關連的自動化思考，並記錄你對此自動化思考的相信程度，0%＝一點也不相信，100%＝完全相信，及情緒嚴重程度，1＝極少許，100＝最嚴重。

國家圖書館出版品預行編目資料

認知治療的實務手冊：以處理憂鬱與焦慮為例 / Ivy-Marie
Blackburn, Kate M. Daivdson 著；姜忠信,洪福建譯—初
版臺北市：揚智文化, 2000[民 89]
面； 公分. (心理學叢書；33)
譯自：Cognitive Therapy for Depression & Anxiety –A
Practitioner's Guide
ISBN 957-818-185-X（平裝）

1. 心理治療 2. 心理治療-個案研究
178.8   89012068

認知治療的實務手冊－
　　　以處理憂鬱與焦慮為例

著　　　者 ／ Ivy-Marie Blackburn & Kate M. Davidson
譯　　　者 ／ 姜忠信・洪福建
出 版 者 ／ 揚智文化事業股份有限公司
發 行 人 ／ 葉忠賢
總 編 輯 ／ 林新倫
執行編輯 ／ 晏華璞
登 記 證 ／ 局版北市業字第 1117 號
地　　　址 ／ 台北市新生南路三段 88 號 5 樓之 6
電　　　話 ／（02）23660309
傳　　　真 ／（02）23660310
E－mail ／ service@ycrc.com.tw
網　　　址 ／ http://www.ycrc.com.tw
郵政劃撥 ／ 19735365 戶名：葉忠賢
印　　　刷 ／ 偉勵彩色印刷股份有限公司
法律顧問 ／ 北辰著作權事務所　蕭雄淋律師
初版一刷 ／ 2000 年 11 月
初版三刷 ／ 2004 年 4 月
定　　　價 ／ 新台幣 350 元
ISBN ／ 957-818-559-6
原著書名 ／ Cognitive Therapy for Depression & Anxiety-A Practitioner's Guide
This edition published by arrangement with Blackwell Science
Limited, Oxford
Traditional Character Chinese Copyright ⓒ2000 by Yang-Chih Book
Co., Ltd.
For sale in worldwide